KB202641

몸속독소 배출하면 천국된다

강요셉지음

몸속 독소를 배출하면 지금 천국을 만끽한다.

성령

몸속 독소 배출하면
천국된다.

성령

들어가는 말

지금 세상 사람들은 몸속의 독소와 전쟁을 하고 있습니다. 여기에 육체를 가지고 살아가고 있는 크리스천도 예외가 아니라는 것입니다. 육체를 가지고 있기 때문에 몸속의 독소로 인하여 영·혼·육에 밸런스가 깨져서 고통을 당할 수가 있다는 것입니다. 몸속의 독소는 지금 천국을 만끽하지 못하게 합니다. 영성을 유지하는 데에도 영향을 미칩니다. 정신 심리적인 면에도 영향을 끼칩니다. 물론 육체에도 영향을 끼칩니다. 몸속의 독소를 삶을 살아가기 위하여 먹고 마시고 생활하는 과정을 통하여 자연스럽게 발생합니다. 반면 먹는 음식으로 인하여 적지 않은 독소들이 체내에 뭉치게 됩니다. 그뿐 아니라 세상을 살아가면서 충격적인 사건사고와 영적인 세계의 영향으로 독소가 쌓이게 됩니다.

이러한 독소들은 영·혼·육의 건강에 상당한 영향을 끼칠 뿐 아니라, 밖으로 나타나는 모습인 피부에도 나쁜 영향을 줍니다. 그러므로 몸속의 독소제거는 아름다운 피부와 건강을 유지하는 근본적인 해결책이라고 할 수 있습니다. 몸 안의 독소는 육체의 생명을 유지하고 살아가다가 보면 자연적으로 생기므로 해로운 적체물이 쌓이면 아무리 좋은 화장품을 사용해도 기대하는 만큼 효과가 나타나지 않습니다. 내면에 쌓인 독소로 인하여 피부에 트러블이 생기기 때문입니다. 이럴 때 보통 사람들은 화장품의 품질을 따집니다. 자신의 몸 상태는 깨닫지 못하고 물건 탓, 남의 탓만 하게 됩니다.

결국 근본적인 원인을 찾으려고 시도하지 않다가 심해지면 그때서야 근본원인이 몸속의 독소 때문이라는 것을 알게 되기도 합니다. 영·혼·육에 해를 끼치는 근원이 독소였다는 것을 미리 알았다면 독소의 제거를 일상생활 속에서 일정한 시간을 내어서 지속적으로 제거했을 것입니다. 평소에 몸속에 독소가 쌓이지 않도록 예방하는 활동을 했을 것입니다.

이 책에는 몸속의 독소가 어떻게 해는 끼치고 있는지를 설명하고 있습니다. 거기다가 명확한 해결책을 제시하고 있습니다. 하나님께서는 성도들의 겉 사람뿐만 아니라, 속사람이 건강하기를 소원하십니다. 이 책에는 속사람을 건강하게 하여 겉 사람이 건강해지는 비결을 수록하고 있습니다. 영적인 활동을 통하여 몸속의 독소를 제거하여 영·혼·육이 건강하게 지내는 방법을 제시하고 있습니다. 이 책을 통하여 몸속의 독소의 유해성을 바르게 알고 대처하고 건강하게 살아가면서 하나님께서 부여하신 사명을 감당하시기를 소원합니다.

주후 2017년 07월 20일
충만한 교회 성전에서
저자 강요셉목사

세부적인목차

3부 몸속의 독소를 제거 배출하는 비결

1부 몸속에 독소가 끼치는 악영향

1장 천국 누리지 못하게 하는 몸속독소

(마 11:12)"세례 요한의 때부터 지금까지 천국은 침노를 당하나니 침노하는 자는 빼앗느니라."

하나님은 예수를 믿고 성령으로 거듭나 성전 된 크리스천들이 지금 천국을 만끽하며 누리기를 소원하십니다. 필자는 20년이 다되도록 개별정밀치유 사역을 하고 있습니다. 개별치유사역을 하다가 체험한 것이 크리스천들이 몸속의 독소로 인하여 지금 천국을 누리지 못한다는 것입니다. 분명하게 하늘나라 천국은 예수님이 통치하는 곳을 말합니다. 지금 예수님은 예수를 믿고 성령으로 거듭난 성도들의 마음 안에 성전삼고 주인으로 계십니다. 예수님께서 주인으로 계시기 때문에 지금 천국을 만끽하면서 살아야 합니다. 그런데 몸속의 영적이고 심리적인 독소로 인하여 이유 없는 영육의 고통을 당한 다는 것입니다. 생명의 말씀과 성령의 역사로 몸속의 독소를 배출하고 나면 몸이 가볍고 머리가 시원하여 기분이 좋아지면서 천국으로 바뀐다는 것입니다.

문제는 몸속의 독소 때문에 지금 천국을 누리지 못하는 것을 이해하거나 깨닫지 못한다는 것입니다. 모두 밖에서 해결책을 찾고, 보이는 면에 사고가 고착 되었기 때문입니다. 자신의 내면에 문제가 있다는 것을 이해하지 못하니 내면이 정리 정돈 될 수가 없는 것입니다. 자신 안에 관심을 가져야 내면이 안정되어 지금 평안을 찾고 천국을 누리면서 살아가는데, 내면에 관심이 없으니 자신을 무엇이 괴롭히고 힘들게 하며 항상 불안하고 쫓기는 생활을 하는지 근본원인을 깨달아 알아낼 도리가 없는 것입니다. 몸속의 독소로 인하여 영·혼·육이 정상기능을 발휘하지 못하면 영육의 질병이나 마음의 병이나 탈진이나 무기력이 찾아옵니다. 무리하게 사용하여 탈진이나 무기력이 찾아오는 것이 아니라, 몸속의 독소로 영·혼·육이 정상기능을 발휘하지 못하여 발생하는 것입니다. 문제를 일으키는 근본인 몸속의 영적이고 심리적인 독소를 생명의 말씀과 성령으로 배출하면 몸이 가뿐하고 평안해지면서 질병과 상처가 없어지고 얼굴이 밝아지고 천국을 체험하는 것입니다.

세상방법으로 몸의 독소를 제거하면 한동안은 괜찮다가 요요 현상이 일어나는 것은 근본을 해결하지 않았기 때문입니다. 우리가 알아야 할 것은 세상방법으로 일반적은 독소는 해소가 됩니다. 그러나 근본적인 영적이면서 심리적인 몸속의 독소는 해결이 되지 않기 때문에 재발하고 완전 배출이 불가능합니다. 암 병을 수술하고 재발하고, 디스크를 수술하고 재발하는 것은 근본적인 문제의 근원인 잠재의식의 영적이고 심리적인 독소를 배출하지 않았기 때문입니다. 잠재의식에 쌓여있는 영적이고 심리적인 독소는 세상방법으로 배출이 불가능하기 때문입니다. 영적인 독소는 생명의 말씀과 성령의 깊은 역사가 자신을 지배하고 장악을 해야 영적인 독소와 심리적인 독소가 배출이 됩니다. 영적인 독소와 심리적인 독소는 모두 잠재의식에 형성되어 있기 때문에 세상방법으로 독소가 배출되지 않는 것입니다. 이 책을 읽어가노라면 영적이고 심리적인 독소를 배출하는 비결을 터득하게 될 것입니다. 몸속의 독소는 성도들을 영육의 건강과 마음의 평안에 해악을 끼쳐 지금 천국을 만끽하며 누리지 못하도록 방해합니다.

첫째, 영적인 부분을 허약하게 한다. 몸속에 독소로 인하여 영적으로 눌리게 되면 마음이 답답하고 우울함을 느낍니다. 감정도 다운이 되고 마음속에 기쁨이 사라지며, 세상일에 대한 의욕도 감소가 됩니다. 기도를 제대로 하지 못하여 영혼과 마음이 메말라질 뿐만 아니라, 육적으로도 몸이 무겁고 피곤함을 느낍니다. 영적으로 눌리는 것은 우리들 마음이 세상적인 것으로 더럽혀져 어둠의 세력으로 하여금 틈탈 기회를 제공하여 자리 잡도록 했기 때문입니다. 마음이 하나님 중심에서 떠난 생활을 했기 때문에 양심에 가책을 받음으로 생기는 현상입니다.

몸속의 독소로 인하여 영적으로 눌리게 되면 영적인 활동에 좋지 않은 영향을 끼치게 됩니다. 마음속에 평안과 평강이 사라지고 불안해지며, 하나님이 허락하시는 마음의 평정심을 잃게 됩니다. 특히, 하나님과의 관계가 막혀져 영적으로 둔화되고 부딪히며 막히는 것을 경험하게 됩니다. 어둠의 세력은 여러 가지 방법을 통해 우리들 마음속에 역사하려고 그 기회와 틈을 노립니다. 그렇기 때문에 우리들 마음속에 하나님과의 관계를 가로막고 영적으로 상해를 주는 어둠의 세력의 유혹과 미혹된 부분들을 날마다, 성령으로 기도하면서 마음을 정화하고, 예수님의 보혈의 은혜를 의지함으로 깨끗이 씻김을 받아야 합니다. 그대로 방치하게 되면 어둠의 세력이 그러한 부분을 통해 우리들의 마음속에 역사하다가 집을 짓기 때문입니다.

영적으로 눌리는 것을 방치하게 되면 영적으로 눌리는 것을 넘어 영적으로 매이게 됩니다. 즉, 어둠의 세력에게 사로잡히게 된다는 것입니다. 자신도 모르는 사이 영적으로 멍들고 상처입고, 영적으로 병들고 무기력해져 어둠의 세력에 대항할 수 있는 기력마저 행할 수 없게 된다는 것입니다. 그렇기 때문에 우리들 마음속에 틈을 타 역사하려고 하는 어둠의 세력을 성령으로 깊은 기도를 하면서 회개 기도와 마음을 정화하는 영적인 활동을 통하여 우리들 심령 가운데 역사하지 못하고, 자리 잡지 못하도록 물리치고 배출해야 합니다. 그렇지 않게 되면 스스로 물러가지 않고 우리들의 심령을 계속해서 틈타며 집을 짓고 왕 노릇 하려하기 때문입니다.

이를 방치하게 되면 영적인 질병으로 발전이 되어 가위눌림을 당하기도 합니다. 필자도 가위눌림을 당하여 죽는 줄만 알았습니다. 기도를 하지 못하여 영이 잠을 자게 됩니다. 귀신들의 눌림으로 고통을 당할 수도 있습니다. 육신이 병든 증거로 고통이 극심함과 같이, 영혼이 병들은 증거도 이와 같이 영적 고통이 임하는 것입니다. 영에서 병이 드니 정신으로 육체로 병이 진전되는 것입니다. 따라서 예수님 자신 안에 주인으로 계셔서 성전 된 크리스천이 지금 천국을 만끽하며 누리지 못하게 되는 것입니다.

하나님은 어둠의 역사에 대항할 수 있는 방법을 우리들에게 허락해 주셨습니다. 하나님이 허락하신 방법인 성령으로 기도하고,

예수 이름의 권능을 사용하고, 마음 안에서 성령의 역사가 일어나게 하여 귀신이 물러가게 해야 합니다. 이런 적극적인 활동을 통해 어둠에 맞서 이를 대적하여 물리치고 제거해 나가야 하는 것은 바로 우리들의 몫입니다. 하나님과 관계를 최우선으로 중요하게 여기시기를 바랍니다. 하나님과 친밀한 관계를 위하여 성령으로 기도해야 합니다. 마음 안에 계신 하나님께 주인 되게 해야 합니다. 하나님 안에 이를 이기고 물리치고 제거하며 승리할 수 있는 모든 길과 방법이 있기 때문입니다.

첫째로 기도하기가 힘들어 집니다. 필자는 교회만 개척하면 하루에 삼천 명씩 구름 떼와 같이 사람들이 모여들 것이라고 확신했습니다. 그런데 교회를 개척하고 한 주일, 두 주일 지나면서 낙담과 좌절이 찾아오기 시작했습니다. 교회를 찾아오는 사람들이 끊기고 몇 명 안 되는 교인들 앞에 섰을 때 침체의 그림자가 저를 엄습했습니다. 개척한 지 4개월 만에 제안에 잠재하여 있던 몸속의 영적이고 심리적인 독소로 인하여 불안 장애가 찾아왔습니다. 손이 부들부들 떨리는 것입니다. 사모에게 이야기를 하지 못했습니다. 약국에 가서 청심환을 많이 사서 먹었습니다. 무슨 이유인지를 알지를 못했습니다. 나중에 발견한 사실이지만 그것은 영적 탈진과 함께 두려움, 염려와 근심이었습니다. 불안이 가슴에 차고, 좌절감에 사로 잡혔습니다. 무력감이 찾아 왔습니다. 삶의 의욕을 상실했습니다. 좋아하던 책도 보기 싫고, 교회 개척도 의미를 못 느꼈습니다.

믿음이 상실되고, 누구든 저를 괴롭히는 사람으로 보였습니다.

피해의식이 저를 괴롭혔습니다. 비전을 잃기 시작했습니다. 포기하고 싶었습니다. 죽고 싶었습니다. 그런데 문제는 돌이킬 수 없는 환경이었습니다. 피하려야 피할 수 없는 현실이 저를 더욱 괴롭혔습니다. 힘들어하는 모습을 지켜보고 있는 가족들에게 더욱 심한 죄책감을 느꼈습니다. 무엇 때문에 교회를 개척하여 이런 고생을 하는지 이유를 알지 못했습니다. 영적인 무기력과 탈진이 찾아온 것입니다. 성령의 역사가 일어나지 않아 기도가 되지 않는 것입니다. 새벽이든 낮이든 기도하려고 하면 할수록 더욱 기도가 안 되고 답답하기만 합니다. 그래서 결국은 기도를 포기하고 말았습니다. 이렇게 되면 그 다음의 기도에도 역시 마찬가지로 힘이 들게 되며, 이런 날이 계속 되다 보면 마침내 깊은 영적 탈진에 빠지는 것입니다. 시간이 경과되자 영적인 눌림에서 무기력으로 탈진으로 진전이 되었습니다. 하나님께서는 이사야서 43장 1-2절의 말씀으로 저를 위로하셨습니다. 그렇게 성령의 음성을 듣고 힘을 얻어 목회를 하다가 여기까지 오게 된 것입니다. 지금 생각하면 영적인 무기력과 탈진은 나쁜 것이 아니라는 것입니다. 전화위복(轉禍爲福)의 계기가 된다는 것입니다. 그래서 하나님은 "우리가 알거니와 하나님을 사랑하는 자 곧 그의 뜻대로 부르심을 입은 자들에게는 모든 것이 합력하여 선을 이루느니라." (롬 8:28). 말씀하셨습니다.

둘째로 말씀이 들리지 않고 보이지 않습니다. 필자가 교회를 개척하고 스트레스가 심하여 몸속에 독소가 쌓여서 한동안 이런 체험을 했습니다. 성령집회에 참석하여 은혜를 받노라면 강단에서 전하는 목사님의 말씀이 하나도 들리지를 않습니다. 잡념이 머리에 가득하여 말씀을 듣는 중에 다른 곳에 가있는 것입니다. 다른 곳에서 생각하며 놀다가 다시 돌아와서 말씀을 듣는 것입니다. 저에게 역사하던 귀신들이 장난을 치는 것입니다. 참으로 두려운 문제입니다. 어떻게 보면 가장 두려운 것입니다. 영혼이 잠자고 있어서 하나님으로부터 오는 말씀이 들리지 않다가 끊어지는 겁니다. 우리 인생에서 가장 끔찍한 하나님의 심판 중에 무서운 심판이 하나 있는데 그것은 말씀을 거두어가는 것입니다. 무서운 저주입니다(암8:11~13).

이렇듯 가장 두려운 심판은, 하나님으로부터의 말씀이 끊어지는 것입니다. 양식이나 물이 문제가 아니라, 여호와의 말씀을 듣지 못한 기갈이라. 이런 때가 오면 정말 비참해지는 것입니다. 인간이 타락하여 영혼이 불만족스러우면 이 지경이 되는 겁니다.

필자역시 교회를 개척하고 부흥되지 않아 스트레스로 몸 안에 영적이고 심리적인 독소가 쌓여서 영적인 무기력과 탈진에 빠지니까, 무엇보다도 괴로운 것은 말씀이 들리지 않고 보이지 않는 것입니다. 그렇게 6개월여를 고통을 하다가 하나님께 지혜를 구했습니다. 그랬더니 이렇게 감동하시는 것입니다. 말씀을 받아쓰기를 하라는 것입니다. 그리고 녹음을 하라는 것입니다. 이유는 이렇습니다. 받아쓰기를 하면 집중할 수가 있기 때문입니다. 녹음을 하는 이유는 받아쓰기를 못한 부분은 교회에 돌아와 저녁에 녹음한 것을 들으면서 보강하라는 것입니다.

무엇이든지 공짜로, 거저 되는 것은 하나도 없습니다. 영혼의 만족을 위하여 노력하라는 것입니다. 그래서 순종했습니다. 그렇게 순종하며 약 3개월이 지나니까, 서서히 말씀이 들리기를 시작했습니다. 설교에 집중이 되었습니다. 영혼이 소성되어 기도가 되었습니다. 가끔 예배에 참석하여 설교시간에 졸기 일쑤라고 말하는 분들이 있습니다. 이분들은 설교말씀을 받아쓰기를 해야 졸음을 쫓아내고 설교말씀에 집중하지 영이 깨어날 수가 있습니다. 영적인 탈진은 가만히 있어서는 10년이 되어도 해결되지 않습니다. 적극적인 노력을 해야 합니다. 필자가 만난 분들 중에 무기력과 탈진으로 목회를 하지 못하는 분들이 계십니다. 이분들이 하나같이 의지가 약했습니다. 다른 사람에게 안수한번 받아서 해결하려고 합니다. 자신이 노력하고 기도하여 극복해야 합니다.

둘째, 심리적 정신적인 부분을 허약하게 한다. 몸 안에 독소가 쌓이면 인체의 기능이 정상적이지 못하기 때문에 이성적인 기능이 비정상적으로 되기 때문에 분노와 혈기와 찌증이 심해집니다. 가장 신뢰하고 사랑해야 할 부부 사이에 불화가 생깁니다. 자기의 잘못을 인정하기보다 다른 사람에게 책임 전가를 하는 이기주의자가 됩니다. 하는 일마다 잘 되지 않아 경제적인 고통이 찾아옵니다. 살아가는 것이 짐으로 느껴집니다. 거짓말을 스스럼없이 하고 삽니다. 하나님보다 사람의 눈치를 보며 삽니다. 습관적인 죄에 빠지며 삶의 변화가 없는 입술의 고백만을 하고 삽니다. 마음이 불안하고 답답하며, 심각한 정신 질환인 우울증, 조울증, 공황장애, 불안장애, 치매 등으로 고통을 당하기도 합니다. 시기 질투가 강하여 다른 사람을 죽이고 싶은 충동까지도 종종 느끼게 됩니다. 약을 사용해도 아무 효력이 없는 원인 모를 육신의 질병으로 고생하기도 합니다. 이곳저곳에 뼈와 신경의 질병과 근육통이 생깁니다.

몸 안에 독소가 싸여서 일어나는 탈진은 부끄러운 일이나 실패가 아닙니다. 인간은 본질상 그 자신이 연약한 존재이며, 그렇기 때문에 날마다 하나님의 능력과 은혜로 치유 받고 극복될 수 있는 존재라는 것을 기억해야 할 것입니다. 우리는 탈진을 개인적 범위 안에 놓으려는 경향이 있습니다. 그러나 탈진은 개인적 범위의 문제가 아닙니다. 세상 삶의 현장에 있는 사람은 누구나 탈진에 빠질 잠재적 위험요소를 앉고 있는 것입니다. 더욱이 탈진에 빠진 사람은 혼자서 벗어나기가 매우 힘이 듭니다. 그렇기 때문에 탈진에 빠졌다면 빠른 시간 내에 전문가를 만나서 도움을 받아야 합니다.

몸 안에 독소가 싸여서 발생한 탈진을 벗어나기 위해서는 첫째로 절적한 휴식이 필요하고, 둘째는 생업현장에서 현실적인 목표설정과 삶의 우선순위를 바로 설정하는 것이 중요합니다. 셋째로 영적인 충전을 받는 시간을 가져야 합니다. 일주일에 하루는 자신의 영적충전을 받는 일에 시간을 투자해야 된다고 생각합니다. 넷째로 집중영적정밀진단과 배출하는 시간을 갖아야 합니다. 우리 충만한 교회는 매주 토요일 집중영적정밀진단과 몸속의 독소를 배출하는 시간을 갖고 있습니다. 목회자라면 과도한 업무를 혼자 감당하다 탈진 하지 않도록 목회 사역을 전문화해가고 성령님의 인도를 받으면서 사역하려는 마음의 여유가 중요합니다.

탈진이 반드시 부정적인 것만은 아닙니다. 탈진은 신학적으로 더 높은 영적 상승을 위한 기회입니다. 탈진의 극복을 통하여 영적인 능력이 한 단계 업그레이드 될 수가 있습니다. 예수님을 닮아가는 기회입니다. 필자도 한 단계 도약을 경험했기 때문입니다. 탈진이라는 신호를 통하여 다시 한 번 목회를 돌아보고 자신을 점검할 수 있는 기회로 삼을 수 있다는 말입니다. 탈진은 모두 한번은 거쳐야 한다고 생각합니다. 그래서 하나님은 "우리가 알거니와 하나님을 사랑하는 자 곧 그의 뜻대로 부르심을 입은 자들에게는 모든 것이 합력하여 선을 이루느니라."(롬 8:28).

고혈압 진단을 받으면 식사를 조절하고, 운동을 하여 건강을 회복하는 것처럼 '탈진'과 만나는 일이 생긴다면 우리들은 그것을 신호 또는 건강검진의 결과임을 깨닫고, 자신을 돌아보며, 해야 할 일들을 점검하며 새로운 계획으로 우리들의 인생에 도전해야 할 것입니다. 물론 '탈진'을 만나기 전에 미리 예방하는 것이 중요할 것입니다. 그러나 탈진을 만나게 되더라도 지쳐 쓰러지지 말고, 그 기회를 '일어남의 기회'로 바꾸려는 긍정적인 자세가 필요합니다. 병에도 대부분 증상이 나타나는 것처럼, 탈진 직전에도 나타나는 현상들이 있습니다.

몸속의 독소가 쌓여서 일어나는 탈진에 대하여 전문가들은 10가지 증상을 들고 있는데 자신은 그중 몇 가지 해당되는지 체크해 보시기 바랍니다. ◎ 고립입니다. 사람을 만나기가 싫어집니다. 누구와도 대화하고 싶은 마음이 없어집니다. 사회에서 분리되어 독립적으로 살아가고 싶어집니다. ◎ 의욕상실입니다. 전에는 열정이 넘친다는 이야기를 자주 들었는데, 어느 순간부터 의욕이 사라졌습니다. '내가 무엇 때문에 이 일을 하고 있지?' 하는 마음마저 듭니다. ◎ 공감피로입니다. 타인의 고통을 들어주는 것은 좋은 일이지만, 그들이 겪는 어려움이 마치 내가 겪는 어려움인 듯 착각합니다. 그들의 고통을 공감하지만, 그 고통을 공감함으로 급격히 피로를 느끼게 되는 '2차적 외상 스트레스'입니다.

◎ 감사와 기쁨의 상실입니다. 어느 날부터 마음의 기쁨이 사라집니다. 감사할 이유도 없다고 생각됩니다. 마음에는 원망과 불평이 자리 잡기 시작합니다. ◎ 예민함입니다. 평상시 같았으면 쉽게 넘어갈 일도 탈진 직전에는 예민해집니다. 운전을 하다가도 신호도 지키지 아니하고 새치기하는 차를 보면 쫓아가서 박아버리고 싶습니다. 그렇게 예쁘던 아이들이 던지는 말 한마디가 이제는 신경을 자극합니다. 친한 척하며 던지는 농담 한마디 때문에 그 사람을 보고 싶지 않습니다. ◎ 집중력 결여입니다. 전에는 주어진 시간에 일을 마쳐놓고 여유를 갖기도 했는데 일을 하기도 싫고 집중이 되지 않습니다. 그렇다보니 기억력도 나빠집니다. ◎ 수면장애입니다. 어떤 일로 인해 잠을 이룰 수 없습니다. 도무지 화가 나서 잠을 이룰 수 없습니다. 어떻게 해서든지 똑같이 복수해 주고 싶습니다. 분노가 마음에 차오릅니다.

◎ 식사장애입니다. 식사장애는 두 가지로 나타나는데 식욕감퇴와 식용증가 현상입니다. 아무리 맛있는 것을 봐도 군침이 돌지 않습니다. 반대로 배탈이 날 때까지 먹습니다. 이것은 마음 깊은 곳에 자리한 공허함을 채우려고 하는 욕구의 연장선입니다.

◎ 눈물이 많아집니다. 오래전 이남이 씨가 부른 '울고 싶어라'를 연상하면 됩니다. 가장 사랑하고 존경하는 아버지가 갑작스레 세상을 떠났습니다. 그 충격이 너무 커서 아버지만 생각하면 눈물이 나고, 삶의 의욕을 잃어버립니다. 아니면 사랑하는 남편이 먼저 세상을 떠나 외롭고 슬퍼 몇 년을 눈물로 보내기도 합니다. ◎ 부정적사고입니다. 전에는 긍정적으로 세상을 보기도 했습니다. 그런데 언제부터인지 매사를 부정적으로 바라보게 됩니다. 현재를 바라보는 것도, 미래를 예상하는 것도 부정적입니다.

혹시, 10가지 증상 가운데 5가지 이상 해당된다면 몸속의 독소가 차있어 탈진에 빠져 있다고 보셔도 됩니다. 그 탈진은 분명 자신을 불행한 삶으로 인도해 갈 것입니다. 하지만 그 탈진의 위기를 극복할 때 자신은 지금보다 더 나은 행복한 삶을 누리게 될 것이며, 예수를 믿으면 지금 천국을 누린다는 것을 실증할 것입니다.

셋째, 육체적으로 허약하게 한다. 크리스천이 성령으로 지배와 장악된 삶을 산다고 할지라도 육체를 가지고 있기 때문에 몸속에 독소가 차면 육체적으로 허약하게 됩니다. 몸속의 독소는 인체의 각종장기의 기능을 저해하기 때문입니다. 우리의 몸이 독소로 가득차면 몸은 독소를 없애려고 합니다. 또한 겉으로는 보이지 않는 신호들을 보내기도 합니다. 이 모두는 몸 안에 독소를 없애려는 노력의 일환입니다. 우리 모두는 어떠한 형태로든 너무 많은 독소의 영향에 노출되어 살고 있습니다. 이는 심지어 좋은 식습관과 건강한 삶을 사는 사람에게서도 발견됩니다. 우리가 살고 있는 세상은 그야말로 입자로 가득 차 있습니다. 입자들은 공기,

물, 음식이 되고 우리는 이들과 직접적으로 접촉합니다.

대부분의 독소를 모아 배출하는 역할을 하는 장기들이 있지만, 이 장기들이 독소로 가득 차 버리면 제대로 일할 수 있는 능력이 감소됩니다. 그 결과, 우리의 몸에는 독소들이 쌓입니다. 이유는 근본적으로 잠재의식의 영적심리적인 독소가 배출되지 않았기 때문입니다. 독소들이 한 번 축적되면 쉽게 제거되지 않는 것이 특징입니다. 그러면서, 우리는 일련의 신체적, 정서적 건강의 문제들을 겪게 됩니다. 가끔은 우리에게 문제가 있다는 걸 알아차리기가 어려울 때도 있습니다. 하지만 복합 증상으로 발전하기 전에 우리의 몸은 우리에게 계속되는 신호를 보냅니다.

◎ 끝이 없는 피로입니다. 우리의 몸은 다른 조직들에 쌓인 독소를 제거하기 위해 초과 근무를 합니다. 몸이 초과 근무를 할 시, 우리는 점차 심해지는 피로를 느낍니다. 이는 심지어 우리가 자고 있을 때도 일어납니다. 피곤하고, 집중하기 어렵고, 짜증이 나고, 조그마한 말에도 참지 못하고 반응하며, 잠만 자고 싶은 건 위험 신호입니다. 아마 이러한 육체의 변화는 우리의 몸이 노폐물 축적과 싸우기 위해서 도움이 필요하다고 보내는 신호입니다.

◎ 구취가 심합니다. 구강 위생을 철저히 하는데도 입 냄새가 난다면, 문제가 있는 것입니다. 입 냄새는 소화기 문제나 간의 독소 축적 때문입니다. 이는 소화기의 환경을 바꾸게 됩니다. 이 변화를 통해 나쁜 박테리아가 입, 잇몸, 치아에서 자라게 됩니다. 또한 혀의 표면이 노란 막으로 덮여 있다면, 이는 혈액 내 과도한 독소 때문입니다. 이 노란 막도 입 냄새와 감염을 일으킵니다.

◎ 몸무게가 지속적으로 늘어납니다. 심지어는 물만 마셔도 살이 찐다고 하소연을 합니다. 체중 감량은 쉬운 일이 아닙니다. 끊임없는 식이 조절과 정기적인 운동이 필요하기 때문입니다. 하지만 이렇게 하는데도 계속 살이 찌고 있다면, 이는 위험 신호입니다. 호르몬 불균형이 원인일 수 있습니다. 이런 질환에는 여러 요인이 있을 수 있는데, 어떤 요인들은 음식과 화장품 및 위생 용품에서 오는 높은 독소 때문입니다.

◎ 배변이 시원치 못합니다. 우리의 장은 독소 제거에 있어 중요한 역할을 합니다. 배설이 잘되면 건강한 것입니다. 반대로 변비는 문제가 있다는 지표가 됩니다. 당연히 노폐물이 몸 안에 쌓이기 때문입니다. 그리고 몸 안에 있는 독소의 양도 늘어납니다. 복통, 염증과 더불어 영양분을 제대로 흡수하지 못하게 됩니다.

◎ 피부에 병이 생깁니다. 우리의 피부는 독소가 과적되면 이를 바로 표현하는 장기 중 한 곳입니다. 여드름, 아토피, 발진, 알레르기 반응 등은 독소에 대한 아주 명확한 지표입니다. 피부를 통해 우리 몸이 제대로 독소를 제거하지 못하고 있다는 것을 알 수 있습니다. 특히 혈액과 조직 안의 독소 말입니다.

◎ 끝이 없는 두통입니다. 혈액 속의 독소는 우리의 신경계에 직접적으로 영향을 미쳐 끊임없는 두통이라는 결과를 불러올 수 있습니다. 신경계 조직은 독소에 아주 민감하기 때문에 두통이 생길 수밖에 없습니다. 성령으로 독소를 녹여 배출해야 합니다.

◎ 몸의 열 발생 또는 홍조입니다. 몸에 독소가 쌓였다는 징후는 몸에 열이 오르는 것입니다. 얼굴이 붉어지는 것입니다. 이는

독소 축적이 간의 작용을 평소보다 더 어렵게 만들기 때문입니다. 간이 고생할 때 몸에선 땀이 나고 땀은 피부를 통해 독소를 제거할 수 있도록 돕습니다. 성령충만한 예배를 드리면 해결됩니다.

◎ 복부 지방 축적입니다. 몸의 기능이 정상적이지 못하여 밖으로 배출이 되지 않는 연고로 복부지방이 축척됩니다. 몸속의 독소제거는 체중 감량에도 도움이 될 수 있습니다. 몸속의 독소제거를 통해 지방 주위에 지방을 쌓이게 하는 노폐물질을 제거할 수 있기 때문입니다. 독소가 포도당과 콜레스테롤 수치에 영향을 미치기 때문인데, 포도당과 콜레스테롤 수치는 복부에 지방이 쌓이는 것을 증가시킵니다.

◎ 담석입니다. 쓸개에 과도한 독소가 쌓이면 쓸개를 해칠 수 있고, 담석도 생성됩니다. 간은 쓸개에 지나치게 많은 담즙을 저장하기 시작하고, 담즙은 쓸개를 방해합니다. 이 방해 때문에 쓸개는 담석을 만들어내는 것입니다. 담석으로 고생하고 있습니까? 그렇다면, 가공 음식을 끊어야 합니다. 또한 물과 신선한 과일, 채소의 섭취량을 늘려야 합니다. 이와 같은 상황에 처한 분들은 몸속의 영적이고 심리적인 독소를 제거하는 적극적인 활동을 하시기를 바랍니다. 자신에게 남아있는 인간적인 죄악들을 성령님이 제거하실 수 있도록 마음을 열어야 합니다. 자신의 전인격을 성령으로 정화하면 정화할수록 천국을 만끽하게 될 것입니다. 지금 성령께서 육적인 죄악과 자아와 상처와 혈통을 타고 들어온 죄의 문제를 정화하시며 배출하고 계십니다. 영원한 천국에서 영생할 준비를 지금 생명의 말씀과 성령으로 만들어야 합니다.

2장 크리스천의 최대 적은 몸속의 독소

(눅 5:31)"예수께서 대답하여 이르시되 건강한 자에게
는 의사가 쓸 데 없고 병든 자에게라야 쓸 데 있나니"

하나님은 성전 된 크리스천들이 지금 천국을 만끽하며 살아가
기를 원하십니다. 그런데 몸속에 쌓인 영적이고 심리적인 독소
가 천국을 누리지 못하도록 적극적으로 방해합니다. 몸속에 쌓
인 독소는 영·혼·육에 영향을 미쳐서 정상적인 삶을 살지 못할
수가 있습니다. 몸속의 독소가 방해하여 하나님의 뜻대로 살아
가지 못합니다. 성도들의 몸속 독소는 영·혼·육을 파괴합니다.

세상의학에서 몸속의 독소만 빼내도 20년 젊어진다고 홍보합
니다. 내면을 치유하는 필자가 체험한 바로는 이 말은 근거가 있
는 말이라고 생각합니다. 아무개 교회를 다니는 아무개장로(47
세)는 최근 체력과 기력과 면역력이 급격히 약해지면서 잔병치
레도 잦아지고 심각한 만성피로에 시달렸습니다. 거기다가 졸려
서 예배를 드리는 것이 고역이고 기도를 할 수가 없었습니다. 영
양제나 보양식을 먹어봐도 좀처럼 상태가 나아지지 않자, 영적
인 진단을 받아보라는 부인 권사의 권유로 충만한 교회를 찾아
스트레스로 인하여 내면에 독소가 심각하게 쌓인 것을 성령의
역사로 알게 되었습니다. 3번의 집중정밀치유를 받고 자신 안
에 계신 하나님께 기도하는 일에 즐겁고 교회에 가서 예배드리
는 일이 무엇보다 즐거워졌다는 것입니다. 거기다가 몸이 가뿐

해지고 마음이 평안하여 직장일도 즐겁고 천국을 체험하고 있다고 했습니다. 아무개 장로처럼 세상을 살아가는 것이 스트레스라 만성피로나 급격한 노화, 기타 성인병이 나타나는 연령이 점차 낮아지면서 몸의 산화가 큰 문제로 떠오르고 있습니다. 쇠붙이가 산화되면 녹이 슬듯 인체도 산화되면 각종 장기나 세포가 망가집니다. 이렇게 산화되는 것을 방지하는 것이 성령의 역사로 내면을 정화하는 것입니다. 정화하면서 쌓인 독소를 밖으로 배출하는 것입니다. 독소를 밖으로 배출하여 하나님께서 최초 사람을 반드시 에덴동산의 영성으로 회복하는 것입니다.

그렇기 때문에 성령님이 자신의 전인격을 지배와 장악을 하여 성령의 인도를 받는 삶을 살아야 합니다. 주기적으로 몸속의 독소를 제거해야 합니다. 이는 세상방법과 영적인 방법을 병행해야 합니다. 세상방법은 육체에 뭉쳐진 독소만 배출이 가능합니다. 영적이고 심리적인 독소는 성령의 깊은 역사로 배출해야 됩니다. 영적이고 심리적인 독소 뒤에 악한 영적존재가 역사하고 있기 때문입니다. 성령의 깊은 역사로 영적이고 심리적인 독소를 배출하면 끝나는 것이 아닙니다. 생명의 말씀과 성령충만한 믿음생활을 하는 것은 물론이고 세상에서 걸어 다니는 성전의식을 가지고 항상 하나님과 함께하는 믿음을 유지해야 합니다.

첫째, 크리스천도 육체를 가지고 있다. 크리스천도 육체를 가지고 사는 이상 모두 문제를 가지고 살아가고 있다고 인정해야 자신이 영육이 건강하게 지낼 수가 있습니다. 몸속에 독소가 쌓일 수가 있다는 것입니다. 예수를 믿고 목사가 되고, 장로가 되고,

권사가 되고, 안수집사가 되고, 집사가 되었어도 육체를 가지고 있기 때문에 몸속에 독소가 있을 수가 있는 것입니다. 독소가 있는 것이 당연한 것입니다. 이를 인정하고 자신에게 일어나는 영육의 문제를 하나님에게 드러내고 시인해야 치유가 되는 것입니다. 만일 부끄럽고 수치스럽다고 드러내지 않고 숨기면서 하나님께서 해결하여 주시기만 바라고 기도한다면 영원한 천국에 갈 때까지 해결 받지 못하고 독소를 배출하지 못하며 영·혼·육의 고생을 하면서 살아가고, 주님이 허락한 수명대로 살아갈 수가 없는 것입니다. 하나님은 마음을 열고 자신의 영육의 문제와 질병과 영적인 문제를 드러내고 시인해야 해결하시고 치유하시기 때문입니다.

우리가 밝히 알고 대처해야 할 것은 혈통을 따라서 위로 올라가보면 누구나 우상을 숭배했을 수가 있고, 무당을 초청하여 굿을 했을 수가 있고, 제사도 지냈을 수가 있고, 잡신도 섬겼을 수가 있고, 마음에 충격적인 상처도 받았을 수가 있습니다. 자신은 완벽하다고 생각하거나 자랑하는 성도는 교만한 것입니다. 문제가 없다고 마음을 열지 않으니 성령의 역사가 일어나지 않아 자신을 정확하게 보지 못하는 것입니다. 예수님은 누가복음 5장 31-32절에서 "예수께서 대답하여 이르시되 건강한 자에게는 의사가 쓸 데 없고 병든 자에게라야 쓸 데 있나니 내가 의인을 부르러 온 것이 아니요, 죄인을 불러 회개시키러 왔노라" 말씀하셨습니다. 자신에게도 문제가 있을 수 있다고 생각하고 겸손해야 합니다. 목회자와 성도는 너나나나 할 것 없이 육체를 가지고 있는 한 누구나 완벽하지 못하고 영육의 문제가 있을 수가 있습니다. 그렇기 때문에 자신의 영육의 문제를 드러내어 해결하려고 해야 합니다. 혹에라도 목사가, 장로가 권사가 안수집사가 집사가 귀신이나 마음의 상처나 질병으로 고생한다고 흉을 잡아 입방아를 찧고 다니는 성도가 되어서는 안 됩니다. 육체를 가지고 있으니 자신에게도 있을 수가 있는 것입니다. 많은 목회자와 성도들이 잘못 알고 있는 것은 교회에 다니면서 예배드리고 기도하고, 능력자에게 안수 받으면 오만가지 문제가 자동으로 해결되는 것으로 알고 있습니다. 그러나 하나님은 그렇게 역사하시지 않고, 자신이 인정하고 드러내고 입술로 시인하는 부분만 치유하여 주십니다.

그리고 금식하면 만사가 다 되는 것으로 알고 행하는 분들이 있습니다. 금식은 자신의 육성이 너무나 강해서 성령의 역사가 일어나지 못할 때 하는 것입니다. 목회가 안 되고, 가정이나 개인의 문제를 해결하기 위해서 금식하는 것은 샤머니즘의 신앙의 잔재에서 기인한 것입니다. 절대로 금식한다고 교회 부흥 되고, 가정의 문제 해결되고, 영육의 질병이 치유되는 것이 아닙니다. 오히려 부작용만 나타나기도 합니다. 어떤 권사님과 사모님은 21일 금식을 각각 2번-3번 하셨다는데 두 분 모두 육체의 질병과 골다공증 수치가 높아졌다는 것입니다. 필자의 견해로는 차라리 금식하는 기간에 성령의 역사가 일어나는 곳에 가셔서 말씀 듣고 기도하고 안수 받으면 성령의 지배와 장악이 되면서 몸속에 독소가 배출되면서 영적인 목회자와 성도로 변화되어 문제가 해결이 된다는 것입니다. 하나님의 역사가 일어나게 하려면 인간적인 노력을 하면 할수록 방해가 된다는 것입니다. 인간적인 열정이나 노력으로 문제가 해결이 되고 질병과 상처가 치유된다면 밤을 새워 가며 기도하면 자신이 원하는 대로 해결이 될 것 아닙니까? 절대로 그렇게 되지 않습니다.

분명하게 자신은 예수를 믿을 때 죽었고, 다시 예수님으로 태어나 예수님의 인생을 사는 것입니다. "그리스도의 사랑이 우리를 강권하시는 도다. 우리가 생각하건대 한 사람이 모든 사람을 대신하여 죽었은즉 모든 사람이 죽은 것이라. 그가 모든 사람을 대신하여 죽으심은 살아 있는 자들로 하여금 다시는 그들 자신을 위하여 살지 않고 오직 그들을 대신하여 죽었다가 다시 살아나신 이를 위하여 살게 하려 함이라(고후 5:14-15)" 그러므로 자신의 옛 사람이 없어져야 성령님이 역사하셔서 자신을 장악하시는 것입니다. 자신을 성령님이 장악하고 지배를 해야 능력도 강하게 나타나고, 몸속의 독소도 녹아지고 배출되어 문제도 해결되고, 질병이나 상처도 치유가 되는 것입니다. 예수를 믿고 교회에 들어와 믿음생활을 해도 육체를 가지고 살고 있는 이상 영·혼·육이 완벽할 수가 없는 것입니다. 목사, 장로 권사, 안수집사, 집사가 몸속의 독소로 인하여 영육의 문제가 있다는 것이 수치심이나 흉이 될 수가 없습니다. 그러내어 해결하려고 해야 합니다. 절대로 부끄러움이나 흉이 아니고 극히 정상적인 것입니다. 육체를 가지고 있는 한 영원한 천국에 갈 때까지 성화되어야 합니다.

둘째, 몸속의 영적이고 심리적인 독소는 세상방법으로 배출이 불가하다. 몸속의 독소는 잦은 외식과 불규칙하고 질 나쁜 식습관, 스트레스 등으로 인해서 우리 몸에는 노폐물과 독소가 쌓이게 됩니다. 거기다가 스트레스와 충격적인 상처와 영적인 존재들의 공격으로 몸속에 독소가 쌓입니다. 그렇기 때문에 세상적인 방법으로 독소배출은 한계가 있기 마련입니다. 독소의 배후에 영적이고 심리적인 존재들이 역사하고 있기 때문입니다. 일반적인 육체에 쌓인 독소는 적절한 식이요법과 운동을 하면 자연스레 배출할 수 있다고 하지만, 바쁜 현대인들에게 그런 여유조차 사치일 뿐입니다. 그리고 육체에 형성된 독소만 배출이 가능합니다. 영적이고 심리적인 독소는 반드시 성령의 깊은 역사로 녹아지고 배출이 되는 것입니다. 여기에 생활 속에서 조금만 신경을 쓰면 일반적인 독소를 배출할 수 있는 일반적인 방법을 소개합니다.

◎ 예수님을 부르면서 복식호흡을 하는 습관을 들이는 것입니다. 직장에서 일할 때나 사업장에서 일할 때 자투리 시간을 이용하여 습관적으로 하는 것입니다. 예수님을 생각하면서 숨을 쉴 때에는 천천히 깊이 쉬는 것입니다. 숨을 들이쉴 때는 코로 들이쉬는 것입니다. 아랫배에 의식을 두고 배꼽 아래로 숨을 쉬는 것입니다. 평상시 숨을 쉬는 속도로 숨을 깊이 쉬면 한 번에 배출할 수 있는 독소의 양이 훨씬 많아져서 좋습니다. 이왕이면 마음으로 예수님을 부르면서 하면 성령도 충만해지고 몸속의 독소도 배출되는 일석이조가 됩니다. ◎ 피부 표면 혈관과 림프절 자극하기입니다. 마른 수건이나 바디 브러쉬로 온몸을 빗질하듯 문지르는 방법이 독소 배출에 도움이 된다고 합니다. 옛날 필자가 군대생활 할 때는 냉수마찰이라고 했습니다. 모두 의무적으로 했습니다. ◎ 충분한 수분 보충입니다. 물은 우리 몸에서 노폐물을 운반하는 역할을

하는데 수분이 부족하면 몸 안에 있는 수분을 잡아두고 배설하지 않으려고 하기 때문에 물을 자주 많이 마셔야 합니다. 하루에 1.5L 이상은 마셔야 한다고 합니다. 물은 세포 안의 노폐물이나 독소를 소변이나 대변, 땀과 같이 밖으로 내보내는 것입니다. 그래서 몸속의 물이 부족하게 되면 노폐물이나 여분의 수분이 축적되어 혈액이 걸쭉해질 수밖에 없는 것입니다. 그렇기 때문에 항상 몸에 수분을 유지해 노폐물의 흐름을 원활하게 하는 것이 중요합니다.

◎ 하루 10분 햇볕 쬐기입니다. 햇볕을 쬐게 되면 세로토닌이 분비되는데 이는 기분과 수면을 조절하고 식욕을 억제하는 역할을 하기 때문에 하루 10분이라도 햇볕을 쬐며 산책하면 부족한 활동량도 늘리고 세로토닌 분비도 촉진할 수 있어 좋습니다. ◎ 냉온욕법으로 독소 배출하기입니다. 냉탕과 온탕을 번갈아 가며 몸을 담그는 냉온욕법은 혈액과 림프 순환이 활발해져 몸속 노폐물 제거에 도움을 준다고 합니다. ◎ 아침에 일어나 5분간 스트레칭 하기 입니다. 혈액과 림프 순환으로 밤새 굳어 있던 근육이 풀어져 더욱 가볍고 활력 있는 아침을 맞이할 수 있는 방법입니다. ◎ 잠자리에 누워 배 마사지하기입니다. 잠자리에 누워 예수님을 부르면서 복식호흡을 하며 10분간 배를 어루만지는 복부 마사지를 하면 배 속 장기에 물리적 자극이 가해져 혈액순환을 좋게 할 수 있고, 장기 안의 독소를 배출하는데 도움이 됩니다.

◎ 차 마시기입니다. 차 중에서도 녹차는 해독 작용이 뛰어나고 지방 대사를 활성화시키며, 긴장을 완화시키는데 효과가 있으며, 매실차는 장내 나쁜 균이 번식하는 것을 막아주고 살균력을 높인

다고 합니다. 이 밖에도 꿀차는 뇌의 에너지원인 당분을 공급해 세로토닌의 생산을 촉진시킨다고 합니다. ◎ 제자리 걷기 운동입니다. 추운 날씨에 밖에 나가서 운동할 엄두가 나지 않는다면 집에서 하루에 30분씩 제자리 걷기 운동만 해도 혈액과 림프 순환을 좋게 하고 체온을 올려 피부로 독소를 배출시킨다고 합니다. ◎ 명상하기입니다. 명상은 절대로 불교의 전용물이 아닙니다. 원래 수도원에서 수도사들이 하던 것을 불교가 배워다가 하는 것입니다. 하루 일과를 정리하고 잠자리에 들어가기 전에 습관적으로 하는 것입니다. 잡생각을 내려놓고 예수님을 생각하면서 배꼽 아래까지 숨을 들이쉬고 내쉬면서 호흡에 집중하다 보면 마음이 편안해지면서 신체 기능이 저절로 되살아나는 것을 느낄 수 있습니다. 이런 방법으로는 일반적인 독소는 정화나 해소가 가능합니다. 그러나 잠재의식에 쌓여있는 영적이고 심리적인 독소는 배출이 불가능합니다. 이러한 독소들은 잠재의식 깊숙하게 쌓여있기 때문입니다. 영적이고 심리적인 독소는 생명의 말씀과 성령의 역사가 일어나는 영적인 방법으로만 독소를 배출할 수가 있습니다.

셋째, 몸속의 독소는 잠재의식에 쌓이는 것이다. 잠재의식에 독소가 쌓여있으면 몸과 정신에 이상증상이 나타납니다. 예를 들어 설명하면 늘 피곤하고 시도 때도 없이 졸리는 것입니다. 조금만 스트레스를 받으면 숨이 컥컥 막히기도 합니다. 명치끝을 손가락으로 밀면 자지러지게 아프기도 합니다. 인간적인 상식으로 보면 피곤하여 나타나는 현상이라고 이해하기 쉽습니다. 필자는 그렇게만 단정하지 않습니다. 물론 육체가 피곤하여 생기는 현상이라 할 수도 있습니다. 그러나 피곤하고 졸리게 하는 영적인 존재가 잠재의식에 숨어있다는 것입니다. 스트레스를 받아 해소하지 못하고 3개월 이상 흘러서 화병으로 진전이 된 것입니다. 병원에 가서 종합 진단을 하고 CT와 MRI를 찍어도 증상이 나타나지 않는 것이 보통입니다. 의사가 하는 진단명은 신경성이나 스트레스로 인한 질병이라고 합니다. 한의원에 가면 울화병이라고 합니다. 6개월 정도 침을 맞고 한약을 먹으면 해소가 되기도 합니다. 그러나 근본은 치유되지 않는 것이 보통입니다.

영적으로 보면 상처를 받고 스트레스를 해소하지 못하고 지속적으로 받다가 보니까, 잠재의식에 독소가 쌓이게 된 것입니다. 상처와 스트레스를 육체와 정신력이 감당하지 못하여 피곤하고 졸고 있는 틈을 따라서 피곤하고 졸게 하는 악한 영이 침입하여 집을 지어서 생기는 복합적인 현상이라고 생각합니다. 이는 필자가 실제적으로 개별 집중치유 할 때 많이 경험하는 현상이기 때문입니다. 이런 상태로 고생하시는 분들이 집중치유를 받으러 오십니다. 성령으로 기도를 시작하여 1시간에서 1시간 20분정도 지나서 성령으로 어느 정도 장악되면 영락없이 꾸벅꾸벅 조는 것입니다. 자신의 의지를 발휘하지 못하고 꾸벅꾸벅 좁니다. 피곤하고 졸게 하는 귀신이 정체를 폭로한 것입니다. 이런 현상이 1시간 정도 일어나는 경우도 있습니다. 그런데 필자와 같이 개별치유 사역을 오래하여 성령의 인도를 받는 사역자가 아닌 초보 사역자는 영적존재가 떠나고 안식하기 때문에 일어난다고 속습니다. 영적존재가 떠나간 다음에 찾아오는 안식하는 현상과 비슷하기 때문입니다. 이런 사역자는 이런 종류의 환자를 자유하게 할 수가 없습니다. 환자 측면에서 보면 시간만 낭비하는 것입니다.

필자는 많은 사역체험이 있고 성령께서 그때그때 알려주시기 때문에 속지 않습니다. 환자에게 지속적으로 호흡을 하면서 기도하게 합니다. 성령께서 완전하게 장악하시면 기침이나 트림이나 하품이나 울음이나 이상한 소리를 하면서 독소가 배출이 됩니다. 독소가 배출이 뒤면 언제 그랬느냐는 식으로 사람의 행동이 바뀌는 것이 보통입니다. 숨을 깊게 쉴 수가 있고 마음이 평안해집니다. 피곤하게 하고 졸게 하는 독소가 상처와 스트레스가 치유되면서 떠나갔기 때문입니다. 그러나 완전하게 배출이 된 것이 아니고 70%만 배출된 것입니다. 남아있는 30%가 언제라도 문제를 일으킬 수가 있으니 지속적인 배출로 뿌리를 뽑아야 할 것입니다. 뿌리는 성령으로 말씀을 깨닫고 성령으로 기도하면서 깨달아 회개하며 기도하는 만큼씩 하나님의 영역이 넓어지면서 배출이 되고 완치가 됩니다.

그렇기 때문에 세상의술이나 심리적인 방법으로 독소를 배출하는 것은 임시방편에 불과한 치유방법입니다. 왜냐하면 근본이 해결되지 않는 독소 해소하는 방법이기 때문입니다. 잠재의식의 상처와 독소를 배출하려면 내면세계와 영의 세계를 이해하고 숙달해야 영육의 질병에서 해방 받아 하나님의 축복 속에서 천국을 누리면서 살아갈 수가 있습니다. 무엇보다 크리스천은 내면세계와 영의 세계를 바르게 알고 대처할 수가 있어야합니다.

세상방법으로 몸속의 독소의 배출은 부분적인 배출만 된다는 것을 모두 아실 것입니다. 몸 안의 독소는 잠재의식에 형성되어 있습니다. 마음 안에 무의식에 숨어있습니다. 뼈와 디스크 사이에 끼었습니다. 근육에 뭉쳐서 근육통증을 일으킵니다. 정신신경계에 끼었습니다. 영적존재들은 더욱 깊게 숨어있으면서 알게 모르게 고통을 가하기 때문입니다. 이렇게 깊숙한 곳에 형성되어 있는 독소를 인간의 방법으로 해독하거나 밖으로 배출할 수가 없습니다.

세상에서 사용하는 몸 안의 독소를 제거하는 기본은 장속의 찌꺼기를 배출시키기 위하여 약품을 사용합니다. 피를 맑게 한다고 약품을 사용하기도 합니다. 큰돈을 들여서 한약을 사서 먹기도 합니다. 독소배출 프로그램에 참여하기도 합니다. 크리스천들도 이런 세상 방법을 사용해야 합니다. 그러나 이런 세상방법으로는 일반적인 노폐물의 해소에 도움을 줄 뿐 근본은 해결이 안 됩니다.

얼마 전 토요일 개별집중정밀치유 시간에 지방에서 올라오신 여 집사가 사정을 적어놓은 것을 보니까, 허리 디스크로 고생합니다. 머리가 항상 아픕니다. 늘 피곤하고 눈에 충혈이 잘됩니다. 폐장이 약합니다. 코에 문제가 있는데 축농증도 있고, 의사가 말하는데 콧속이 부어있어서 머리가 아프다고 합니다. 불안하고 두려워서 밤에 잠을 깊이 자지 못합니다. 그래서 여러 가지 한방과 양방의 치료를 다해도 차도가 나타나지 않습니다. 그래서 필자의 책을 읽고 감동을 받아 집중정밀치유에 예약을 하고 치유 받으러 올라온 것입니다.

필자가 이렇게 알려주었습니다. 이 병은 잠재의식에 스트레스와 상처로 인하여 몸속에 독소가 쌓여서 생긴 것들입니다. 어머니 뱃속에서 나올 때부터 가지고 태어나신 불안과 두려움의 상처입니다. 세상에서 말하는 대로 한다면 몸 안에 독소가 쌓여서 생기는 현상입니다. 세상에서 독소를 제거한다고 많이 하고 있는데 세상방법으로 집사님 안의 독소를 해결할 수가 없습니다. 콧속에 물집이 있어서 머리가 아픈 것이 아닌 것 같습니다. 제가 하라는 대로 순종하고 기도를 하세요. 이분이 성령세례를 받지 않았고 성령으로 지배와 장악이 되지 않은 상태였습니다. 약 상당한 시간 기도하면서 안수를 하니까, 울기 시작하면서 배가 출렁이면서 허리와 디스크에 형성된 독소가 배출되기 시작을 했습니다. 허리가 아파서 어찌할 줄을 몰라 했습니다. 제가 조금만 참으면 된다고 알려주었습니다. 한 10여 분간 허리의 독소가 배출되었습니다. 다시 기도를 하도록 했습니다. 시간이 많이 경과되어서 성령의 지배와 장악이 되어가니 다시 뱃속에서 출렁출렁하면서 움직이는 것들이 있었습니다. 계속 기도를 하라고 조언했습니다. 안수를 지속적으로 하니까, 조금 지나니 서럽게 울면서 기침을 한 20분간 하면서 몸과 마음과 머리에 역사하던 독소들이 배출이 되었습니다. 그러다가 안정을 찾았습니다. 그러니까, 상당한 시간이 걸린 것입니다. 환자에게 머리가 아프냐고 질문하니 시원해졌다는 것입니다. 허리도 시원하여 졌다는 것입니다. 마음도 평안해 졌다는 것입니다. 이렇게 크리스천들에게 독소가 영·혼·육에 형성되어 있습니다. 이런 상태에 있는데 세상에서 하는 일반적인 독소 제거 방법으로 가능하겠습니까? 물론 세상방법도 이용해서 독소를 제거해야 합니다. 그러나 크리스천의 근본적인 몸속의 영적이고 심리적인 독소제거는 성령의 지배와 장악이 된 상태에서 잠재의식에 쌓여있는 독소가 배출이 되는 것입니다. 몸속의 독소는 성령의 역사로 배출이 되는 것입니다.

그래서 필자가 매주토요일 개별집중정밀치유를 하는 것입니다. 성령님이 지배와 장악이 되어야 몸속의 독소가 드러나고 배출이 됩니다. 성령님의 지배와 장악하시는데 시간이 많이 걸립니다. 평소에 성령으로 기도를 깊게 하신 분들은 좀 더 빨리 지배와 장악이 됩니다. 그런데 앞에서 설명한 여 집사와 같이 성령으로 기도하지 못한 사람은 시간에 3배 이상 걸리기도 합니다. 제가 여 집사에게 지금 시간이 상당히 많이 지나고 있습니다. 이렇게 몸속에 형성된 독소를 배출하는데 시간이 많이 걸립니다. 집사님은 정말 하나님께서 사랑하셔서 개별집중정밀치유를 알게 하신 것입니다. 성령의 역사로 독소가 배출되게 하여 몇 번 더 받으면 자유 함을 누릴 수가 있습니다. 그러나 이런 깊은 독소제거를 모르고 믿음생활하시는 분들은 참으로 몰라서 불필요한 고통을 당하면서 살아가고 있는 것입니다. 모두 개별집중정밀치유로 몸속에 쌓여있는 독소를 배출하여 영·혼·육이 건강하게 지내시기를 바랍니다.

넷째, 몸속의 독소는 성령께서 배출하신다. 몸속의 독소는 스트레스와 상처로 인하여 생긴 영적이고 심리적인 독소로서 잠재의식에 형성되어 있습니다. 잠재의식에 형성된 독소는 사람의 기교나 방법이나 노력으로 배출이나 정화가 불가능합니다. 스트레스를 받아 몸속에 독소를 생기도록 역사하는 존재들은 육체에 역사하는 영적존재들입니다. 이들은 반드시 잠재의식보다 깊은 영의차원에서 성령의 역사가 일어나야 성령의 역사로 몸속의 독소가 현실로 들어나서 밖으로 배출이 되는 것입니다. 그렇기 때문에 성령님이 아니고는 몸속의 독소를 배출하는 다른 방법은 있을 수가 없습니다.

그리고 세상방법이 몸속의 독소를 배출하는데 최선의 방법이 될 수가 없다는 것입니다. 이유는 몸속의 독소는 스트레스에 의하여 영·혼·육에 발생함으로 몸속의 독소 근원에는 영적이고 심리적인 문제가 결부되어 있기 때문입니다. 영적이고 심리적인 요소는 초인적인 존재가 결부되어 있습니다. 우리가 "카리스마로 영적세계를 장악하는 법" 책을 통하여 깨달은 바에 의하면 초인적인 존재는 사람의 기교나 방법으로 제압이 불가합니다. 반드시 초인적인 존재보다 한 차원 강한 초자연적인 성령의 역사가 일어나야 제거가 가능한 것입니다. 그래서 세상적인 독소 제거 방법으로는 부분적인 독소제거는 가능하지만 근원까지 제거하는 데는 무리가 있다는 것입니다. 반드시 성령의 깊은 역사가 일어나야 잠재의식에 형성된 독소가 현실로 드러나서 배출이 가능한 것입니다.

크리스천의 몸속에 형성된 독소를 제거하려면 관념적인 성령세례(예수를 믿을 때 받았다고 하는 성령세례)가 아니고, 체험적인 성령세례를 받아야 합니다. 체험적인 성령세례란 예수를 믿을 때 마음 안, 영에 주인으로 임재하신 성령께서 순간 전인격을 장악하는 성령폭발을 말하는 것입니다. 이는 자신도 성령으로 세례 받는 것을 전인격으로 깨달을 수가 있고, 주변에 다른 성도들도 자신이 성령으로 세례를 받는 것을 눈으로 보고 이해할 수 성령세례를 말하는 것입니다. 그 후 지속적으로 성령으로 기도하여 성령으로 충만받으면서 전인격이 성령의 지배와 장악이 되면서 잠재의식에 쌓여 있는 독소를 현제의식으로 끌고 나와서 배출하는 것입니다.

그렇기 때문에 세상방법을 사용하여 해결되지 않는 독소는 반드시 성령의 지배와 장악을 통하여 배출해야 되는 것입니다. 몸 속의 독소의 완전한 배출은 성령의 역사 외에는 방법이 있을 수가 없습니다. 그래서 세상방법으로 독소를 배출한 후에 얼마가지 않아서 요요현상이 일어나는 것입니다. 몸속의 독소 뒤에 있는 근본원인을 일으키는 영적이고 심리적인 존재들이 배출되지 않았기 때문입니다. 세상방법으로 독소를 배출한 후에 스트레스를 받게 하여 독소를 발생하게 하는 존재들이 역사하기 때문입니다. 그렇기 때문에 반드시 성령으로 잠재의식에 형성된 독소를 배출해야 합니다. 여기서 알고 계실 것은 성령의 지배와 장악으로 독소를 배출했다고 완전하게 끝났다고 방심하면 안 됩니다.

크리스천들도 육체를 가지고 있으므로 지속적인 성령의 지배와 장악이 되지 않으면 재발할 수가 있는 것입니다. 그렇기 때문에 주일날 성령으로 충만한 예배를 통하여 지속적인 성령의 지배와 장악이 되도록 해야 합니다. 크리스천들은 자신이 육체를 가지고 있어서 완벽하지 못하다는 것입니다. 하나님은 육체가 세상을 향할 수 있어 아브라함을 25년 훈련하여 온전하게 순종하는 사람이 되게 하신 것입니다. 지속적인 성령의 지배와 장악이 되고, 성령의 인도를 받아야 몸속에 독소가 형성되지 않습니다.

3장 스트레스로 내면능력이 허약하게

(왕상 19:4)"자기 자신은 광야로 들어가 하룻길쯤 가서 한 로뎀 나무 아래에 앉아서 자기가 죽기를 원하여 이르되 여호와여 넉넉하오니 지금 내 생명을 거두시옵소서 나는 내 조상들보다 낫지 못하니이다 하고"

오늘 인간이 당하는 치명적인 병 즉 각종 암, 뇌졸중, 심근경색 가지가지 소화기관의 병들이 스트레스로 몸속에 독소가 쌓여서 생기는 것이라고 의사들은 말합니다. 스트레스가 몸속에 독소를 만들어 낸다는 것입니다. 우리들이 앓는 병의 70% 이상이 스트레스로 말미암아 생긴다고 합니다. 그런데 우리는 성경을 읽어보면 스트레스에 걸려 암 등 다양한 병에 걸려 죽은 사람을 한 사람도 볼 수가 없습니다. 희한하게 성경에 족보를 읽어보면 다 운명대로 살았었습니다. "스트레스"란 말은 한 물체에 가해지는 압력이나 물리적 힘을 가리키는 의미로 원래 물리학에서 처음 사용되었습니다. 우리나라의 한 연구에 의하면 내과 계 입원환자의 약 71%가 스트레스로 인해 발병하거나 악화되는 질환을 가지고 있다고 말합니다. 스트레스는 신경내분비계의 변화를 일으키고, 자율신경계의 이상, 면역력 저하 등을 일으켜 대부분 나쁜 질환에 영향을 미친다고 합니다. 스트레스가 계속 쌓이면 사람들은 우선 피로감이나 불면증이나 수면과다, 식욕저하 등 두통, 가슴 답답함 등의 신체 증상을 나타냅니다. 또한 불안, 우울, 짜증, 집중력

저하, 의욕 저하와 같은 정신적인 증상들이 나타나 이러한 현상이 심해지면 사회생활에 적지 않은 지장을 받게 되는 것입니다. 이처럼 오늘날 인간이 당하는 치명적인 병들은 거의 대부분이 스트레스에 의한 것입니다.

분명하게 스트레스는 무섭습니다. 아무개 여 집사님의 경우입니다. 이분이 분당 ○○○교회에서 믿음생활을 아주 열심히 했습니다. 교회의 여러 성도들이 보이는 열심을 보고 매년 11월 달에 있는 교회 일꾼 선거에서 여전도 회장으로 당선이 되었습니다. 이분이 이때부터 거의 교회에서 살다시피 하면서 화장실 청소다 현관청소다 봉사를 열심히 했습니다. 담임목사님이 계실 때는 더욱 열심히 했습니다. 이렇게 열심을 다한 것은 내심 담임목사님이 자신의 열심을 알아보고 칭찬을 받으려는 생각이었습니다. 그런데 1월이 가고, 2월이 지나도 담임목사님이 칭찬을 하시지 않는 것입니다. 그러자 서서히 담임목사님을 향한 원망으로 바뀐 것입니다. 돌아다니면서 담임목사님이 인정이 없다고 임방아를 찧기 시작을 한 것입니다. 그러던 3월 어느 날밤 자고 일어났는데 허리가 돌아가 버린 것입니다. 졸지에 장애인이 된 것입니다. 제대로 걷지도 못하게 된 것입니다. 그래서 전라북도 삼례까지 가서 용하다는 장로님에게 허리를 치유하려고 했습니다. 치유가 되지를 않는 것입니다. 그런다가 소문을 듣고 충만한 교회에 왔습니다. 말씀을 전하고 기도시간에 안수를 하니까, 이분이 아주 서럽게 우는 것입니다. 그래서 "성령님! 이분이 왜 이렇게 서럽게 웁니까?" "어려서 인정받지 못한 서러움이다." 필자가 앞으로 불러내서 틀어진 골반을 맞추는 사역을 했습니다. 그러자 같이 온 권사님이 필자의 귀에다가 대고 "목사님! 하나님께서 치셨습니다. 하나님께서 고쳐주시지 않을 것입니다." 필자가 '왜요.' 그러자 이렇게 말하는 것입니다. "담임 목사님이 인정이 없다고 입방아를 찧고 다니니까, 하나님께서 치신 것입니다." 알았습니다. 하고 계속 안수를 했습니다. 그러자 골반이 서서히 정 위치로 돌아오고 정상으로 회복이 되었습니다. 이분이 골반이 뒤틀린 것은 담임목사님 인정 없다고 입방아를 찧고 다녀서가 아니고, 어려서 인정받지 못한 서러움이 있어서 여전도회장이 되어 담임목사님에게 인정을 받아보려고 열심을 냈으나, 인정해주지 않아서 자신의 잠재의식에 있는 상처가 스트레스가 지나치다가 보니 슬슬 넘쳐나서 허리 디스크에 쌓여있던 아드레날린이 지나치게 분비되어 독소가 생긴 것입니다. 잠재의식이 현재의식에 영향을 끼친 전형적인 사례입니다. 이분이 평소에 성령으로 충만한 믿음 생활을 하여 잠재의식의 상처를 치유했어야 하는데 관념적인 믿음생활을 한 것입니다. 잠재의식의 상처가 현재의식을 계속적으로 자극을 하여 몸속의 독소가 넘쳐나도록 역사한 것입니다. 이와 같이 스트레스는 독이며 뼈도 틀어지게 하는 무서운 적입니다. 스트레스는 잠재의식에 쌓여있는 영적이고 심리적인 독소가 만들어냅니다. 이 독소가 지금 천국을 만끽하며 누리지 못하게 적극적으로 방해합니다. 미리 성령으로 기도하여 내면을 강화하여 스트레스를 정화해야 합니다.

첫째, 왜 스트레스에 걸리는가? 왜 스트레스에 걸립니까? 그냥 살면 되었지 왜 스트레스는 왜 걸려요? 우리가 살면서 여러 가지 어려운 시련과 환난과 고통을 당합니다. 거기에 과도히 두려워하고 낙심할 때 그것이 우리에게 스트레스가 됩니다. 스트레스가 해소되지 못하고 잠재의식에 쌓이니까, 독소가 되는 것입니다. 그러므로 예수님을 잘 믿고 성령으로 기도를 많이 하는 사람은 상당히 스트레스를 견뎌낼 수 있습니다. 그러나 신앙이 없고 하나님을 의지하지 아니하면 인간의 힘으로는 받침의 힘이 약해서 무게가 누르면 찌부러지고 마는 것입니다. 어떤 충격적인 문제가 다가오면 그 심각성이 너무 크기 때문에 자기도 감당을 못합니다. 자기도 도저히 그 어려운 염려, 근심, 불안, 초조, 두려움, 절망을 감당하지 못하니 그로 말미암아 쓰러지는 것입니다. 몸속에 독소가 되어 뇌일혈이 걸리고 심장마비가 걸리고 위병이 걸리고 불안신경증에 걸리고 잠을 못자고 쓰러지고 마는 것입니다.

여기에 엘리야 보십시오. 엘리야는 구약시대에 최고의 선지자인 것입니다. 하나님이 불수레를 태워서 죽지 않고 하늘에 데려갈 정도의 위대한 인물이었습니다. 그런 엘리야도 문제의 심각성에 압도당할 때 좌절하고 낙심하고 스트레스에 걸려서 죽기를 원했습니다. 엘리야가 보통사람 같았으면 자살했을 것입니다. 엘리야는 바알의 선지자 450명 그들과 경쟁을 했습니다. 바알의 선지자들이 이스라엘 백성들에게 바알을 신봉하게 하므로 여호와를 배반하고 반역하므로 하나님께서 진노하사 3년 6개월 동안 비가 오지 않게 했습니다. 그래서 이스라엘은 완전히 가뭄으로 불탈 정도인 것입니다. 그래서 바알이 왕성할 때 하나님의 종, 엘리야가 그 바알선지자들을 모두 한곳에 모여서 정말 여호와가 참 하나님인지 바알이 참신 인지 서로 경쟁을 했습니다. "아합이 엘리야가 행한 모든 일과 그가 어떻게 모든 선지자를 칼로 죽였는지를 이세벨에게 말하니"(왕상 19:1).

엘리야의 재단에 하나님이 불로 응답한 일들과 백성들이 바알을 보고 하나님만을 섬기기로 작정한 일과 백성들이 힘을 합쳐 도움으로 450명의 바알선지자들을 다 죽인 사실과 그 결과 엘리야가 기도하니까 갈멜산에서 하나님이 응답하셔서 비를 주셨다는 이야기를 자기 아내 이사벨에게 아합이 이야기를 다하니까 이세벨이 분도막심해서 "내일 이맘때 내가 되기 전에 이 엘리야를 죽이겠다. 살아서 못나간다." 이런 위대한 일을 한 엘리야가 마음을 놓고 있을 때 이세벨의 협박과 공갈을 들으니까 그만 무너졌습니다. 그러므로 자신할 사람이 아무도 없어요. 마음에 긴장을 놓고 있을 때 갑자기 굉장한 협박과 공갈을 당하니까 엘리야가 그 협박과 공갈에 견디지 못하고 일어나서 도망을 치고 거기에서 종을 두고 하루 길을 걸어서 더 깊은 광야로 들어가서 로뎀 나무 밑에 앉아서 죽기를 원했습니다. "이세벨이 사신을 엘리야에게 보내어 이르되 내가 내일 이맘때에는 반드시 네 생명을 저 사람들 중 한 사람의 생명과 같게 하리라 그렇게 하지 아니하면 신들이 내게 벌 위에 벌을 내림이 마땅하니라 한지라"(왕상 19:2). 이 말을 듣고 무서워하고 두려워했었습니다. 무서움과 두려움은 우리의 마음속에 굉장한 스트레스와 독소가 되는 것입니다.

엘리야 같이 위대한 사람도 심한 스트레스를 당하니까 독소로 변하여 죽기를 원했었습니다. 그런데 우리같이 평범한 사람이야 스트레스 당하면 살 희망이 다 없어지고 자살하려고 하는 사람들이 생기는 것은 당연한 이치인 것입니다. 우리 오늘날 인생이 경험하는데 가장 참기 어려운 것이 스트레스인 것입니다. 스트레스는 우리에게 모든 희망과 용기를 다 빼앗아 가고 마는 것입니다. 좌절하고 절망하게 만드는 것입니다.

육신적인 무리는 견뎌낼 수 있어도 정신적인 무리는 견뎌내지 못합니다. 사람들은 자신에게 어떤 문제가 발생하면 그 문제의 심각성에 압도당하고 좌절합니다. 이로 인해 사람들은 스트레스에 걸려 육체적, 정신적 고통을 당하게 됩니다. 이러한 스트레스가 지속되면 사람들은 자신의 생명조차 끊어 버리려는 큰 위기를 맞게 되는 것입니다. 스트레스가 지속되면 몸속에 독소가 되어 사리분별이 혼동되기 때문입니다.

둘째, 예수님은 왜 스트레스에 걸리지 않으셨는가? 그런데 성경에 보면 예수님은 그렇게 압력을 받아도 스트레스를 받지 않았어요. 바리새교인, 사두게교인, 교법사들이 끊임없이 따라다니면서 압력을 가하고 로마의 정권이 끊임없는 위협을 가했었습니다. 그는 먹고 자고 사는데도 정처가 없었습니다. 그렇게 많은 괴로움을 겪어도 예수님은 스트레스에 안 걸렸습니다. 예수님은 어떻게 스트레스 안 걸리고 살았는지 저 같으면 스트레스 걸렸을 것인데… 주님은 스트레스에 안 걸리는 방법을 말해줍니다. "주님, 무엇을 어떻게 했기에 스트레스에 안 걸립니까? 내게만 말 좀 해주십시오. 내 우리 성도들에게는 비밀로 할테니까 내게만 좀 말씀해 주십시오." 아마 주님이 씽긋 웃으면서 말할 것입니다. "욕심이 없이 성령의 인도를 받으면 스트레스에 안 걸린다." "아이! 주님 그렇게 간단합니까?" "간단하다. 욕심이 있으니까 스트레스에 걸리지 욕심이 없으면 결코 스트레스에 걸리지 않는다." 야고보서 1장 14절로 15절에 "오직 각 사람이 시험을 받는 것은 자기 욕심에 끌려 미혹됨이니 욕심이 잉태한즉 죄를 낳고 죄가 장성한즉 사망을 낳느니라"

지위, 명예, 권세, 돈, 무엇이든지 내가 가지고 있는 것이 빼앗기면 어떻게 하느냐. 나보다 더 강한 자가 와서 나를 밀쳐내면 어떻게 할 것이냐. 마음에 욕심이 생기면 그것을 얻기 위하여 그것을 지키기 위하여 마음에 부담을 느끼고 스트레스를 느끼게 되는 것입니다. 디모데전서 6장 9절에 "부하려 하는 자들은 시험과 올무와 여러 가지 어리석고 해로운 욕심에 떨어지나니 곧 사람으로 파멸과 멸망에 빠지게 하는 것이라" 욕심에 떨어지면 파멸과 멸망에 빠집니다. 마음에 욕심 없이 어떻게 삽니까? 그러니까 전혀 욕심 없이는 못살 것 아닙니까? 적당한 욕심을 가지라는 것입니다. 너무 큰 욕심을 가지지 말고. 전혀 욕심이 없어 입만 딱 벌리고 있으면 그것도 또 큰일입니다. 그것은 나쁜 욕심이 아니고 좋은 욕심은 가져야 되는 것입니다. 그러나 무엇이든지 과도한 것은 문제가 되는 것입니다.

일반적으로 인간에게는 5욕(五慾)이라고 하는 다섯 가지 욕구가 있습니다. 식욕(食慾), 색욕(色慾), 재욕(財慾), 명예욕, 수면 욕구 등이 그것입니다. 여기에는 인간의 원초적 본능인 식욕이나 성욕, 물욕 등이 모두 포함되어 있습니다. 인간은 살아가면서 누구나 5욕(五慾)을 채우려고 합니다. 그것은 인간의 자연적인 본성입니다. 그런데 그 정도가 지나치면 탐욕이 되고 마는 것입니다. 그냥 욕심은 괜찮은데 탐욕이 되면 스트레스를 받게 되고 독이 쌓이게 되는 것입니다. 보통 욕심이야 다 가지고 있지요. 그러나 탐심이 들어오면 탐욕이 되는 것입니다. 그러면 나쁘게 됩니다. 마음을 비우고 욕심을 버리고 주어진 것에 감사하면 기쁨과 평안 뿐, 스트레스에 걸리지 않는다고 한 것입니다.

미국의 미시건대학교의 스테파니 브라운 박사는 인간의 욕심과 수명에 관해 연구를 했습니다. 연구 결과에 의하면 욕심이 많은 사람들의 사망률이 욕심이 적은 사람의 사망률보다 거의 3배 더 많은 것으로 나타났습니다. 욕심이 적은 사람은 평안하게 있으니까 오장육부가 긴장하지 않는 것입니다. 그러나 욕심이 많은 사람은 오장육부가 다 눌려서 잠도 못자고 고통을 당하니까 빨리 죽을 것은 당연한 이치인 것입니다. 욕심 많은 사람에게 시집도 가지 말고 장가도 가지 마세요. 빨리 죽습니다.

록펠러는 53세가 되었을 때 특이한 소화불량성 질병을 앓았습니다. 인류 역사 가운데 록펠러 만 큼 큰 부자는 아직까지 생기지 않았습니다. 록펠러는 인류 역사상 가장 큰 부자가 된 사람이었습니다. 그러나 그가 53세에 특이한 소화불량성 질병을 앓았는데 이 때문에 머리카락은 말할 것도 없고 눈썹과 속눈썹까지 다 빠져버렸습니다. 의사는 그의 병은 늘 극도의 긴장된 생활에서 비롯된 스트레스가 주요인으로 1년을 넘기기가 어렵다고 말을 했습니다. 그 후 록펠러는 마음의 욕심을 버리기로 작정했습니다.

그리고 온전한 십일조와 감사의 생활로 철저하게 하나님 중심의 삶을 살았습니다. 그는 교회를 무려 4,928개나 건축했습니다. 시카고 대학 등 종합대학과 단과대학을 각각 12개씩 지으며 사회에 기부하는 모범을 보였습니다. 그는 1년 밖에 살지 못한다는 선언을 받았지만 욕심을 버리고 하나님께 헌신하여 98세까지 건강하게 살다가 갔었습니다.

탈무드에는 "승자의 주머니 속에는 꿈이 있고, 패자의 주머니 속에는 욕심이 있다."고 말했었습니다. 꿈과 욕심은 다릅니다. 과도한 욕심으로 인한 스트레스는 독이 되어 몸과 마음을 병들게 하지만 마음의 욕심을 버리고 자신이 가진 것으로 만족하며 이웃에게 나누어주고 베풀 때 건강뿐만 아니라, 더욱 풍성한 은혜와 축복의 삶을 살 수 있게 되는 것입니다.

날마다 우리의 짐을 지기를 원하시고 "너희 염려를 다 주께 맡기라 이는 그가 너희를 돌보아" 주신다고 말했었습니다. 하나님께서는 "내가 네 짐 때문에 죽었는데 왜 내가 다 청산한 것을 네가 걸머지고 야단법석을 떠느냐?" 그렇게 말합니다. 그러니 우리의 수고하고 무거운 짐은 2천 년 전에 주님이 십자가에서 다 청산해 버린 것입니다. 그런데 우리는 안 믿거든. 그것을 믿고 주님께 우리 짐을 맡기지를 못합니다. 예수님은 짐을 안 짊어 지셨습니다. 예수님께서는 십자가에 못 박혀 죽을 것을 생각하고 마음에 굉장히 번뇌로웠습니다. 그가 감람산에 기도하러 들어갈 때 제자들에게 말씀하기를 "내가 마음이 지금 번뇌로워 죽을 지경이다." 그러나 예수님은 그 번뇌로 말미암아 스트레스에 걸려서 쓰러지지 않았었습니다. 그가 왜 그렇습니까? 마음에 괴로워 죽을 지경인 것은 당연한 이치입니다. 십자가에 못 박혀 죽을 것을 뻔히 알고 있으면서 "하하하하하 하하하하~ 나 십자가에 못박혀 죽는다. 하하하하하하~" 그것은 정신 이상자지 보통 사람은 아닙니다. 보통사람은 다 십자가에 못박혀 죽을 그 고통을 마음속에 느낍니다. 미리 알고 있으니까. 현명한 사람일수록 더 뼈저리게 느낍니다. "나는 십자가에 못박혀 죽을 것이다." 그가 하나님 앞에 꿇어 엎드려 "하나님이여 할 수만 있거든 이 잔을 내게서 옮기시옵소서. 그러나 내 뜻대로 마옵시고 주님 뜻대로 하시옵소서." 그게 비결인 것입니다. 내 뜻대로 마옵시고 아버지 뜻대로 하옵소서. 무엇이든지 내 고집대로 끝까지 하려면 스트레스에 걸리게 되고 몸속에 독이 됩니다. 내가 면하면 좋겠는데 아버지가 면하는 것이 뜻이 아니면 아버지 뜻대로 하시옵소서. 그러니 짐을 아버지께 맡겨 버렸어요. 스트레스가 왔지만 아버지께로 전달해 버리고 만 것입니다. 아버지가 "네가 십자가에 못박혀 죽는 것이 내 뜻이라." "좋습니다." 받아들인 것입니다. 우리가 문제를 받아들이면 스트레스에 걸리지 않습니다. 그 운명에 대한 저항을 하고 그것을 벗어나려고 하고 그것을 이기려고 하니까 마음에 스트레스가 되어 독이 되는 것입니다. 그러므로 우리가 모든 것을 주님께 맡긴다는 것 굉장히 중요합니다.

빌립보서 4장 6절로 7절에 "아무 것도 염려하지 말고 다만 모든 일에 기도와 간구로, 너희 구할 것을 감사함으로 하나님께 아뢰라 그리하면 모든 지각에 뛰어난 하나님의 평강이 그리스도 예수 안에서 너희 마음과 생각을 지키시리라" 마음에 평강이 올 때까지 하나님께 부르짖어 기도하라는 것입니다. 그러면 마음에 평안이 와서 마음을 점령해 줍니다. 요한복음 14장 27절에 "평안을 너희에게 끼치노니 곧 나의 평안을 너희에게 주노라 내가 너희에게 주는 것은 세상이 주는 것과 같지 아니하니라. 너희는 마음에 근심하지도 말고 두려워하지도 말라"

그러므로 우리 하나님은 우리가 염려, 근심, 불안, 초조, 절망을 갖기를 원치 아니하십니다. 우리가 스트레스로 몸속에 독소가 쌓이는 것 하나님께서 참으로 원치 않습니다. 우리가 마음에 평안을 가지기를 원하시는 것입니다. 이 평안을 가지는 것은 우리 하나님께 우리의 짐을 의탁하는 도리 밖에 없습니다. 끊임없이 짐을 하나님께 맡기고 우리 가슴 속에 담아놓지 말아야 되는 것입니다. 우리 하나님과 우리와 함께 하면 우리는 스트레스에서 이겨 나올 수가 있는 것입니다. 어떻게 되었던지 내 자신을 예수님과 함께 십자가에 못 박아야 됩니다. 그리고 욕심과 탐심을 저버려야 되는 것입니다.

독일의 대문호였던 괴테는 80세에 이런 고백을 했습니다. "나는 단 몇 주 동안이라도 참으로 행복한 마음을 가진 적이 없었다. 내가 평안함을 느끼고자 할 때는 내 자아에서 벗어날 때뿐이었지만 오래가지 못했다." 세계적인 석학인 괴테가 80세에 몇 주 동안 일생에 마음에 평안을 느꼈다는 것입니다. 그것도 자기 자아에서 벗어났을 때, 자기를 떠났을 때 평안을 느꼈다고 했습니다. 그러니 우리같이 위대한 조무래기는 마음에 스트레스를 받는 것이 당연한 이치인 것입니다. 그러나 괴테보다도 우리가 더 나은 점은 괴테는 위대한 지성 가였지만 우리 같은 신앙은 없었습니다. 우리는 예수님을 믿고 있는 것입니다. 우리 힘으로는 안 됩니다. 예수님 덕분으로 됩니다.

셋째, 엘리야의 스트레스 회복. 엘리야는 잠시 동안 방심을 했습니다. 이제 바알선지자들과 싸워서 이기고 그들을 다 450명이나 잡아서 죽이고 비가 오지 않는 이스라엘에 기도해서 비를 오게 했으니 이제는 안심하고 이스라엘 백성들을 주께로 이끌어 나갈 수가 있다고 생각했습니다. 자기 혼자라고 생각했습니다. 그것이 방심이었습니다. 방심을 하고 있을 때 스트레스가 기습을 하고 들어와서 독소를 만들어 그는 완전히 자신을 잃어버리고 말았던 것입니다. 그렇게 위대한 선지자가 아무도 만나지 아니하고 광야로 도망을 쳐서 로뎀 나무 밑에 드러누워서 죽기를 원했었습니다. 요사이 말하면 자살하기를 원했습니다. "주님! 이만하면 됐으니 나 생명 거두어 주시옵소서." 열왕기상 19장 5절로 7절에 "로뎀 나무 아래에 누워 자더니 천사가 그를 어루만지며 그에게 이르되 일어나서 먹으라 하는지라 본즉 머리맡에 숯불에 구운 떡과 한 병 물이 있더라 이에 먹고 마시고 다시 누웠더니 여호와의 천사가 또 다시 와서 어루만지며 이르되 일어나 먹으라. 네가 갈 길을 다 가지 못할까 하노라 하는지라"

광야에서 아무도 만나지 않고 잠만 자고 깨어 먹고 마시고 했습니다. 그런데 여기에 보면 천사가 와서 '어루만져 주었다.' 안수해 주었다는 것입니다. 안수로 소진한 영력을 회복시켜 주셨다는 것입니다. 그것 참 중요한 것입니다. 지금 스트레스 당해서 고통당하는 사람을 보고 꾸짖고 욕해서 아무 소용이 없습니다. 될 대로 되라고 하는 사람에게 꾸짖어봤자 무슨 소용이 있습니까? 위로해 주고 격려해 주고 안수하여 주는 것입니다. 천사가 와서 엘리야를 안수하여 주었습니다. 안수하여 소진된 영력을 충전했다는 말입니다. 사람이 스트레스에 걸리면 자기 힘으로 스스로 일어날 수가 없는 것입니다.

그리고 스트레스로 몸속에 독소가 쌓였을 때 이 성경에 보니까 안수 받고 먹고 자라는 것입니다. 다른 것 하지 말고 안수 받고 먹고 또 자고, 또 일어나거든 또 안수 받고 먹고 또 자고… 앞으로 스트레스로 독소가 쌓인 사람에게 금식하고 철야하라고 하지 말아야 합니다. 그러면 더 몸속에 독소가 넘쳐납니다. 스트레스로 몸속에 독소가 쌓이거든 집이나 교회에 데리고 와서 아주 푸근한 잠자리를 만들어서 자게하고 맛있는 음식 만들어서 먹고 또 자게 하고 안수하여 주고 그렇게 하면 스트레스에서 회복될 수 있습니다. 고린도후서 1장 4절에 보면 "우리의 모든 환난 중에서 우리를 위로하사 우리로 하여금 하나님께 받는 위로로써 모든 환난 중에 있는 자들을 능히 위로하게 하시는 이시로다" 위로, 굉장히 필요하지 않습니까? 우리가 환난을 당할 때 주님이 와서 위로해 주십니다.

우리 예수 믿는 사람에게는 하나님이 위로자 보혜사 성령이 우리 속에 와서 계신 것입니다. 우리가 굉장히 괴로울 때는 성령이 우리를 위해서 위로의 역사를 베풀어 주시는 것입니다. 그래서 우리가 고난을 이길 수 있는 힘을 성령을 통해서 많이 얻을 수가 있는 것입니다. 그 다음에 스트레스와 독소를 배출하려면 운동을 하는 것입니다. 운동 중에도 걷는 운동이 제일 좋습니다. 마음으로 기도면서 걷는 것입니다. 스트레스와 몸속의 독소 배출에 제일 좋은 방법이 조깅인 것입니다. 하나님은 엘리야 보고 브엘세바에서 호렙산까지 걸어가라고 했습니다. 약 350km에서 400km 정도 됩니다. 그 길을 "걸어가라. 조깅하라. 뛰든지 그냥 걸어가든지" 좌우간 다리로써 걸어가라는 것입니다. 운동 중에 제일 좋은 운동이 마음으로 기도하며 걸어가는 것입니다. 그러면 뇌가 활성화 되고 온 몸에 혈액순환이 잘되어서 스트레스와 독소가 정화되고 피로가 없어지고 건강해지는 것입니다. 필자는 하루에 한 시간씩 속보로 걷습니다. 마음으로 기도하면서 속보로 걷는 것은 참 좋습니다.

열왕기상 19장 8절에 보면 "이에 일어나 먹고 마시고 그 음식물의 힘을 의지하여 사십 주 사십 야를 가서 하나님의 산 호렙에 이르니라" 사십 주 사십 야를 한 달 열흘을 걷고 나니까 스트레스와 독소가 다 날아가 버렸습니다. 한 달 열흘만 걸으면 문제가 해결되는 것입니다. 걸으면서 마음에 짐이 사라지고 즐거워지니까 양약이 되어서 영적으로 육신적으로 병이 다 없어지고 마는 것입니다. 산책이나 운동을 하는 것은 건강에 매우 좋습니다. 우리가 걸으면 뇌세포가 활성화되고 혈액순환이 잘 되어 건강이 좋아진다고 합니다. 많은 사람들이 이러한 걷기나 조깅으로 체력을 유지하고 건강을 지켜왔습니다. 필자는 한주에 6일 동안 1시간 이상 걷습니다. 이렇게 하지 않으면 체력을 유지하지 못하여 설교하고 안수하여 스트레스와 독소가 쌓인 목회자와 성도를 치유할 수가 없습니다. 밥도 잘 먹고, 보약도 가끔 먹고, 많이 걸으면 우리가 건강을 유지할 수가 있는 것입니다. 이처럼 산책이나 조깅을 하는 것은 심신의 피로를 풀고 마음을 상쾌하게 하여 스트레스와 몸속의 독소를 배출할 수 있는 좋은 방법이 되는 것입니다.

그래서 하나님의 산 호렙에 가서 굴속에 들어가서 엘리야는 영적으로 회복했습니다. 영적으로 신앙이 떨어지고 성령 충만을 잃어버린 그가 호렙산 바위 굴 속에 들어가서 하나님과 대화할 수 있게 되고 세미한 음성을 듣게 되고 마음이 뜨거워지고 사명을 새롭게 받아서 그 사명을 다하고 하나님이 하늘로 데리고 올라간 것입니다. 우리가 스트레스와 독소를 배출하는 최후의 방법은 성령으로 기도하는 것입니다. 신령한 은혜를 회복하는 것입니다. 담임 목사님께 안수 받아 성령을 충만히 받는 것입니다. 먹고 자고, 먹고 자고, 그 다음에는 조깅하고 걷고, 그 다음에는 성령치유센터에 들어가서 기도해서 성령 충만 받고 하나님의 미세한 음성을 들으면 스트레스와 독소는 배출되어 건강이 회복될 수 있는 것입니다. 하나님의 음성이 마음에 들려올 정도로 하나님의 은혜를 받으면 스트레스가 거기에 붙어 있을 수가 없는 것입니다. 엘리야는 하나님의 음성을 듣고 하나님의 소명을 마지막 받아서 그 소명을 실천하고 난 다음에 하나님이 엘리야를 회오리바람을 통해서 하늘로 데리고 올라가 버렸었습니다.

4장 잠재의식에 쌓인 상처로 인하여

(히 5:13-14)"이는 젖을 먹는 자마다 어린 아이니 의의 말씀을 경험하지 못한 자요. 단단한 음식은 장성한 자의 것이니 그들은 지각을 사용함으로 연단을 받아 선악을 분별하는 자들이니라."

하나님은 크리스천들이 영육의 균형을 유지하기를 원하십니다. 스트레스와 마음의 상처는 영육의 불균형으로 생기기 때문입니다. 쉽게 설명하면 영혼과 육체가 정상적이지 못하여 밖에서 일어나는 충격을 소화하지 못하여 발생하는 것입니다. 몸속의 독소는 잠재의식에 상처가 있어서 스트레스를 받도록 상황을 조성하기 때문입니다. 많은 크리스천들이 목사님! 저는 스트레스를 잘 받습니다. 그러면 필자는 이렇게 말합니다. 잠재의식에 스트레스가 있기 때문에 스트레스를 받는 것입니다. 스트레스가 스트레스를 끌어들이는 것입니다. 이렇게 자꾸 스트레스를 받아가 보니까 스트레스가 독소로 변하여 쌓여가는 것입니다.

스트레스란 간결하게 말하면 "몸 또는 마음에 부담이 되는 일"이라 할 수 있습니다. 그 중 마음에 부담이 되는 일은 억압을 하고자하는 심리기제 때문에 스스로 외면하고 지내는 것이 보통입니다. 세상일이 바쁘다는 핑계로 웬만하면 참고 지낸다는 것입니다. 생명의 말씀과 성령으로 치유 받으려고 하지도 않습니다. 나중에 증상이 심해진 다음에야 심각성을 깨닫고 처리 못해 전전긍긍하는 일이 많습니다. 스트레스가 독소로 변하여 잠이 안 오거나, 가슴이 두근거리거나 숨이 차거나, 소화가 안 되거나 두통이 생기거나 하는 증상으로 병원을 찾는 많은 환자들이 각종 검사를 한 후에 이상이 없다는 결과를 듣고 나서야 비로소 스트레스 때문이 아닌가하는 생각을 하게 됩니다. 더군다나 이곳저곳에서 병원치료를 받아도 치유가 되지 않으면 그때서야 하나님을 찾는 것이 보통입니다.

어느 젊은 여 집사가 저에게 전화를 했습니다. 목사님! 저는 지금 정상이 아닙니다. 직장을 다니고 있는데 몸이 비정상입니다. 가슴이 답답하고, 잠을 자도 늘 피곤하여 닭이 병든 것과 같이 꾸벅꾸벅 졸기 일 수입니다. 기도가 막혀서 기도를 할 수가 없습니다. 그리고 조그마한 소리도 받아들이지 못하고 짜증이 심합니다. 불안하고, 두렵고, 우울할 때도 있습니다. 몸이 천근만근 무겁습니다. 그래서 서울대 병원에 입원하여 450만원을 들여서 건강검진을 받았습니다. 그런데 결과는 모든 기능이 정상으로 나왔습니다. 그런데 몸은 비정상입니다. 다른 것은 대전 아파트를 매매하려고 1년 6개월 전에 부동산에 내놓았는데 팔리지를 않습니다. 목사님! 이유와 원인이 무엇입니까? 하나님의 은혜로 해결 받고 싶습니다.

제가 이렇게 대답을 했습니다. 스트레스를 많이 받아 몸속에 독소가 쌓여서 영을 압박하여 영이 자기 역할을 못하니 정신과 육체까지 영향을 미쳐서 일어나는 현상입니다. 병원에서 약을 먹어도 치유가 불가능한 질병입니다. 하나님만이 치유하실 수 있는 스트레스로 인한 영적 정신적, 육체적인 질병입니다. 전형적으로 영이 약한 성도에게서 일어나는 현상입니다. 저희 교회에 매주 토요일 날 개별집중정밀치유 프로그램이 있습니다. 예약하고 오셔서 정밀치유를 받으시면 완치가 가능합니다.

집사님이 바르게 아셔야 할 것이 있습니다. 스트레스를 많이 받아서 몸속에 독소가 일으키는 병이기 때문에 세상 의술로는 치유가 거의 불가능합니다. 이유는 스트레스와 독소가 잠재의식에 쌓여있기 때문입니다. 사람의 잠재의식을 성령님만이 만지실 수가 있습니다. 다행하게 집사님은 예수를 믿어서 하나님의 자녀가 되었습니다. 하나님의 자녀는 하늘에 시민권이 있습니다. 이제 하나님께서 주시는 것으로 살아야 합니다. 영육의 문제도 하나님이 알려주시는 방법으로 치유를 해야 합니다. 하나님께서는 자녀들의 문제를 하나님의 사람을 통하여 치유하십니다. 세상에서 치유하지 못하는 문제도 하나님께 기도하면 하나님께서 하나님의 사람을 만나게 하여 치유하십니다. 하나님은 치유하지 못하시는 것이 없습니다. 하나님께서 치유하실 것이니 걱정하지 마세요.

여 집사가 토요일 날 개별 집중치유를 예약하여 집중치유를 받았습니다. 첫날 기도를 하는데 성령세례를 받지 않은 상태였습니다. 일단 성령의 임재가 여 집사를 장악하게 하여 성령세례가 임하도록 했습니다. 얼마 지나자 성령세례가 임했습니다. 소리를 내면서 한동안 울었습니다. 울음이 그치니 기침을 사정없이 했습니다. 그러면서 분노가 올라왔습니다. 들어보니 남편을 향한 분노였습니다. 제가 남편이 힘들게 합니까? 그랬더니 울먹이는 소리로 그렇다는 것입니다. 사사건건 충돌이 일어난다는 것입니다. 서로 마음에 여유가 없어서 생기는 현상입니다. 계속 기도를 하게 했습니다. 그리고 돌아가서 남편을 설득해서 남편하고 같이 와서 치유를 받았습니다. 의외로 남편이 쉽게 성령으로 장악이 되었습니다. 안수를 하니까, 깊은 곳까지 치유가 일어났습니다. 여 집사의 깊은 곳에서 치유가 일어났습니다. 남편도 생전처음 성령으로 세례를 받고 체험했다고 좋아했습니다. 필자가 대전 아파트가 나가도록 영적전쟁하는 비결을 가르쳐 주었습니다.

돌아가서 이렇게 메일로 소식이 왔습니다. "한 달 전 남편과 같이 대전에서 올라와 치유 받은 ○○○ 집사입니다. 답답했던 가슴이 뚫리고 기도가 너무나 잘됩니다. 건강도 아주 좋아졌습니다. 더군다나 1년 6개월 동안 팔리지 않았던, 대전 아파트가 며칠 전 계약이 되었습니다. 먼저 하나님께, 그리고 목사님께 감사드립니다. 목사님께서 알려 주신 데로 남편과 같이 열심히 영적전쟁하며 대적 기도를 했습니다. 대적기도의 결과 응답되었고, 앞으로 마귀를 불러들이는 일은 하지 않아야겠다고 깨닫게 되었습니다." 이렇게 스트레스가 잠재의식에 쌓여서 포화 상태가 되니 병원에서 진단해도 병증이 나타나지 않는 질병으로 고생하는 것입니다. 거기다가 환경의 문제가 발생하는 것입니다. 영적이고 심리적인 독소이기 때문입니다. 그래서 반드시 성령의 역사가 일어나야 치유되는 것입니다.

이유는 잠재의식에 스트레스와 독소가 쌓여있기 때문에 인간적인 방법이나 기교로는 잠재의식을 정화할 수가 없는 것입니다. 필자가 병원에 전도하러 다닐 때 많은 크리스천들이 8-10개월간 병원에 입원하여 치료를 받아도 더하지도 않고 덜하지도 않다고 대답을 합니다. 모두 잠재의식의 스트레스와 독소가 강해서 병원약이나 기술로는 치료가 되지 않는 것입니다. 이런 분들은 반드시 앞에서 간증한 여 집사와 같이 성령으로 잠재의식에 쌓여있는 영적이고 심리적인 독소를 녹이고 화하고 배출해야 완전치유가 됩니다.

한 가지 알아야 할 것은 툭하면 하나님께 "의뢰합니다. 맡깁니다."합니다. 맡기고 의뢰한다는 의미를 잘 알아야 합니다. 맡기고 의뢰한다는 것은 하나님께 기도하여 하나님의 지혜를 구하는 것입니다. 하나님께서 주시는 지혜대로 순종하면 문제가 해결이 되는 것입니다. 자기가 마음대로 저질러 놓고 하나님께 맡긴다고 해결이 되겠습니까? 우리가 알아야 할 것은 크리스천은 예수를 믿는 순간에 자신은 죽고 예수로 태어난 사람입니다. 죽은 사람이 문제를 해결할 도리가 없습니다. 다시 사신 예수님이 문제를 해결해야 합니다. 그래서 예수님께 기도하여 알려주시는 지혜대로 순종하는 것입니다. 그러면 믿음을 보시고 성령께서 해결하시는 것입니다.

자신에게 스트레스가 있다는 것을 인정할 수 있는 사람은 다행입니다. 많은 사람들이 목회자나 내과 의사로부터 스트레스 때문일 가능성이 많다는 얘기를 들어도 오진이 아닌가. 의심하고 방황하는 일이 많습니다. 만약 목사님이나 의사에게서 스트레스 가능성을 얘기 듣는 분은 일단 그 말을 믿어야 합니다. 왜냐하면 사실 스트레스가 없는 사람은 전혀 없습니다. 빨리 스트레스를 해소하거나 정화하려고 해야 합니다. 그래야 하루라도 빨리 정상적인 생활을 할 수가 있는 것입니다.

그리고 작은 스트레스라도 빨리 발견하면 해결하기 쉽기 때문에 평소에도 늘 스트레스를 체크하는 것이 좋습니다. 이 책에서 제시되는 영적인 활동을 통하여 스트레스를 하루하루 정리하면서 평소 건강관리 하듯 스트레스 관리를 하는 것도 필요합니다. 스트레스를 잘 받는 다는 것은 마음 안에 상처로 포화상태가 되었다는 것입니다. 그래서 하나님은 "주 안에서 항상 기뻐하라 내가 다시 말하노니 기뻐하라(빌 4:4)." 말씀하시는 것입니다. 성령으로 충만하면 상처를 입지 않는 것입니다. 성령님이 전인격을 지배하면 상처가 침입할 수 없습니다.

필자는 이렇게 생각합니다. '스트레스와 상처는 자신이 만들어 낸다.' 자신의 마음 상태에 따라서 스트레스를 만들기도 하고 성령으로 기도하여 정화하기도 한다는 말입니다. 자신의 관리를 잘못하여 상처가 쌓이는 것입니다. 과거의 쓰라린 기억을 포함한 정서적, 심리적인 상처들은 우리 자신이 저지른 죄, 또는 다른 사람들이 저지른 죄로 인한 피해 때문에 마음에 생기게 되며, 시간이 흐르면서 기억에서는 사라지지만 무의식, 잠재의식에 남습니다. 세상의 상담에서는 "과거는 흘러간 것입니다. 긍정적인 생각으로 앞으로 가자!"고 합니다. 그러나 아무리 그렇게 해도 잠재의식 속에 있는 상처가 건강한 미래로 가는 길을 막는 걸림돌이 됩니다. 잠재의식은 엄청난 능력, 맹목적인 능력입니다. 인간이 가진 진정 놀라운 능력이 여기에 감추어져 있습니다.

육체도 상처나 아픔을 기억합니다. 감정도 기억이 있습니다. 감정의 기억은 나무의 나이테처럼 이성의 기억보다, 이성이 기억하고 있는 것보다 더 많이, 더 깊이 기억하고 있습니다. 예를 들어 과거의 사건은 정확히 기억하지 못하지만, 그 때의 감정은 기억하고 있는 것입니다. 그러나 영의 기억용량은 이런 것보다 훨씬 더 큽니다. 예를 들어 일정 36년의 아픔들이 아직도 우리의 아주 깊은 부분에 기억되어 있습니다.

참으로 인간의 내적인 기억용량은 무한하다고 할 수 있을 만큼 큽니다. 이러한 것이 사건에 반응하여 나타나는 것이 인간의 기본적인 정서입니다. 그러므로 개개인의 성품은 다르지만, 우리나라의 사람의 공통적인 정서가 생겨난 것입니다. 정서와 기억과 같은 우리의 내적인 부분이 영적인 부분과 아주 가깝게 연결되어 있습니다. 그리고 우리의 영은 다시 하나님의 영과 긴밀하게 연결되어 있습니다. 이성과 육체와 부모, 사회, 환경과도 역시 긴밀하게 연결되어있습니다. 즉 인간은 깊게, 넓게, 높게 연결되어서 사는 존재입니다. 잠재의식의 스트레스와 상처치유는 이 모든 연결 관계를 치유하는 것입니다.

사람이 살아가면서 사고를 당하면 육체에 상처가 생기는 것처럼 마음도 외부의 충격을 받으면 스트레스와 상처를 입게 됩니다. 사실 웬만한 육체의 상처는 치료를 통해 대부분 완치되지만, 눈으로 볼 수 없는 마음의 상처는 좀처럼 치유되지 않은 채 일생 동안 한 사람의 삶을 좌지우지하면서 괴롭힙니다. 그렇다면 이 마음의 상처는 어떻게 생겨날까요? 인류의 조상인 아담과 하와가 범죄 하기 전에는 하나님으로부터 사랑을 받았고 그들의 가치도 존중받았으며 에덴동산을 관리하는 일을 통해 성취감을 맛보며 살았습니다. 이 세 가지 기본욕구가 다 충족되었기에 그들에게는 상처가 생겨날 소지가 아예 없었습니다.

그러나 그들이 하나님의 말씀에 순종하지 않고 범죄 한 후 하나님과의 관계가 끊기면서 하나님으로부터 사랑받고 존중받고 성취감을 느낄 수 있는 길이 막혀버렸습니다. 아담이 하나님의 말씀을 순종하지 않음으로 인하여 죄인이 되어 상처를 주고받으면서 살아가게 된 것입니다. 이것이 하나님을 떠난 우리의 죄인된 모습인 것입니다. 우리 모두가 죄인의 신분이 되었지만 그래도 사랑받고 싶은 욕구는 마음속에 그대로 남아 있었습니다. 그래서 사람들은 하나님의 사랑 대신 다른 사람의 사랑에 목말라하면서 부모의 사랑, 형제, 친구의 사랑, 남편과 아내의 사랑을 갈구합니다. 하나님의 사랑을 받지 못하여 마음이 공허해지니 공허감을 해소하기 위하여 사람에게 사랑을 받으려고 하는 것입니다. 그렇지만 사람에게 사랑을 받아도 만족을 누리지 못하는 것입니다. 사람은 사람에게 만족을 줄 수가 없습니다. 그래서 사람들이 세상을 살아가면서 상처가 생기는 것입니다. 사랑을 받지 못해서 생기는 상처입니다. 사람들은 서로 사랑을 받으려고 하는 이기심을 따라 살면서, 자기가 가장 높아지고 가장 많은 것을 소유하려는 사람들입니다. 그러니 그들로부터 하나님을 닮은 무조건적인 사랑을 받는다는 것은 불가능한 일이 되어버렸습니다. 이처럼 자기를 낳아준 부모로부터도 사랑과 존중히 여김을 받지 못하고 어떤 때는 학대까지 받게 되다보니, 이것이 상처가 되어 열등감과 두려움, 예민함과 수줍음 또는 오만하고 비판적이고 부정적인 성품으로 변해버렸습니다. 그래서 다른 사람들과의 정상적인 관계를 파괴시킵니다. 혹시 책을 읽는 자신도 이 같은 상처를 지니고 있지나 않으신지요? 치유의 길은 상처에 대한 올바른 인식에서부터 시작됩니다. 대부분의 사람들은 자신이야말로 다른 사람으로부터 상처받은 피해자라고 생각합니다. 그래서 자신의 상처가 치유되는 길은 상처를 주었다고 생각하는 바로 그 사람에게 달려있다는 생각에 집착합니다. 이것이 상처의 치유가 어려운 이유입니다. 오늘부터는 자신의 모든 상처가 하나님을 떠난 자신의 죄 된 본성인 이기심이 불러들인 것이고, 그 치유도 죄에 대한 회개로부터 시작된다는 사실을 먼저 받아들였으면 합니다. 거기에서 치유가 시작되기 때문입니다.

하나님은 생명의 말씀과 성령으로 치유되어 우리의 영-혼-육 모든 부분이 온전하기를 원하십니다. 가정의 화평함, 좋은 인간관계, 사회에서의 밝은 삶을 살기를 원하십니다. 잠재의식의 치유는 이러한 하나님의 관심에 가장 가까운 치유입니다. 인간의 지체는 영-혼-육이 서로 밀접한 관계를 가집니다. 눈으로 보이는 부분의 상처만을 치유함으로 온전한 치유가 되지는 않습니다. 원인이 되는 더 깊은 곳, 다른 부분까지도 치유해야 되는 것입니다.

그러므로 생명의 말씀과 성령으로 하는 잠재의식의 치유는 하나님의 뜻에 가장 가까운 치유입니다. 영적존재인 인간은 같은 영적인 존재인 하나님과 이웃과의 관계성을 가지고 사는 존재입니다. 그런데 많은 사람들이 이 관계성이 잘되어 있지 않음으로 내적으로 문제를 가지게 됩니다. 인간이 갖고 있는 신체, 심리적인 질병중 대다수가 상한 감정이나 영적인 문제와 긴밀한 관계를 가지고 있기 때문에 내적 치유는 이런 영역들을 중점적으로 다룹니다. 잠재의식의 치유는 사람들에게 상처가 된 문제들이 하나님의 능력으로 치유되기를 구하는 것입니다.

어릴 때 유난히 잘 넘어져서 상처를 입는 사람들이 있습니다. 그런데 상처도 이렇게 잘 받는 사람이 있다는 것입니다. 다른 사람은 아무 일도 아닌 것을 자신은 상처가 되는 경우가 있습니다. 자신의 마음 안에 여유 공간이 없다는 것입니다. 자신의 영이 약하기 때문입니다. 모든 것이 자신이 문제입니다. 이렇게 우리는 이 세상을 살면서 작거나 크거나 많은 상처를 접하게 됩니다. 몸의 상처뿐만 아니라 마음의 상처도 마찬가지입니다.

상처를 히브리어로 '라짜즈'라고 합니다. 그 뜻은 "산산 조각 나다. 깨뜨리다. 타박상을 입히다. 눌러 부수다. 낙담 시키다." 입니다. 헬라어로 사용되는 상처는 '블랍토' 입니다. 그 뜻은 "방해 하다. 해롭게 하다." 입니다. 두 단어의 뜻만으로도 상처를 주는 것은 남을 해롭게 하고 낙심시키고 산산 조각나게 하고 방해하는 행위라는 것을 알 수 있습니다.

그렇습니다. 마음의 상처란 마음이 깨트려진 상태를 가리킵니다. '우울하고 슬픈 감정'을 가리킵니다. 우리가 살다보면 그런 때 를 만날 때가 있습니다. 이 '상처'는 누구나 갖게 되는 '경험'입니다. 가시 돋친 말이 마음에 상처가 될 때가 있습니다. '배신'당했을 때 스트레스와 마음의 상처가 큽니다. 억울한 누명을 쓰게 될 때에도 견디기 어렵습니다. 스트레스와 상처는 대부분 가까운 사람들로부터 받게 마련입니다. 함께 있는 사람들, 늘 만나고, 교제 하고 접촉하는 사람으로부터 스트레스와 상처를 받게 됩니다. 그래서 남편에게도 상처가 있고 아내에게도 상처가 있습니다. 부모에게도 상처가 있고 자식에게도 상처가 있습니다. 사업하는 사람은 사업하는 사람대로 상처가 있고, 직장 생활 하는 사람은 직장 생활하는 사람대로 상처가 있습니다. 다만 그 상처가 밖으로 드러나지 않아서 잘 모르고 있을 뿐 입니다.

오늘날 대다수의 사람들이 웃음을 잃고 살아가고 있습니다. 거기에는 분명 이유가 있습니다. 경제의 어려움이나 실패 그리고 아픔과 삶의 고달픔 등의 원인들이 모두 웃음을 상실하게 만드는 요인들로 작용합니다. 그런데 근본적으로 들어가 보면 마음의 상처들이 더 큰 요인이라는 것을 알 수 있습니다. 즉 관계의 악화에서 기인되는 요인들이 더 클 수 있습니다. 관계의 원만함은 그런 요인들을 얼마든지 상쇄하고 극복하며 더 행복하게 나아갈 수 있게 합니다. 문제는 관계가 악화되면 궁궐 같은 집안에서도 지옥과 같이 살아갈 수밖에 없습니다. 현대인은 눈만 뜨면 많은 사람들과 관계하며 살아갑니다. 그 관계에서 불가불 많은 상처들을 받게 되고 그 상한 마음들이 마침내 웃음을 잃게 만듭니다. 또한 살아가면서 다른 이들보다 스트레스에 취약합니다.

사실 우리가 살다보면 마음의 상처를 받고 괴로워 할 때가 많습니다. 어떤 때는 육신의 상처보다 마음의 상처가 우리를 더 고통스럽게 합니다. 육신의 상처는 의술이나 약물에 의해 치료가 될 수가 있으나, 스트레스와 마음의 상처는 쉽게 치료되지 않기 때문입니다. 이유는 무의식 잠재의식에 잠겨있기 때문입니다. 반드시 성령의 역사가 마음 안에서 일어나야 잠재의식의 상처가 치유되는 것입니다. 더구나 최근에는 마음의 상처나 스트레스나 억압된 감정이 육체의 건강을 지배하고 있음을 많은 연구를 통해서 증명하고 있습니다. 에머슨(Emerson)이라는 부인은 평소에 매우 건강했습니다. 그런데 어느 날 사랑하는 딸이 교통사고로 죽게되자 엄청난 마음의 상처를 받았습니다. 그 고통에서 벗어나지 못하더니 1년 만에 유방암으로 세상을 떠나고 말았습니다. 스트레스와 마음의 상처가 그녀를 병들게 한 것입니다. 또 어떤 분은 평소에 건장한 몸매로 남의 부러움을 받을 만큼 강건한 분이었는데 아들이 방탕 하는 모습을 보고 고민을 많이 하더니 어느 날 심장마비로 세상을 떠나고 말았습니다. 이렇게 마음의 상처는 육체의 건강마저도 무너뜨리는 경우가 많습니다. 마음의 상처들이 성인병의 원인이 되는 것입니다. 치매와 뇌졸중의 원인이 되기도 합니다. 우리의 마음은 스트레스와 상처를 입으면 그 행위와 태도 속에서 그 상처를 틀림없이 표현하게 되어 있습니다. 그래서 어린 나이에 어쩌다가 마음의 상처를 가지고 성장한 사람은 자기도 모르는 사이에 거친 언어들이 되고 맙니다.

혹 우리에게 마음의 상처가 있다면 하나님께만 호소하시기를 바랍니다. 누군가에게 속상한 일이 있거나, 따질 일이 있을 때, 자칫 잘못하면 실수합니다. 화가 가라앉지 않은 상태에서 말하면 실수하기 쉽습니다. 속상하고 화나는 일을 하나님께 호소하면 한결 마음이 평안해집니다.

성경에는 마음의 상처를 주는 용어에 대한 단어가 나옵니다. 즉 '쓴 뿌리"라는 것인데 '쓴 뿌리' 에 해당하는 '리자 피크리아스' 란 문자적으로 '독한 뿌리', 또는 '악독한 뿌리'라는 의미입니다. 이것은 쓰고 독한 열매를 맺어서 주변에 있는 사람들에게 막대한 해를 끼치는 사람을 비유적으로 표현하는 말입니다(옥스퍼드원어사전). 예나 오늘이나 변함없이 우리 주변에서 나에게 상처를 주는 사람이 있다는 사실을 발견하면서 상처가 되었을 때 하나님의 방법으로 해결할 수 있기를 바랍니다.

상처가 있는 곳에는 마귀가 모이게 되어 있습니다. 마귀는 우리의 상처를 그냥 두지 않습니다. 자꾸 와서 건드립니다. 피와 고름이 흐르게 만듭니다. 마귀는 상처에서 나오는 피와 고름을 먹고 사는 존재입니다. 나쁜 병균과 같은 것입니다. 그렇기 때문에 상처를 치유하고 상처에 붙어서 역사하는 악한 존재들을 성령으로 몰아내야 합니다. 그래야 근본적인 치유가 되는 것입니다.

말씀을 아는 것으로 열심히 하는 관념적인 믿음생활은 전인격이 변화를 받지 못한다는 것입니다. 성령의 인도를 받는 체험적이고 실제적인 믿음 생활이 되어야 합니다. 젊어서부터 스트레스와 상처를 정화하는 것이 체질화 되어야 합니다. 하나님께서 자신 안에 살아계신다는 것을 날마다 체험하면서 믿음생활을 해야 합니다. 관념적이 되어서는 하나님께서 주신 것들을 누릴 수가 없습니다. 더 나아가 하나님께서 살아계신다는 것을 증명하는 믿음생활이 되어야 합니다. 이렇게 적극적인 믿음 생활이 되면 절대로 늙어서 요양원에 가지 않을 것입니다. 살아계신 하나님께서 자신의 주인이 되어 장악하고 계시는데 혈통의 문제가 어떻게 문제를 일으키겠습니까? 필자가 항상 강조하는 것이 있습니다. "나는 걸어 다니는 성전이다. 하나님께서 나의 주인이다. 내 안에 하나님이 계신다. 그분에게 질문하면 어떤 문제도 해결할 수 있는 지혜를 주신다. 주신 지혜대로 순종하면 문제는 하나님께서 해결하신다." 아주 중요합니다. 살아계신 하나님을 날마다 체험하는 아주 좋은 관심이고, 습관입니다. 내면세계에 형성된 스트레스와 상처, 혈통의 문제는 절대로 세상방법이나 관념적인 믿음생활로는 해결되지 못합니다. 반드시 살아계신 성령의 역사가 영의차원에서 역사해야 해결이 됩니다.

5장 몸속 독소를 녹여 배출하는 원리

(고전 2:13)"우리가 이것을 말하거니와 사람의 지혜가
가르친 말로 아니하고 오직 성령께서 가르치신 것으로 하
니 영적인 일은 영적인 것으로 분별하느니라."

많은 성도들이 하나님과의 관계는 뒷전으로 하고 문제만 해결
받으려고 합니다. 그렇기 때문에 7년이 되어도 잠재의식에 쌓인
영적이고 심리적인 독소가 해결되지를 않는 것입니다. 세상에
서 몸속의 독소로 인하여 영·혼·육의 고통을 당하면서 이 방법
저 방법을 다 동원합니다. 그렇게 해도 해결이 되지를 않는 것은
영적이고 심리적인 독소 뒤에 영적인 문제가 결부되어 있기 때
문입니다. 영적이고 심리적인 독소가 녹아서 배출이 되어야 영·
혼·육의 고통이 온전하게 해결 되는 것입니다.

하나님께서 영·혼·육의 질병을 치유하십니다. 하나님은 영이
십니다. 그러므로 영·혼·육의 질병을 온전하게 치유 받으려면
영적인 상태가 되어야 하나님께서 치유하실 수가 있는 것입니
다. 육적인 상태에서 아무리 악을 쓰고 매달려도 영이신 하나님
께서 치유하실 수가 없는 것입니다. 사역자나 환자나 할 것 없이
영적인 상태가 되어야 하는 것입니다. 영적인 상태가 되는 것은
사람의 힘으로 되는 것이 아니고 성령의 역사로 성령의 임재 하
에 영적인 상태가 되는 것입니다. 성령으로 충만한 영적인 상태
만 되면 아무리 깊은 영적이고 심리적인 독소로 발생한 질병이

나 상처나 귀신역사나 할 것 없이 치유가 되는 것입니다.

문제는 어떻게 성령이 역사할 수가 있는 영적인 상태가 되는 가에 있습니다. 먼저 치유하는 사역자가 성령의 깊은 임재로 깊은 영적인 상태에 들어갈 수가 있어야 합니다. 치유는 사역자에게 역사하는 성령의 역사를 환자에게 전이시켜 환자의 심령에서 성령의 역사가 일어나게 해야 가능한 것입니다. 사역자는 자신에게 역사하는 성령의 역사를 환자에게 전시키는 비결을 터득해야 합니다. 문제는 사역자에게 역사하는 성령의 역사만큼 치유가 된다는 것입니다. 그러므로 사역자는 부단하게 성령으로 기도하여 자신이 깊은 차원에 이르도록 훈련해야 합니다. 환자는 깊은 차원에 수시로 들어가는 사역자를 만나야 합니다.

첫째, 영적이고 심리적인 독소는 잠재의식에 있다. 크리스천의 몸속에 쌓인 독소 중에 제일로 나쁜 독소는 비 진리로 형성된 독소입니다. 샤머니즘의 신앙의 잔재로 인한 독소입니다. 이를 분별하여 철저하게 제거해야 할 것입니다. 세상 방법으로 육적인 독소를 배출할 수가 있습니다. 문제의 근원인 영적이고 심리적인 독소는 잠재의식에 쌓여있습니다. 사람의 문제는 보이는 차원이 아닌 잠재의식, 영의 차원입니다. 그러므로 잠재의식보다 깊은 차원의 역사가 있어야 치유가 되는 것입니다. 우리는 바르게 알아야 합니다. 세상에서 하는 심리치유이니, 찬양치유이니, 그림치유이니 하는 것은 겉 사람만 치유하는 것으로 근본치유가 불가능한 것입니다. 세상 의술로는 영적이고 심리적인 독소는 배출이 불가능합니다. 세상방법으로는 육적인 차원의 독소만 배출이 가능합니다. 세상병원에서 의사가 의료 활동으로 치료할 수 있는 환자는 20% 이내라고 말합니다. 100명의 환자가 오면 병원에서 고칠 수 있는 환자는 한 20명 정도 밖에 안 된다는 것입니다. 실제로 70%이상의 질병이 영적이고 정신적인 상처로 옵니다. 다시 말하면 상처받고 스트레스 받아 생긴 영적이고 심리적인 독소로 질병이 생긴다는 것입니다. 영적이고 심리적인 독소를 생명의 말씀과 성령의 역사로 녹여서 배출해야 영·혼·육의 질병이 치유된다는 것입니다. 그러므로 근본적인 치유는 생명의 말씀과 성령으로 영적치유 밖에 없다는 것입니다. 사람의 영육의 문제는 모두 잠재의식, 무의식에 자리 잡고 있습니다. 영적이고 심리적인 독소가 잠재의식에 쌓여있기 때문입니다.

　그렇기 때문에 근본적인 치유는 생명의 말씀과 성령으로 하는 영적 치유밖에 없습니다. 하나님의 방법 외에 다른 근본적인 치유는 불가능 하다는 것입니다. 성령으로 깊은 역사가 일어나야 무의식 잠재의식의 영적이고 심리적인 독소가 배출되는 것입니다. 그래서 영적이고 심리적인 독소를 녹여서 배출하려는 분들이나 성령치유 사역자는 무의식, 잠재의식의 내면세계에 대하여 알고, 바르게 인식해야 합니다. 그래야 자신의 내면을 관리하면서 성령치유 사역을 할 수가 있는 것입니다, 성령치유 사역자는 환자의 무의식, 잠재의식에 들어있는 영육의 문제의 근원인 영적이고 심리적인 독소를 현실로 끌어내어 밖으로 배출되게 해야 근본치유가 된다는 것을 알고 사역에 임해야 합니다.

　하나님의 치유의 근본이 무의식, 잠재의식을 치유하여 영·혼·

육이 성령의 지배와 장악을 당하여 성령이 역사하는 영적인 사람을 만드는 것입니다. 그래서 치유는 육적인 사람을 성령의 인도를 따르는 영적인 사람으로 바꾸는 사역입니다. 그렇기 때문에 생명의 말씀과 강한 성령의 역사가 없이는 근본 치유는 불가능한 것입니다.

성령치유 사역자는 환자의 무의식, 잠재의식에 들어있는 문제의 근원을 드러내어 치유할 수 있는 능력을 길러야 합니다. 영적이고 심리적인 독소를 녹여서 배출하여 건강하게 지내실 분들은 바른 성령치유 사역자를 만나야 합니다. 그래야 빠른 시간 내에 영적이고 심리적인 독소를 녹여서 배출하여 건강하게 지낼 수가 있습니다. 사역을 하시는 분들도 잠재의식 속의 영적이고 심리적인 독소를 녹여서 배출할 수 있는 능력을 길러야 합니다. 그래야 하나님의 원하시는 치유 사역을 할 수가 있습니다. 그냥 능력이나 은사가 있다고 성령치유 사역하는 것이 아닙니다. 부단하게 자기를 개발하고, 자신이 먼저 성령의 인도를 따르는 영의 사람으로 마뀌어야 성령치유 사역을 할 수 있을 것입니다.

둘째, 성령의 깊은 임재에 들어가도록 해야 한다. 잠재의식 속의 영적이고 심리적인 독소를 녹여서 배출하여 영·혼·육이 건강하게 하려면 성령의 깊은 임재가 있어야 가능한 것입니다. 치유가 되려면 성령의 깊은 임재에 들어갈 수 있는 영육의 상태가 되어야 합니다. 성령의 임재 없이는 영육의 문제의 치유가 되지 않기 때문입니다. 치유의 관건은 성령의 깊은 임재에 들어가는 것입니다. 성령의 깊은 임재에 들어가려면 이렇게 해야 합니다.

1) 죄를 용서받고 치유를 받으려면 예수를 영접하여야 한다.
예수를 영접하므로 마음 안에 주인으로 임재하신 성령의 역사로 치유가 이루어지기 시작합니다. 모든 치유는 성령의 능력으로 됩니다. 자신에 내재하는 인간의 영의 자생능력이라 하고, 예수를 믿어 내면으로 들어오신 하나님의 영은 인간의 능력을 초월하여 나타나는 초자연적인 권능으로 역사합니다. 성령의 능력이 이때부터 나타납니다. 그래서 사람은 할 수 없으나 할 수 있는 하나님의 권능이 나타나서 성령이 충만하게 됩니다. 성령의 권능은 나타나는 상태와 조건을 만들어야 나타납니다.

2) 성령의 역사가 나타나는 말씀을 듣고 성령의 세례를 받아야 한다. 그 조건과 상태는 여러 가지이지만 첫째 의지를 발동시켜야 합니다. 성령으로 세례를 받아야 산다는 의지를 발동하게 하여 성령세례를 받는 것이 제1의 원리요, 그 다음은 말씀과 성령으로 내적 치유하는 것이 제2의 원리요, 귀신 추방이 제3 원리입니다. 그리하여 생각이 바뀌고, 마음이 감동되어, 믿음이 생겨서, 본인의 의지가 발동되어, 몸이 움직여지고, 행동으로 옮겨지는 과정을 거쳐야 합니다. 이 영적 원리는 모든 것에 적용됩니다.

성령 세례란 예수 그리스도께서 주시는 것입니다. 성령의 세례란 성령에 의해서가 아니라, 주 예수에 의해 행해지는 그리스도의 사역입니다(행 11:15-18). 성령으로 세례를 받을 때 성령이 예수 그리스도의 이름으로 임하므로 성령으로 세례 받는 것은 확실한 체험으로 느낄 수 있습니다. 옆에 있는 다른 사람도 자신이 성령으로 세례를 받는 것을 보고 알게 됩니다. 성령으로 세례 받을 때 성령의 권능이 함께 임합니다. 권능은 하나님의 일을 행하는 데 적합한 사람으로 크리스천을 준비시킵니다. 성령세례를 받으면 하나님께서 전인격을 지배하고 장악하시기 시작하십니다. 이때부터 성령으로 지배와 장악되면서 잠재의식의 영적이고 심리적인 독소가 녹아지고 배출되기 시작합니다.

영적이고 심리적인 독소 뒤에 역사하는 귀신은 우리보다 강합니다. 반드시 성령의 역사로 장악이 되어야 떠나가는 것입니다. 잠재의식은 반드시 성령의 역사가 일어나야 영적이고 심리적인 독소가 현실로 드러나서 밖으로 배출되는 것입니다. 잠재의식에서 역사하는 영적이고 심리적인 독소 뒤에 역사하는 귀신을 몰아내려면 먼저 성령으로 세례를 받아야 합니다. 성령으로 세례를 받으려면 성령의 역사가 일어나는 장소에 가야 합니다. 성령의 역사가 일어나는 장소에 가서 뜨겁게 기도할 때 성령의 세례를 체험하게 됩니다.

성령의 세례는 이론이 아니고 실제로 체험하는 역사입니다. 자신이 직접 몸으로 감각으로 느껴야 합니다. 옆에 있는 다른 교우들도 자신이 성령으로 세례 받는 것을 보고 알 수가 있습니다. 성령의 세례를 받게 되면 다음으로 성령의 불세례가 나타나면서 지배하시고 장악하시기 시작합니다. 성령께서 불로 역사하면서 자신의 상처를 치유하고 자아를 부수십니다. 성령께서 잠재의식 이하에서 역사하시면서 영적이고 심리적인 독소를 녹이시고 배출하십니다. 영적이고 심리적인 독소 위에 역사하는 귀신을 축사합니다. 영적이고 심리적인 독소 위에 역사하는 귀신이 떠나가니 영이 깨어나 영안이 열리기 시작합니다. 영안이 열리니 자신이 이렇게 고통을 당하는 것은 영적이고 심리적인 독소 위에 역사하는 귀신이라고 깨달아 알게 됩니다. 깨달아 알게 되니 스스로 기도하여 성령 충만 받으려고 하는 것입니다. 스스로 기도하니 영적이고 심리적인 독소가 녹아지고 배출되기 시작을 하는 것입니다. 모든 것이 성령의 권세로 되는 것입니다. 그래서 성령으로 세례를 받고 권능을 받아서 사용해야 비로소 영적이고 심리적인 독소를 녹이면서 배출할 수가 있는 것입니다.

3) 성령의 인도로 말씀을 잘 깨달아 들을 수 있어야한다. 성경에서는 내 뜻과 정성과 힘을 다하여 하나님을 섬기라 했고(신28장), 크게 사모하는 자에게 제일 좋은 길을 보여 준다고 했습니다(고전12:31). 네가 낫기를 원하느냐고 예수님은 말씀했습니다(요5:6). 영과 진리로 예배하는 자에게 찾아온다고 했습니다(요4:23). 모든 영적인 일에 진심으로 구하고 구하면 얻을 것이요, 찾고 찾으면 찾을 것이고 두드리면 열립니다.

강한 순종과 믿음과 승리의 의지를 발동시키고 행동으로 옮기십시오. 행동으로 옮기지 못하게 하는 장애요인(죄)이 자신에게 있습니다. 이것을 깨닫고 제거하십시오. 귀신의 병과 정신병의 구분을 잘 해야 합니다. "그러나 내가 하나님의 성령을 힘입어 귀신을 쫓아내는 것이면 하나님의 나라가 이미 너희에게 임하였느니라(마 12:28)", "하나님의 나라는 먹는 것과 마시는 것이 아니요 오직 성령 안에 있는 의와 평강과 희락이라(롬 14:17)", "하나님의 나라는 말에 있지 아니하고 오직 능력에 있음이라(고전 4:20)"

4)성령의 인도로 깊은 영적상태에 들어가야 한다. 이는 호흡을 배꼽 아래까지 깊게 들이쉬는 기도를 통하여 성령의 깊은 임재에 들어가야 합니다. 사역자에게 역사하는 성령의 역사를 환자에게 전이시키는 작업을 해야 합니다. 사역자는 환자의 머리와 등에 손을 얹고 안수를 합니다. 환자에게 호흡을 들이쉬고 내쉬라고 합니다. 호흡을 깊게 하게 하는 이유는 환자가 마음을 열게 하기 위함이고, 성령의 역사가 잘 일어나도록 하기 위함입니다.

한 3분정도 이렇게 안수하면 대부분의 환자에게 사역자에게 역사하는 성령이 전이되게 됩니다. 환자가 능동적으로 성령의 역사를 환영하고 받아 들여야 합니다. 그래야 빨리 성령께서 장악을 하십니다. 성령께서 장악을 하여야 치유가 되기 시작을 합니다. 사역자는 절대로 서두르지 말고 성령의 역사가 환자를 완전하게 장악할 때까지 기다려야 합니다. 치유는 전적으로 성령님의 사역입니다. 사역자가 치유하는 것이 아닙니다. 성령께서 장악하지 못하면 치유되지 않습니다. 그러므로 사역자는 불필요한 에너지를 소비하지 말고 성령께서 역사하실 때가지 기다려야 합니다. 성령께서 장악하시면 사역자에게 감동을 주십니다. 사역자는 성령께서 감동하시는 대로 순종하면 치유가 되는 것입니다.

5) 앞의 과정을 거친 다음에 영적이고 심리적인 독소가 쌓인 원인을 성령께 질문해야한다. 영상기도를 하면서 영적인 그림을 그리라는 말입니다. 전체의 그림을 보면서 자신의 문제의 원인이 어디에 있는지를 찾아야합니다. 시간이 많이 걸릴 수가 있습니다. 왜냐하면 성령께서 완전하게 장악을 한 다음 원인을 알 수

있고 치유도 되기 때문에 하나님의 시간표를 따라 기다려야 합니다. 급하다고 되는 일이 아닙니다. 전적으로 하나님의 뜻을 따라야 합니다.

6) **성령께서 알려주는 질병의 원인에 따라 조치를 해야 한다.** 죄악은 회개하고, 상처를 준 사람은 용서하고, 가문의 유전은 절단하고 원인을 제거해야 합니다. 악한 영의 역사라면 귀신을 축사해야 합니다. 그리고 지속적인 치유를 받아야 합니다.

7) **이때부터 영적이고 심리적인 독소가 녹아지고 배출되며 독소 뒤에 역사하는 귀신을 축사하고 내적치유를 한다.** 지속적으로 해야 합니다. 온전하게 해결이 될 때까지 치유해야 합니다. 절대로 이만하면 되었다는 인간적인 생각을 따라가지 말고 성령으로 온전하게 지배되고 장악되어 성령의 인도를 받는 성도가 되어야 합니다.

8) **하나님과 영적인 관계를 지속하며 감사해야한다.** 예수를 믿고 성령으로 거듭난 성도라도 육체를 가지고 있습니다. 그렇기 때문에 언제라도 잠재의식에 독소가 쌓일 수가 있다는 것입니다. 항상 성령의 역사가 자신의 심령으로 흘러나오도록 자신 안에 성전에 계시는 하나님께 집중해야 합니다. 걸어 다니는 성전의식을 가지고 살아야 합니다.

셋째, 하나님의 영적이고 심리적인 독소를 배출해 주시는 목적은 이렇다. 하나님께서 성도의 잠재의식에 쌓인 영적이고 심리적인 독소를 배출하시는 목적은 영적인 군사를 만들려고 역사하시는 것입니다. 하나님은 치유된 사람을 통하여 나타내어 세상에 하나님의 나라를 만드십니다. 예수를 믿고 성령으로 거듭나 하나님의 말씀을 온전하게 순종하는 사람을 통하여 일하십니다. 하나님은 성경에 나오는 아브라함, 이삭, 야곱, 요셉, 모세, 다윗, 베드로와 같이 치유하여 하나님의 사람을 만들어 사용하시려고 치유하시려는 것입니다. 하나님은 성도들이 이 땅에서 영육이 건강하고 심령천국을 이루며 심령에 하나님의 나라가 이루어지를 원하십니다. 우리가 영적이고 심리적인 독소를 배출하여 건강하게 지내려면 하나님의 치유의 기본적인 뜻을 알아야 합니다.

하나님의 치유의 기본은 '드러내고 밖으로 배출하는 것'입니다. 하나님의 치유는 땅의 사람을 하늘의 사람으로 바꾸어서 성령의 지배와 장악이 되어 성령의 인도를 받아 온전하게 순종하는 사람을 만드는 것입니다. 내적치유도 그러하고, 축사도 그러하고, 하나님의 치유도 '드러내고 밖으로 배출하는 것'을 우선합니다. 하나님은 영적이고 심리적인 독소가 온전하게 순종하지 못하도록 방해하기 때문에 드러내서 배출해 주시는 것입니다. 그래야 바뀔 수가 있기 때문입니다. 그러나 내적치유는 생명의 말씀과 성령의 역사를 통한 드러내서 배출하지만, 하나님의 치유는 하나님께서 주도하셔서 영육의 질병이나 영적인 고통 등 적절한 환경들을 통해 고통을 당하다가 하나님의 찾게 하여 말씀과 성령으로 사람의 본래적인 타락한 모습을 드러내십니다. 또 생명의 말씀과 성령의 역사로 자신의 모습을 들여다보게 하여 죄악을 드러내십니다. 대개의 이방종교는 '죄의 행위'로 대표되는 타락한 모습을 어떻게 하면 극복할 수 있을까를 궁리합니다. 그러나 기독교는 하나님께서 한 개인 속에 숨겨진 죄악들을 성령으로 계속해서 드러내십니다. 그리고 성령의 인도를 받으면서 영적이고 심리적인 독소를 배출하십니다.

그러나 이 '드러내고 밖으로 배출하는 것'이 한 개인의 잘못으로 드러난 것과 하나님께서 드러내는 것은 다릅니다. 개인의 삶에서 '드러난' 죄악은 다시는 그 같은 '죄의 행위'가 나타나지 않도록 용서와 은혜를 구하는 차원에서 덮어집니다. 이 경우 근본이 치유되고 배출되지 않습니다. 자연스럽게 죄의 행위가 반복됩니다. 하나님은 사람이 죄를 짓지 않도록 은혜주시지 않습니다. 쉽게 설명하면 성령의 역사가 결부되지 않는 개인적인 회개는 언제라도 재발한다는 말입니다. 이유는 죄를 짓도록 유도하는 근본적인 악한 존재가 배출되지 않았기 때문입니다.

그러나 하나님의 드러내심은 '용서와 은혜'를 구하게 하기 위한 목적이 아닌, 한 개인을 완전히 녹다운시키기(하늘의 사람으로 바꾸기) 위한 것입니다. 그것은 녹다운 된 사람이 다시는 자기 존재를 신뢰하거나 의지하지 못하게 만들어서 전적으로 주님만 의지하도록 만들기 위한 목적입니다. 하나님의 치유는 다시 말해 '죄의 행위'를 생산해 내는 '죄인이 주도하는 삶'을 버리게 하는 것입니다. 하나님만을 의지하는 사람으로 바꾸는 것입니다. 죄인인 자신이 주도하는 삶을 버리고 주께서 인도하시는 대로 살겠다는 것이 '성령의 임재가운데 하는 회개'입니다. 다시 말해 하나님은 죄인이 회개하도록 이끄십니다. 그 같은 이끄심이 일어나는 때는 하나님께 자신의 삶의 주권을 완전히 넘겨 드렸을 때입니다.

사람들은 이 단계에서 구원이 일어나는 것으로 생각하지만, 그렇지 않습니다. 그는 십자가를 향한 삶을 통해 자신의 본질의 타락함을 삶에서 경험한 후에 더 이상 자신의 존재를 의지할 수 없는 순간에 이르게 될 것입니다. 그리고 하나님의 긍휼만을 기다리는 상태에 이르게 됩니다. 그런 후에 하나님의 은혜가 그의 마음에 임하게 되면, 그는 새 마음을 갖게 되고 거듭남을 알게 되며, 믿음으로 구원에 이르게 된 것을 깨닫게 됩니다.

한 개인이 거듭남에 이르면, 이때부터 하나님의 치유는 본격화 됩니다. 물론 한 동안 거듭남의 기쁨과 새로운 세계로의 진입으로 인해 경이로운 상태가 얼마간 지속됩니다. 저의 경우는 약 3년 이상 지속되었습니다. 환자는 이 기간 동안 많은 영적 진리들을 이 기간 동안 깨닫게 됩니다. 물론 그 성도가 깨달아 아는 것은 철저히 성령의 가르침입니다(요일2:27). 한동안 기쁨과 감격에 사로잡혔던 그에게 이제부터 본격적인 치유가 시작됩니다. 성령은 그의 온 몸과 혼과 영혼까지 흠 없게 하기 위해 근본을 드러내고 밖으로 배출하는 것을 동시에 행하십니다. 이때의 근본을 드러내고 밖으로 배출하는 것이란, 인간의 영혼 속(잠재의식)에 뿌리 깊게 자리 잡은 '자기 사랑'에 의한 인간적인 행위를 버리게 하는 것입니다. 영적이고 심리적인 독소도 포함이 됩니다. 그 '자기 사랑'에서 나온 행위들은 참으로 끔찍하고 가증한 것들임을 몸서리 칠 정도로 깨닫게 됩니다.

성령의 깨닫게 하심을 통하여 자신이 지금까지 이 잠재의식의 인간적인 행위 때문에 고통을 당했다고 인정하게 됩니다. 구원

받은 자(하나님께서 인정하는 자)의 죄와, 구원받았다고 생각하는 사람(육신에 속한 자)들의 죄는 사람들이 보기에 같아 보일지 모르지만, 하나님의 눈에는 다릅니다. '하나님 앞에서의 우리의 대언자 예수 그리스도'(요일2:1)는 거듭난 자(하나님께서 인정하는 자)의 대언자이지, 지식 차원에 머무는 관념적으로 구원받았다고 생각하는 자(육신에 속한 자)에게는 해당되지 않는 말씀입니다. 바울의 고백을 들어보겠습니다. "미쁘다 모든 사람이 받을 만한 이 말이여 그리스도 예수께서 죄인을 구원하시려고 세상에 임하셨다 하였도다. 죄인 중에 내가 괴수니라"(딤전1:15).

바울이 자신을 '죄인 중의 괴수'로 고백할 때는 수많은 세월동안 그리스도인으로 살고 난 후였습니다. 이제 생을 마치기에 앞서 믿음의 자녀인 디모데에게 보낸 편지에 기록하였습니다. 진정으로 성숙한 그리스도인은 그가 누구든지 자신을 '죄인 중의 괴수'로 알게 됩니다. 물론 육신을 입고 살아왔던 자신의 타락한 영혼(혼, 정신세계, 지정의)에 관한 고백입니다.

하지만 바울의 진정한 자아상(영)은 언제나 자신의 생명 되신 예수 그리스도이셨습니다. 그리스도인은 진정한 자아인 영이 타락한 혼을 가진 육체 속에서 살고 있는 자입니다. 바울이 하나님으로부터 치유 받은 삶을 살았다는 증거는 자신의 존재를 가장 악한 자로 알고 있다는 것이었습니다. 사람은 자기 자신을 가장 악한 자로 알 때, 다른 사람을 판단하거나, 정죄하거나, 죄의 행위를 멈추게 됩니다. 또한 자기를 가장 낮추는 겸손을 이루게 됩니다. 그러므로 진정한 겸손은 자기 스스로 낮추는 행위가 아니라, 하나님의 드러내심을 통해 자신이 참으로 무가치할 뿐 아니라, 다른 모든 사람보다도 조금도 나은 것이 없는 존재임을 깨닫게 된 자에게 임하는 하나님의 은혜에서 비롯되는 품성입니다. 그러므로 참된 그리스도인은 자신을 한 없이 낮추게 됩니다. 그것은 자신의 의지에서 비롯된 것이 아니라, 자신이 세상에 있는 어느 누구보다도 결코 조금도 나은 것이 없다는 사실을 경험을 통해 알므로 자연스럽게 나타나는 품성입니다.

하나님의 치유는 사람의 죄악 됨을 낱낱이 드러냄으로써 다시는 그와 같은 죄의 행위를 반복하지 못하게 하는 데에 있습니다. 하나님의 현상을 닮은 군사로 만드십니다. 깨닫고 보면 사람은 누구나 얼마나 악한지 모릅니다. 바울의 고백은 모든 그리스도인들에게 해당할 것입니다. 내가 교인이 되었을 때, 성경은 나를 죄인이라고 했지만, 실제로 저는 그다지 심각하게 생각하지 않았었습니다. 그리고 죄가 나올 때마다 다시는 그러지 않게 해 달라고 기도했었습니다. 그러나 얼마 지나지 않아서 같은 행위를 반복하는 저를 발견하는 것은 어렵지 않았습니다. 이 같은 것은 치유가 아니라, 종교적 경건입니다. 사찰이나 이방 종교에서 하는 것입니다. 그러나 하나님은 생명의 말씀과 성령으로 근본을 치유하십니다. 같은 죄의 행위를 반복하지 않게 하십니다. 마치 지옥을 본 사람이 지옥에 가지 않기 위해 죄를 짓지 않으려는 것 같이, 자기 속에 참으로 가증하고 끔찍한 죄의 본질이 있음을 알고 다시는 자신의 육신대로 살지 않으려는 것과 같습니다.

그러므로 하나님의 치유는 철저히 하나님을 의지하여 하나님의 생명(성령)으로 살게 하십니다. 하나님은 그리스도인이 매 순간 하나님의 생명(성령)을 의지하여 살기를 원하십니다. 그리하여 자신에 대해 죽고 하나님에 대해 살게 하십니다(롬6:11).

그럴수록 하나님은 믿는 자를 다스리시고 그를 통해 자신을 세상에 나타내십니다. 하나님의 나타나심, 이것이 믿는 자의 품성과 능력입니다. 하나님의 치유를 받는 사람은 자신의 타락한 성품이나 행위가 드러나지 않습니다. 그러기 위해서 타락한 자신의 생명으로 살려고 하지 않습니다. 그리고 하나님의 생명으로 살수록 그는 더욱 정결해져서 그리스도의 신부가 되어갑니다.

성경 곳곳에서 "평강의 하나님이 친히 너희로 온전히 거룩하게 하시고 또 너희 온 영과 혼과 몸이 우리 주 예수 그리스도 강림하실 때에 흠없게 보전되기를 원하노라"(살전5:23)와 같은 말씀들이 자주 등장합니다. 하나님의 치유로 거룩한 삶을 사시기를 바랍니다. 하나님의 치유의 목적을 알고 치유 사역을 하고 치유를 받으려고 해야 합니다. 그리스도인의 온전한 삶은 거룩한 삶입니다. 온 생각과 마음과 행동이 하나님에게서 비롯된 삶을 사세요.

그렇기 위해서 자신의 생명을 버리고 하나님의 생명을 취해야 합니다. 그리고 매 순간 자신은 하나님께 드려야 합니다. 하나님께서 원하시고 기뻐하시는 모습의 사람으로 만들어 주시도록 말입니다. 십자가의 삶은 하나님의 치유를 통해 그분의 뜻을 당신에게 이루어 줄 것입니다. 하나님의 치유는 그리스도의 성품으로 변하여 하나님과 대화하며 살아가도록 하는 것입니다. 하나님의 뜻을 바르게 알고 독소를 배출하고 자신을 관리해야 합니다.

2부 몸속에 독소의 발생과 배출

6장 현재의식에 영향 주는 독소들과 배출

(민 13:33)"……우리는 스스로 보기에도 메뚜기 같으니 그들이 보기에도 그와 같았을 것이니라"

우리는 현재의식을 잘 분별해야 합니다. 현재의식은 잠재의식에 뭉쳐진 독소에서 올라오는 경우가 많기 때문입니다. 잠재의식에 독소가 쌓이면 현재의식에 영향을 끼치기 때문에 몸속의 독소를 배출하라고 하는 것입니다. 모두 현재의식에 문제를 일으키기 때문에 한방이나 양방에서 독소를 배출하라고 하는 것입니다. 예를 든다면 필자는 병원에 치유전도를 3년을 다녔습니다. 전도하다가 보면 얼굴이 잘생기고 건강하게 생긴 30-40대 여성이 입원해 있는 경우를 자주 봅니다. 이분들에게 아니 젊으신 분이 어디가 아파서 입원을 하셨습니까? 하고 질문하면 모두 하나같이 목사님! 저에게 말시키지 마세요. 저 3일만 있으면 퇴원합니다.

이분들이 모두 몸속의 독소로 인하여 현재의식에 영향을 끼쳐서 화병이나 스트레스에 의한 신경성 질병으로 입원을 한 것입니다. 이분들의 사정을 들어보면 남편하고 다투기만 하면 온몸을 가누기가 힘들 정도로 몸이 쳐집니다. 마음은 원이로되 몸이 따라주지 않는 것입니다. 모두 몸속에 남자에 대한 상처로 말미암아 독소가 형성되어 현재의식에 영향을 끼치기 때문에 남편하고 다투기만 하면 속에서 상처가 현재의식에 영향을 끼쳐서 몸을 가누기가 힘들게 하는 것입니다.

며칠이 자나면 다시 독소가 몸속으로 내려가니 회복이 됩니다. 그러다가 또 다투어서 졌다고 생각되면 쓰러지는 것입니다. 다시 몸속의 독소가 현재의식 위로 올라왔기 때문입니다. 이런 분들이 몸속의 독소를 성령의 역사로 밖으로 배출하고 내면에 성령의 은혜로 채워야 이런 일이 생기지 않게 됩니다. 이렇게 주기적인 반복적인 역사의 근본을 해결하지 않으면 나중에 갱년기에 들어서는 정말 견딜 수 없는 전인적인 문제가 발생하여 명치끝에 독소가 쌓여서 건들기만 해도 악하면서 소리를 지르게 됩니다. 한방에서 울화병이라고 합니다. 울화병은 명치끝에 화가 뭉쳐서 조그마한 스트레스만 받아도 숨이 컥컥 막히고 힘이 없고 사는 것이 고통이라고 합니다. 머리가 깨지는 것과 같이 아프고, 위장장애가 생기고 역류성 식도염이 생깁니다. 소장과 대장에 적체물이 쌓여서 먹는 대로 배설이 되지 않습니다. 변비가 되기도 합니다. 몸이 붓게 됩니다. 체중이 늘어납니다. 모두 몸속의 독소가 현재의식에 영향을 끼침으로 생겨나는 질병입니다. 모두 몸속의 독소를 성령의 역사로 녹이고 배출해야 건강하게 살아갈 수가 있는 것입니다.

하나님은 애굽에서 430년 동안 종살이하던 이스라엘인들에게 젖과 꿀이 흐르는 가나안 땅을 약속해 주셨습니다. 큰 기대와 기쁨으로 모세를 따라 그들이 험한 광야를 천신만고로 지나면서 가나안 땅을 바라보고 국경지대인 가데스바네야까지 왔습니다. 그러나 결국 그들은 약속의 땅에 들어가지 못하고 도로 광야로 쫓겨나가 40년 동안 방황하다가 20세 이상 애굽에서 나온 모든 사람들은 다 죽고 말았습니다. 왜 그들은 가나안 땅에 들어가지 못했을까요?

바로 현재의식의 결과입니다. 인간의 마음은 감각기관을 통해서 보고 듣고 말하고 느끼는 현재의식과 현재의식의 여러 가지 경험을 토대로 하여 움직이는 잠재의식이 있습니다. 현재의식은 "한다. 안한다. 좋다 나쁘다."등을 생각하고 이성적으로 판단하고 결정할 수 있습니다. 잠재의식은 그 사람의 느낌(감정)을 만들어 내는 일을 합니다. 사람의 생각과 느낌은 서로 다른 마음의 영역에서 만들어지는 것으로서, 그 사람의 인간된 모습을 외부에 있는 사람들에게 전달해 주는 역할을 합니다. 시어머니에게 상처를 많이 받고 살아가는 며느리가 시어머니와 비슷한 사람이 자신에게 싫은 말을 하면, 잠재의식이 자기도 의식하지 못하는 순간 분노와 혈기가 나오게 하는 것입니다. 현재의식에서 만들어지는 생각이 사람의 의지에 의해서 만들어지는 것이라면, 잠재의식에서 만들어 지는 느낌(감정)은 사람의 의지와는 전혀 상관없는 잠재의식이 만들어냅니다.

그리고 현재의식의 밑바닥에 있는 잠재의식은 인간이 태어난 이후 모든 행복하고 불행하고 기쁘고 슬프고 잘하고 못하고 등의 모든 인생 경험이 컴퓨터에 입력되듯 기록되고 있습니다. 잠재의식은 의식의 내부에 깊숙이 숨겨진 엄청난 능력입니다. 어린아이가 태어나면 무엇이 선하고 악한지 옳고 틀린지를 모릅니다. 그의 가장 가까이에서 말하고 행동하는 사람이 누구냐에 따라 그의 잠재의식은 형성됩니다. 이스라엘 사람들이 애굽에서 어렸을 때 애굽 사람들에게 받는 잠재의식의 상처가 현재의식(느낌과 감정)에 작용하여 하나님의 눈으로 가나안 땅을 바라보지 못하게 했기 때문입니다. 그래서 가나안 목전에서 40년간 방황하다가 죽어갔습니다.

잠재의식이 현재의식에 영향을 끼쳐서 부부관계가 좋지 못하던 여 집사의 잠재의식의 독소를 배출한 간증입니다. 저는 서울 강남에서 큰 ○○교회를 섬기고 있는 정○○ 집사입니다. 저는 남자에 대한 상처로 고생하다가 마음속에 독소를 발견하고 배출하여 자유 함을 받았습니다. 부부 싸움을 하면 내가 꼭 이겨야 합니다. 그래서 남편하고 싸워서 이기면 좋아서 노래를 부르고 다닐 정도이지만, 반대로 지면 삼일씩 이불을 뒤집어쓰고 누워있었습니다. 남편이 저에게 이래라 저래라 하면 저도 모르게 속에서 혈기와 분노가 튀어나왔습니다. 순간 남편에게 말대꾸를 했습니다. 남편이 한마디 하면 저는 세 마디로 대꾸를 했습니다. 저도 모르게 속에서 분노가 섞인 말대꾸를 해대는 것입니다.

그러니 툭하면 말다툼입니다. 하루도 조용하게 지나가는 날이 없었던 것 같습니다. 이렇게 남편하고 말다툼을 하고 나면 속이 쓰리고 가슴이 답답해서 살수가 없을 지경으로 발전이 되었습니다. 남편이 참을성이 있어서 참아서 망정이지 그렇지 못했으면 이혼을 해도 몇 번을 했을 것입니다. 하루는 남편이 저에게 이러는 것입니다. '나 당신이 무섭다.' 이 무섭다는 소리에 충격을 받았습니다. 그래서 무슨 일인가하고 구역예배에 가서 이야기를 했습니다. 그러자 거기 내면의 상처에 대하여 이해하는 집사님이 이렇게 말하는 것입니다. 집사님 상처 때문에 몸속에 독소가 쌓여서 그러는 것입니다. 깊은 차원의 치유를 받으면서 몸속의 독소를 배출해야 해결이 될 것입니다. 그래서 수소문하여 충만한 교회 내적치유 세미나에 참석하였습니다.

내적치유 세미나에 참석하여 강사 목사님의 이야기를 들으면서 문득 문득 떠오르는 것이 있었습니다. 그것은 나의 어린 시절입니다. 저의 가정은 전통적인 유교 가정입니다. 그런데 어머니가 아버지에게 꽉 쥐어서 꼼짝을 못합니다. 천원을 쓰려고 해도 승낙을 받아야 합니다. 그것뿐만 아니라 내가 여자라는 이유로 공부를 시키지를 않는 것입니다. 딸 시집가면 그만인데 공부는 시켜서 무엇 하느냐 중학교만 나오면 된다. 그러면서 오빠 남동생은 모두 대학까지 다니게 했습니다.

내가 억지를 부려가지고 고등학교를 나왔습니다. 내가 여기에서 상처를 받은 것입니다. 상처를 받은 것은 해결하지 않으니 몸속에 독소가 되어 부부관계를 파괴하려고 한 것입니다. 아버지로부터 여자라고 무시를 많이 당했습니다. 그래서 나는 어려서부터 내가 시집을 가면 절대로 남자에게 쥐어 살지 않는다. 어떻게 해서라도 이겨먹고 살겠다. 이런 마음이 무의식에 자리 잡아 남편하고 싸울 때 죽기 살기로 덤벼서 이기면 너무 좋고 지면 삼일 씩 누워있었던 것입니다. 그래서 치유과정에서 아버지를 용서하기로 결정을 하고 치유를 받으려고 했습니다.

목사님이 기도시간에 기도가 깊어지면 최근에 일어난 비정상적인 사건을 가지고 성령님에게 물어보라고 했습니다. 성령님에게 나의 상태를 솔직하게 아뢰면서 기도를 했습니다. 내가 왜 남편을 이기고 살려고 하는지 근본을 알려주세요. 왜 남편하고 다투어서 이기면 좋아서 노래를 부르고 다니고, 지면 며칠씩 이불을 뒤집어쓰고 누워있습니까? 한 20분정도 기도를 한 것 같았습니다. 기도가 어느 정도 깊어졌습니다. 성령께서 환상을 보게 하셨습니다. 남편하고 다투는 환상입니다. 다투다가 이겼습니다. 내가 아주 기분이 좋아하는 모습이 보였습니다. 또, 다른 환상을 보여주시는 데, 내가 남편하고 다투고 나서 이불을 뒤집어쓰고 누워있는 모습이 보이는 것입니다.

또, 환상이 보였습니다. 아버지가 어머니를 무시하는 모습입니다. 다시 다른 환상을 보여주셨습니다. 오빠가 대학을 간다고 하는데 내가 부러워하는 모습을 보여주셨습니다. 또 다른 환상을 보여주셨습니다. 이제 아버지가 나에게 야! 딸 시집가면 그만인데 공부는 무슨 공부하면서 혈기를 내는 모습이 보이는 것입니다. 그 모습을 보는 순간 저의 가슴이 터지는 것 같은 고통을 느꼈습니다. 너무나 가슴이 아파서 호흡을 제대로 할 수가 없었습니다. 성령께서 이렇게 감동을 주셨습니다. "네가 이 아버지에게 받은 상처 때문에 남편하고 싸워서 이기면 좋아서 어쩔 줄을 모르고, 지면 상처가 올라와 감당을 못하고 삼일씩 누워있었던 것이란다. 네가 이 상처를 해결하지 못하면 남편과의 관계가 더 악화될 것이다. 너의 건강에도 문제가 생길 것이다. 아버지를 용서하라. 아버지를 향한 응어리를 전부 나에게 다오. 내가 네 아버지를 벌주겠다." 그러시는 것입니다. 그래서 울면서 아버지를 향한 분노를 다 토설하였습니다.

울면서 감정을 다 토설하며 한 참을 울었습니다. 목사님이 안수를 해주셨습니다. 울고 나니 기침이 사정없이 나왔습니다. 막 뒹굴면서 기침을 한참하고 나니 마음이 좀 편안해졌습니다. 이렇게 세미나를 마치고 집에 돌아갔습니다. 집에 돌아가서도 마음이 평안하지를 않았습니다. 그래서 남편이 출근하고, 아이들을 학교에 보낸 다음에 거실 소파에 앉아서 기도를 하기 시작을 했습니다. 그렇게 기도를 하기를 약 두 달간 했습니다. 깊은 임재가운데 치유를 받았습니다. 다행히 충만한 교회에 매주 집회가 있어서 필요할 때 가서 안수도 받고 은혜도 받았습니다. 점점 마음이 평안해졌습니다. 그런데 중요한 것은 남편이 싫은 소리를 해도 분노가 나오지를 않는다는 것입니다. 남편에게 용서를 빌었습니다. 그래서 남편과의 관계가 회복이 되었습니다.

내가 내적치유를 통하여 체험한 것은 모든 성도가 치유를 받아야 한다는 것입니다. 그리고 교회에 다닌 다고 치유가 되지 않는 다는 것입니다. 반드시 전문적인 치유를 받아야 한다는 것입니다. 전문적인 치유를 받은 후에 깊은 영의기도 가운데 스스로 지속적으로 스스로 치유해야 한다는 것입니다. 상처는 쉽게 치유되지 않더라는 것을 깨달았습니다. 매일 깊은 영의기도를 하면서 치유를 해야 한다는 것입니다. 상처는 반드시 치유가 된다는 것입니다. 상처에 대하여 알고 치유 받게 하시고, 기도하게 하시고, 영적으로 변하게 하신 하나님에게 감사를 드립니다.

7장 혈액을 탁하게 하는 독소들과 배출

(레 17:11) "육체의 생명은 피에 있음이라······."

스트레스를 받아 잠재의식에 독소가 쌓이면 혈액이 탁해집니다. 혈액이 탁해지면 동맥경화를 비롯한 순환기 계통의 질병으로 발전합니다. 동맥경화는 잠재의식의 상처로 인하여 스트레스를 받게 됨으로 피가 탁해져서 발생하는 질병입니다. 내면을 강하게 하여 영-혼-육의 기능이 균형이 잡히도록 해야 예방이 가능합니다. 잠재의식의 상처는 만병의 근원이 됩니다. 특별하게 심혈관 질환의 원인이 됩니다. 생명의 말씀과 성령으로 내면을 강하게 하여 예방해야 할 것입니다. 건강은 자신이 관심을 가지고 관리를 해야 합니다. 막연하게 열심있게 믿음생활을 하면 하나님께서 건강을 책임져 준다는 근거 없는 말을 믿지 말고 자신의 건강은 자신이 챙겨야 합니다.

생명의 근원인 혈액(피)에 이상이 생긴다는 것은 바로 건강에 이상이 생긴다는 것입니다. 그래서 평소 건강한 혈액을 위해 올바른 생활습관을 유지하시는 것이 좋습니다. 건강한 혈액을 위해서는 무엇보다 피해야 할 3가지가 있는데 무엇일까요? 첫째로 흡연과 미세먼지는 산소의 원활한 활동을 방해합니다. 흡연은 백해무익한 습관으로, 흡연 시 발생하는 일산화탄소는 혈액 속 헤모글로빈이 산소를 원활히 운반하지 못하도록 방해를 합니다. 더불어 흡연은 우리 몸의 활성산소를 증가시킴으로써 동맥경화의 위험을 높이게 되며 혈액건강을 악화에 일조를 하는 만큼 혈액 건강을 위해서는 가능한 금연 하시는 것이 좋습니다. 요즈음 미세먼지로 몸살을 앓고 있습니다. 미세먼지는 참으로 건강에 좋지 못합니다. 폐 속에 쌓인 먼지로 인한 독소를 강력한 성령의 역사로 밖으로 배출해야 합니다. 유산소 운동을 통하여 혈액의 흐름이 원활하게 하는 것이 좋습니다. 영적으로 충만한 생활을 하는 것은 필수입니다. 주일을 성령 충만하게 지내는 것도 자신의 건강을 위하여 필수불가결한 것입니다. 예배를 드리면서 성령의 역사가 내면에서 일어나 독소를 녹이거나 배출하기 때문입니다.

둘째로 스트레스는 혈액 순환을 막습니다. 만병의 근원인 스트레스! 스트레스를 받으면 우리 몸에는 아드레날린이 분비되는데 이 물질은 혈관을 좁게 만듦으로써 혈액 순환을 방해하고 혈액을 엉키게 하는 물질의 분비량을 촉진시키게 됩니다. 또한 스트레스는 혈압과 혈당치 같은 혈액 건강을 위협하는 주요인이므로 되도록 마음을 편하게 가지고 스트레스는 다른 취미활동으로 그때마다 해소하도록 각고의 노력을 기울여야 합니다. 성령충만한 믿음생활로 잠재의식에 독소가 쌓이지 않도록 해야 합니다. 성령으로 충만하면 잠재의식에 스트레스로 인하여 몸속에 쌓인 독소가 녹아지고 배출이 됩니다. 스트레스 해소는 무엇보다 성령으로 기도하고, 성령 충만한 믿음생활로 해소해야 합니다.

셋째로 잘못된 식생활은 혈액을 탁하게 만듭니다. 육식 위주의

식생활을 지속할 경우 우리 몸에는 콜레스테롤이 증가하여 혈액을 탁하게 만들 수 있는데요. 콜레스테롤을 낮추기 위해서는 식이섬유가 풍부한 채소를 꾸준히 섭취하는 것이 좋으며, 콜레스테롤 감소에 도움이 되는 식품으로 아보카도, 생선(오메가-3), 오트밀, 호두 등을 추천하고 있습니다. 음식을 통하여 소리 없이 몸속에 핏속에 독소가 쌓입니다. 피를 맑게 하기 위하여 음식을 조절해야 합니다.

동맥경화와 협심증역시 잠재의식에 상처가 쌓여서 스트레스를 잘 받기 때문에 생기는 것입니다. 동맥경화와 협심증 발생이유는 마음의 상처로 발생합니다. 마음의 상처가 동맥경화와 협심증을 일으킵니다. 동맥경화와 협심증을 예방하려면 말씀과 성령으로 잠재의식에 쌓여있는 상처를 치유해야 합니다. 성령충만한 믿음 생활로 지속적으로 상처를 치유하면서 성령 충만하게 살아가노라면 동맥경화와 협심증은 찾아오지 않습니다. 미리 예방하는 것이 중요합니다. 말씀과 성령으로 충만한 생활로 잠재의식의 상처를 표면위로 드러내서 쫓아내야 합니다. 지속적으로 해야합니다. 깊은 영의기도를 숙달하여 기도가 깊어져야 합니다. 특별하게 성령으로 깊은 영의기도를 많이 하여 내면을 강하게 해야 합니다. 그래서 성도는 주일이 중요한 것입니다. 주일날 성령으로 충만한 예배를 드리면 깊은 영성을 유지하게 됨으로 상처가 쌓이지 않고, 잠재의식의 상처가 성령의 역사로 떠나갑니다. 상처가 떠나가니 마음의 건강을 유지할 수가 있는 것입니다. 무엇보다도 말씀과 성령으로 충만한 생활이 심혈관질환을 예방하게 합니다. 동맥경화와 협심증이 발생했다면 전문치유를 받으면서 성령으로 개별 깊은 정밀치유를 하여 2-3차 문제가 생기지 않도록 해야 할 것입니다. 건강은 자신의 관심이 중요합니다. 관심을 가져야 건강해집니다. 절대로 하나님께서 자동으로 건강을 책임져 주시지 않습니다. 자신이 챙겨야 합니다.

동맥경화증으로 인한 심장질환의 경우 크게 협심증과 심근경색증으로 나타나는데 이 경우 가슴부위에 심한 통증이 옵니다. 전형적인 협심증의 경우 나타나는 가슴의 통증은 가슴뼈 부위에 주로 발생하며 환자들은 "가슴이 조여든다.", "무거운 것이 짓누르는 것 같다.", "숨이 막힌다."는 등의 표현을 하며 종종 왼쪽 어깨나 팔 또는 목이나 턱 부위가 동시에 아프다고 호소합니다.

대개 가슴의 통증은 언덕이나 계단을 오를 때, 심한 육체적 운동을 할 때 유발되고 쉬면 5분 이내에 통증이 가라앉는 것이 특징이며, 또한 식사 후나 정신적 불안, 두려움에 의해서 유발되기도 하는데 이런 경우에는 통증이 더 오래가기도 합니다. 하지만 20분 이상 지속되면 급성 심근경색증을 생각하여야 하며, 급성 심근경색증의 전형적인 증상은 참을 수 없는 통증이 가슴부위에 지속적으로 발생하고, 식은땀을 흘리면서 심하면 쇼크 상태로 들어가 혈압이 떨어지고 숨이 차게 되며 이런 경우 바로 집중적인 치료를 받지 못하면 생명이 위험합니다.

스트레스와 몸속의 독소로 인하여 심장과 대장의 질병으로 고통을 당하다가 저희 교회에 와서 치유 받고 권능과 신령함이 깊어져서 하나님에게 쓰임을 받고 있는 목사님의 간증입니다. 개척한지 3개월 쯤 지나서부터 몸에 이상이 오기 시작했습니다. 이유를 알지 못하는 대장 결장의 참기 힘든 통증을 동반하는 엄청난 고통이 찾아왔습니다. 그래서 고통 속의 나날을 보내다 대학병원에서 검사를 했지만 별 이상이 없다는 판결을 받았습니다. 그러나 그 고통은 사라지지 않았고, 그래서 계속 침을 맞으며 장약을 먹으며 고통을 참아야 했습니다. 나중에 안 사실이지만 병원에서 처방을 해준 약들은 모두 위장약이었습니다. 사실 도움이 되지 않는 약들이었습니다.

그런데 문제는 더 확산이 되었습니다. 대장의 통증이 사리지는 것이 아니라 한 달 정도가 지나자 이것은 심장에 문제로 확산이 되었습니다. 숨이 차서 잠을 자지 못하는 일이 생기게 된 것입니다. 그래서 몸무게는 100kg에서 65kg으로 빠졌고, 도저히 견딜 수 없이 숨이 차고 잠을 잘 수 없어 다시 대학병원 심장센터에 입원하여 혈관 확장 시술을 하였고, 결국 협심증이란 진단을 받고 약을 타서 돌아왔습니다. 그러나 문제는 평생 약을 먹어야 한다는 의사의 진단을 받은 것이고, 더 큰 문제는 약을 먹은 지 1주일이 지나자 위장이 쓰리고 아파서 더 이상 약도 먹을 수가 없었습니다. 대장이 아파서 그동안 먹었던 위장약이 위장을 망가뜨린 것입니다. 약을 먹자니 위장이 참을 수 없이 아프고 안 먹자니 숨이 차서 잠을 잘 수가 없는 것입니다. 그래서 완전히 소망을 잃어

버렸습니다. 살 길이 보이지 않았습니다.

그래도 하루를 잘 넘기려면 또 다시 위장의 아픔을 감수하면서 약을 먹어야 하는 내 자신을 바라보며 벗어날 길을 찾아보았지만 그것은 내 능력 밖이었습니다. 그런데 시련은 여기서 끝나지 않았습니다. 이제는 아예 잠이 오지 않는 것입니다. 그렇게 병원에서 퇴원하여 한 달이 지난 후, 하루에 5분도 자지 못하는 불면증이 생긴 것입니다. 그렇게 해서 또 한 달이 지나갔습니다. 정말 잠을 못 자는 고통은 말로 표현할 수 없습니다.

여기저기 유명하다는 곳을 다 다녀도 정의 상태는 호전 되지 않았습니다. 좀 숨이 덜 찬다 싶다가도 주기적으로 숨이 차기 시작하면 3,4일 계속 되어 잠을 이루지 못했습니다. 이렇게 1년이 지나서 3월이 되었습니다. 그러자 나를 지켜보던 동서 목사님이 저를 찾아와 중심으로 권면을 하시면서 강 요셉 목사님을 소개하시면서 다음 주부터 참여하라고 했습니다. 살길을 잃은 저는 정말 살기 위해서 충만한 교회를 찾았습니다.

월요일부터 목요일까지 참여하다가 그냥 상담이나 하고 가려고 했습니다. 상담 중에 목사님은 심장이 약하다고 하시면서 두려워하지 말라고 하시고, 말씀과 성령으로 장악이 될 때까지 꾸준히 다닐 것을 권면하셨습니다. 스트레스로 인하여 몸속에 독소가 쌓여서 혈액이 탁하여 생긴 질병이니 시간여유를 가지고 성령님이 지배하고 장악이 될 때까지 다니면 정상적인 삶을 살 수 있도록 치유가 된다는 것입니다. 심장도 대장도 같은 원인으로 발생하는 질병이니 걱정하지 말고 순종하라는 것입니다. 다른 것은 다 마음에 들지 않았지만 목사님의 권면에는 믿음이 생기게 하시는 확신이 있었습니다. 그래서 이래도 죽고 저래도 죽을 인생인데 그냥 말씀이라도 듣다가 죽자 생각하고 아내와 함께 열심히 참여하여 말씀을 듣고 치유를 받았습니다. 그리고 6개월 정도가 지나자 협심증 증세가 사라지기 시작했습니다. 숨이 차는 주기가 점점 길어지기 시작하더니 완전히 살아졌습니다. 그래서 헬스를 할 때, 달리기도 할 수 있었습니다. 그래서 다른 것도 회복되기를 기다렸는데 대장의 통증이나 위장의 통증이나 불면증, 그리고 가슴통과 왼쪽 대장 통은 잘 사라지지 않았습니다.

매일 기도를 쉬지 않았습니다. 매일 밤 숨쉬기기도, 명령기도, 성령으로 채우는 기도를 하면서 밤을 지새웠습니다. 그런데 이제 언제 다 살아졌는지 모르게 지금 이 글을 쓰고 있는 저의 몸은 대부분이 정상으로 돌아왔습니다. 그 뿐만 아니라 은사도 온 것을 느낍니다. 영을 분별하는 영적 직감이 생겨났습니다. 그리고 성도들의 영적 상태를 그냥 느끼고 알게 되는 민감함이 생겨났습니다. 한마디로 권능과 신령한 목사로 바꾸어진 것입니다. 신학공부로 이룰 수 없는 엄청난 영적 부요함이 함께 생겨난 것입니다.

몇 주 전 미루고 미루던 건강검진을 받았습니다. 그렇게 아프던 위장이 검사결과 정상이었고, 다른 부위에도 별다른 문제가 없는 것으로 나왔습니다. 요즘은 양념한 음식도 먹기 시작했고, 소화도 잘 되고, 식탁에 앉으면 감사가 넘칩니다. 전에는 아픈 몸을 이끌고 살기 위해서 온갖 지역과 사람들을 찾아다니며 치유와 능력을 받아 보려고 했지만, 강 목사님 말씀대로 나의 내면이 말씀이 빈약하고 성령으로 충만하지 못해 모든 것이 소용이 없었던 것을 이제 발견하게 됩니다.

그리고 깊은 영의기도를 하지 못하고 수없는 날을 악을 쓰며 육으로 부르짖었지만 소용이 없었다는 것도 알게 되었습니다. 그리고 내안에 상처와 증오심과 용서하지 않는 마음으로 인해 수없는 조상의 영들과 상처의 영들과 지역의 영들로부터 온갖 공격을 받았다는 것도 알게 되었습니다. 이제 완전하게 치유를 받았습니다. 치유 되니 예배 때마다 성령의 역사가 강하게 일어납니다. 성도들을 안수할 때 성령의 세례를 받습니다. 정말 제가 이렇게 될 것이라는 것을 상상하지 못했는데 성령님이 하셨습니다. 저와 같이 고통 중에 계신 분들 소망을 갖기를 바랍니다.

다른 분의 간증입니다. 저는 심장병과 우울증, 빈혈로 사람구실을 하지 못하고 세상을 살았습니다. 세상방법으로는 한계에 봉착하였습니다. 도저히 치유할 수가 없는 불치의 병이라고 진단을 받았습니다. 그것도 40대에 말입니다. 그래도 하나님은 하시지 못하는 것이 없다고 믿고 영적인 치유를 받으려고 이곳저곳을 다녔습니다. 효과가 별로였습니다. 그러다가 국민일보를 보다가 전단지에 치유집회가 분당에서 있다는 소식을 접하고 치유집회를 참석했습니다.

강요셉 목사님이 인도하시는 집회입니다. 첫날부터 은혜를 많이 받았습니다. 마음에 평안이 찾아왔습니다. 다른 곳에서 하는 치유집회가 다르다는 것을 체험하게 되었습니다. 계속 다녔습니다. 점점 몸이 가벼워졌습니다. 우울한 기분이 사라지고 좋아졌습니다. 분명히 치유가 되겠다는 확신이 왔습니다. 그래서 시화에 있는 충만한 교회에 등록을 하고 집중적으로 치유를 받았습니다. 특히 주일날 하는 불 안수사역에서 많은 은혜와 치유를 받았습니다. 아랫배가 너무나 아프면서 상처가 떠나갔습니다. 막 대포소리와 같은 방귀소리를 내면서 상처가 떠나갔습니다. 그러면서 점점 불치병이 치유가 되었습니다. 저는 소녀 가장이었습니다. 아버지와 어머니가 저의 나이 18세 때 집에 불이 나서 함께 돌아가셨습니다. 그때 너무나 큰 충격을 받았습니다. 그 충격으로 질병이 생긴 것입니다. 동생 둘을 데리고 소녀가장으로 살다가 대학에서 지금 남편을 만나 결혼을 했습니다.

결혼하고 심장병에다가 우울증에다가 빈혈로 하루도 편안한 삶을 살지를 못했습니다. 그러다가 충만한 교회에 와서 치유 받고 평안한 삶을 체험하고 있습니다, 남편도 너무나 좋아합니다. 병원에 가서 정밀 진단을 한 결과 심장이 아주 좋아졌다는 것입니다. 빈혈도 치유가 되었습니다. 우울증도, 빈혈도, 모두 심장의 영향으로 발생한 것이었습니다. 충만한 교회 강 목사님이 전문적인 진단과 깊은 차원의 치유를 하시어 나의 병을 고치게 하셨습니다. 정말 충만 교회를 만나게 하신 하나님에게 감사와 영광을 돌립니다. 서울강남 강○○ 집사

8장 심장의 기능을 저해하는 독소들과 배출

(마 7:3)"어찌하여 형제의 눈 속에 있는 티는 보고 네 눈 속에 있는 들보는 깨닫지 못하느냐"

태중에서 두려움과 불안의 상처를 당하다가 태어나신 분들이 심장이 약합니다. 두려움과 불안으로 고생을 하시는 분들이 많습니다. 대부분 우울증 환자분들이 두려움과 불안을 호소합니다. 어떤 분은 밤에 잘 때 불안하여 깊은 잠을 자지 못한다고 호소하기도 합니다. 그렇기 때문에 심장과 우울증은 연결된 증상이라고 생각할 수가 있습니다.

우울증 심장병 위험을 최대 57%까지 높일 수 있다는 연구결과가 나왔습니다. 미국 라이스(Rice) 대학의 다이애나 치리노스 박사 연구팀이 남녀 1천85명(56%: 여성)의 정신·신체 건강을 조사 분석한 결과 이 같은 사실이 밝혀졌다고 영국의 데일리 메일 인터넷판과 메디컬 익스프레스가 2017년 5월 12일 보도했습니다.

우울증 심장병에 대한 임상적 우울증 진단 기준에 근접하는 중등도(moderate) 우울증이 있는 사람은 우울증세가 없는 사람에 비해 심혈관질환 위험 요인인 대사증후군을 지니고 있을 가능성이 최대 57% 높은 것으로 나타났다고 치리노스 박사는 밝혔습니다. 대사증후군은 복부비만, 고혈압, 고혈당, 양성 콜레스테롤(HDL) 혈중수치 정상 이하, 중성지방 과다 등 5가지 가운데 3가지 이상 해당되는 경우로 이런 사람들은 심혈관질환, 당뇨

병이 나타날 가능성이 큽니다. 이들은 또 비만할 가능성도 49% 큰 것으로 나타났습니다. 가벼운(mild) 우울증세가 있는 사람도 그렇지 않은 사람에 비해 비만 위험이 36% 높았습니다. 우울증 심장병 위험도 조사 결과가 충격을 안기고 있습니다. 우울증이 있는 사람은 이와 함께 전신성 염증을 나타내는 면역표지인 C-반응성 단백질(CRP) 수치도 높게 나타났습니다.

비만과 대사증후군은 모두 심장병 위험요인이지만 우울증이 이와 연관이 있는 이유는, 행동 요인 탓일 수도 있지만 생물학적 요인이 작용한 때문일 수도 있다고 치리노스 박사는 설명했습니다. 우울증 심장병 위험도 정말 심각하기 때문에 대처해야 합니다. 즉, 우울증이 있으면 음주, 흡연, 나태 등 건강에 나쁜 생활습관에 빠질 수 있고, 이 때문에 심장병 위험이 높아질 수도 있지만 반드시 그 때문만은 아니라는 것입니다. 우울증이 있는 사람에게서 염증표지 단백질 수치가 높게 나타났듯이 우울증이 염증이라는 면역반응을 일으켜 심장병 위험을 높일 수 있다고 그는 지적했습니다. 필자의 그동안 임상적인 체험으로 보아도 분명하게 심장과 우울증은 연결이 됩니다. 심장이 약하여 잘 놀라고 두려워하기 때문에 우울증이 생기는 것입니다. 필자는 예배 때나 집회 시에 우울증환자는 특별하게 심장을 강하게 하는 안수기도를 많이 하고 있습니다.

이렇게 심장이 약한 분들이 우울증에 잘 걸립니다. 우울증은 영적이고 심리적인 독소로 발생하는 경우가 많습니다. 그런데 영적이고 심리적인 독소는 반드시 초지연적인 성령의 역사로 녹아지고 배출이 됩니다. 반드시 영적이고 심리적인 독소는 교회에서 성령의 역사로 녹아지고 배출될 수가 있습니다. 영적이고 심리적인 독소 뒤에는 초인적인 존재가 숨어있기 때문입니다. 왜 영적이고 심리적인 독소를 배출해야 합니까? 독소 뒤에 역사하는 초인적인 존재들이 하나님의 형상으로 바뀌는 것을 지극정성으로 방해하기 때문입니다. 쉽게 설명한다면 하나님의 축복 속에서 살아가지 못하도록 훼방하기 때문입니다. 어찌하든지 구습을 쫓으면서 살아가야 같이 살 수 있기 때문에 악착같이 방해하며 구습을 따르도록 역사합니다. 그렇기 때문에 영적이고 심리적인 독소보다 강하신 하나님께서 성령의 역사로 독소를 녹이고 배출하시는 것입니다. 자신의 몸속에 독소가 있다는 것을 인정하고 성령이 역사하시도록 마음을 열면 성령께서 독소를 녹이고 배출하시는 것입니다. 자신이 할 일은 독소가 있다는 것을 인정하고 성령님이 역사하시도록 마음을 열고 기도하는 것입니다. 잠재의식의 상처로 인하여 생긴 독소는 심근경색이나 부정맥 같은 심혈관 질환을 일으키는 근원입니다.

부정맥 치유 받은 장로님의 간증입니다. 주님! 감사합니다. 모든 영광하나님께 올려드립니다. 저는 베체트, 허리디스크, 척추종양, 심장병(부정맥)으로 고생을 했습니다. 모두 병원에서 치유할 수 없다는 불치병입니다. 참고로 베체트병으로 끊임없이 나타나는 설염, 구내염, 심지어 편두까지 염증이 생겨 뜨겁고 매운 건 먹지를 못하고, 혀가 아파 말조차 하기 어려운 고통을 당했습니다.

이렇게 고생하다가 책을 읽고 충만한 교회를 알게 되었습니다. 지난 3월부터 9월까지 6개월간 다녔습니다. 다니면서 매주 마다 다른 영성 깊은 과목을 배우면서 필요한 영적 지식으로 잠자는 나의 영을 깨우는 기간이었습니다. 성령님이 임재 하여 깨닫게 하심으로 내가 왜 이렇게 질병으로 고생하고 있는지 근본 원인을 아는 기간이었습니다. 항시 성령의 강한 역사로 제가 지금까지 살아오면서 받은 상처와 쓴 뿌리를 캐내는 시간이었습니다. 혈통에 흐르는 영적인 문제도 알게 했습니다.

매 시간 문제와 질병의 원인을 알고 회개하며, 용서하며 치유를 받는 귀중한 시간들이었습니다. 저의 질병의 배후에 귀신역사가 있었다는 것도 깨닫게 했습니다. 귀신이 떠나가니 질병이 치유 되더라는 것도 체험으로 알게 하는 기간이었습니다. 저는 귀신역사를 인정하지 않았던 사람이기 때문입니다.

그런데 토요일 날 예약하여 집중치유를 받을 때는 더 많은 귀신들이 떠나갔습니다. 뿌리 깊은 상처와 질병들이 치유가 되었습니다. 그 결과 병원에서 질병이 완치 되었다는 진단을 받았습니다. 베체트병은 6개월 동안 2회에 걸쳐 검사를 했습니다. 100% 정상으로 판정을 받았습니다. 허리디스크, 척추종양은 통증이 완전하게 사라졌습니다. 3개월 전부터 통증이 사라지고 MRI 사진에 특이한 증상이 없습니다. 심장병(부정맥)으로 10m만 뛰어도 어지럽고 구토증이 있었지만 지금은 100m를 뛰어도 정상입니다.

다른 분의 간증입니다. 저는 심장병과 류머티즘 관절염으로 고생을 하면서 나날을 보냈습니다. 이 병을 치유하려고 좋다는 약은 모두 먹었습니다. 잘 고친다는 병원은 모두 다녔습니다. 그러나 치유되지 않았습니다. 이렇게 고생을 하면서도 영적인 무지한이라 내 안의 상처 때문에 이런 질병이 생겼다는 것을 몰랐습니다. 교회를 열심히 다녀서 권사가 되었어도 영적인 무지한이라 고생을 사서 했습니다. 그래서 모르면 고생한다는 말이 맞습니다. 그런데 하루는 저에게 전화가 왔습니다. 잘 아는 전도사님이신데 아주 말씀과 성령의 역사로 내적치유를 잘하는 교회가 있다는 것입니다. 그러면서 저도 거기에 가면 질병을 치유 받을 수 있다는 것입니다. 치유를 받을 수 있다는 말에 당장 가서 치유를 받아야 겠다고 마음을 먹었습니다. 그래서 아픈 다리를 끌고 교회를 찾아가 멘 앞자리에 앉아서 은혜를 받았습니다. 목사님이 말씀을 전하시고 기도 시간을 갖는데 기도할 때마다 개인별로 안수를 해주시는 것입니다. 안수를 받는데 정말 말로 표현 못하는 성령의 역사를 체험했습니다. 막 몸이 뜨거워졌습니다. 관절이라는 관절은 모두 불로 태우는 것같이 뜨거움을 경험했습니다. 기침을 말도 못하게 많이 했습니다. 이렇게 성령의 불의 역사를 체험하니 점점 몸이 가벼워 졌습니다. 기도를 할 때마다 성령께서 감동하시기를 내가 너의 병을 꼭 치유하여 주시겠다는 것입니다. 그래서 힘이 들어도 계속 참석을 했습니다. 정말 하루하루 질병들이 떠나갔습니다. 충만한 교회에 가려면 지하철을 타야 합니다. 지하철을 타기 위하여 계단을 올라가고 내려가는데 하루가 다르게 올라가고 내려가는 것이 편해 졌습니다. 그러면서 저의 고질적인 질병들이 치유가 되었습니다. 무엇보다 영적인 눈이 열리기 시작을 했습니다. 우리 교회에서 듣지도 못했던 영적으로 깊은 말씀을 들으면서 영안이 열렸습니다. 정말 도랑치고 가재를 잡는다는 말이 실감이 났습니다. 치유도 받으면서 영적으로 깊어지니 너무나 감사했습니다. 저는 원래 한창 전쟁 중인 51년도에 태어났습니다. 우리 어머니가 출산하고 보니 여자아이니까, 시 어머니가 이 전쟁 중에 딸을 키워서 무엇 하느냐고 가져다 버리라고 하여 버렸답니다. 버린 후 이틀이 지나서 어머니가 죽었으면 묻어주려고 갔는데 그때까지 살아서 울고 있더랍니다. 그래서 명도 길다하면서 데려다가 기른 아이가 바로 저입니다. 제가 한 창 내적치유를 받던 시기에 환상이 보였습니다. 빨간 아기가 울고 있는 모습입니다. 그러면서 제가 너무 두려워지는 것 이였습니다. 몸이 오그라드는 것 같은 느낌을 받았습니다. 목사님이 안수를 하시면서 모든 분들을 용서하라고 하셨습니다. 하나님에게 낱낱이 일러바치라고 했습니다. 그래서 저의 할머니도 하나님에게 용서를 빌었습니다. 저의 어머니도 용서를 빌었습니다. 용서를 하자 저에게 나타나던 두려움이 서서히 없어지기 시작을 했습니다. 기침이 얼마나 강하게 나오는지 주체할 수가 없게 나왔습니다. 그러면서 점점 몸이 가벼워지기 시작을 했습니다. 질병이 떠나가기 시작을 한 것입니다. 솔직히 지금 알고 보니 저는 출생 시의 상처로 인하여 두려움과 공포에 시달린 후유증으로 심장병과 류머티즘 관절염으로 많이 고생을 하였습니다. 그것도 오십 하고도 오년까지 심장병과 류머티즘 관절염으로 고생을 한 것입니다.

지금 생각하면 무지해서 당한 고통입니다. 이 질병으로 전철을 타려고 세 계단만 올라가도 쉬어야만 할 정도였습니다. 그러다가 충만한 교회를 알고 내적인 상처를 치유 받고 지금은 오십 계단을 거뜬하게 올라갑니다. 심장병도 치유가 되었습니다. 그렇게 계단을 올라가려면 숨이 차서 힘이 들었는데 지금은 그런 증상이 없어졌습니다. 특히 여름에는 가슴이 답답하고 숨이 차서 병원신세를 져야만 했는데 지금은 완전하게 없어졌습니다. 정말 인생 노년에 친구의 소개로 충만한 교회를 만나 하나님의 은혜를 받았습니다. 목사님들이 강단에서 하나님은 어떤 문제라도 치유하십니다. 라는 말씀이 백번 맞습니다. 그런데 나는 하나님의 방법으로 치유하려고 생각을 하지 않고 유명한 의사와 약으로 치유하려다가 쓸 대 없는 고생을 한 것입니다. 하나님의 치유 능력을 몰라서 고생을 한 것입니다. 그래서 저는 이렇게 말합니다. 사람이 예수를 믿으면서 당하는 고통은 영적으로 무지해서 당하는 것이라고 말입니다. 서울 예수인 교회 김권사.

이런 아이러니한 경우도 있습니다. 남편이 심장병을 심하게 앓고 있었던 사람이 우리 교회 치유집회에 참석했습니다. 대학병원에서 일 년 이상을 치료를 받는데도 차도가 없더라는 것입니다. 그래서 병원에서도 자꾸 돈만 받아먹어서 미안했는지 "더 이상 차도가 없으니 집에 가서 잘 요양이나 하십시오." 했다는 것입니다. 그래서 이것저곳을 다니다가 그 환자와 부인이 제가 출판한 "영안을 밝게 여는 비결", "내적치유 쉽게 하는 법", "가계저주와 영원히 이별하는 길", "귀신축사 속전속결"를 읽고 저희 교회 치유집회에 참석한 것입니다. 집회 이튿날 상담을 요청하여 상담을 했습니다. 성령께서 감동하시기를 남편이 문제가 아니라 부인이 문제라는 것입니다. 그래서 남편이 심장병으로 고생하기 때문에 남편을 먼저 붙들고 안수하는데 아무런 역사가 안 나타나고 답답했습니다. 그 부인은 그냥 옆에서 울면서 방언을 해댔습니다. 그래서 이제 그 부인을 붙들고 중보안수기도를 했습니다. 부인을 붙들고 안수를 하는데 부인의 입에서 귀신이 "나는 총각 때 이 여자를 사모하고, 사랑했던 남자인데 결혼까지 하자고 했었는데 내가 갑자기 심장병으로 죽게 됐었다. 그런데 결혼은 못했지만 이 여자는 내꺼야. 그래서 내가 이 남편에게 병을 줘서 이 남편을 죽이려고 하는 거야." 하고 말을 하는 것입니다. 그래서 "이 더러운 심장병 귀신아! 예수 이름으로 명하노니 떠나가라. 남편의 심장을 건강하게 해놓고 떠나가라." 하고 명령을 했습니다. 그랬더니 남편이 부르르 떨더니 뒤로 넘어져서 한동안 발작을 했습니다. 그러다가 기침을 통하여 귀신들이 떠나갔습니다. 안정이 된 다음에 부부에게 좀 더 다니면서 성령을 충만하게 하고 권능을 받아서 다시는 귀신에게 당하지 말라고 했습니다. 이 부부는 순종하고 육 개월 정도 성실하게 다녔습니다. 그리고 완벽하게 심장병을 치유 받았습니다. 얼마 전에 전화가 왔습니다. 아주 건강하게 잘 지낸다는 것입니다. 앞으로 두 달에 한 번씩 와서 치유를 받겠다는 것입니다. 이렇게 문제나 질병은 생각지도 못한 이유로 생기게 되는 경우도 있습니다. 그러므로 사역을 할 때에 성령님께 필히 물어서 사역을 해야 합니다.

9장 위장의 기능을 방해하는 독소들과 배출

(마 7:3)"어찌하여 형제의 눈 속에 있는 티는 보고 네
눈 속에 있는 들보는 깨닫지 못하느냐"

잠재의식의 상처로 인하여 스트레스를 받다가 보면 위장에
독소가 쌓여서 신경성 위장병이 발생합니다. 신경성 위장병은
고질병으로 치유가 곤란한 병입니다. 분명하게 스트레스를 받
다가 보니 위장에 독소가 생긴 것입니다. 위장에 쌓인 독소를
배출하지 않으면 위장병은 치유가 되지 않는 것이 보통입니다.
약을 먹어도 그 때 뿐이고, 돌아서면 다시 위장이 거북스러운
것이 특징입니다. 신경성 위장병으로 말미암아 편두통이 생기
는 경우도 있습니다. 잠재의식에 쌓인 독소를 배출해야 치유가
되는 질병입니다.

자신이 스스로 상처를 감당할 수 있는 내면의 능력을 기르는
것이 최선입니다. 어느날 병원에 치유 전도를 하러갔습니다. 환
자 중에 26살 먹은 젊은 자매가 위궤양으로 입원을 한 것입니다.
침상 앞 명찰에 쓰여 있어서 알았습니다. 그래서 필자가 "자매님
예수님을 믿으십니까?", "예 믿습니다. 저 아무개 교회에서 신앙
지도를 받고 있습니다.", "그래요, 생활하시면서 상처와 스트레
스를 많이 받으시는 모양입니다." 그랬더니 이 자매가 하는 말이
"목사님! 세상을 살아가는데 상처와 스트레스 받지 않고 살아가
는 사람이 어디에 있습니까?" 하면서 짜증을 내는 것입니다. 이

재매의 잠재의식에 독소가 포화상태가 되었다는 증거입니다. 자신의 내면이 신경성 위장병을 만드는 분입니다. 그래서 "자매님의 말이 맞습니다. 세상을 살아가는데 스트레스 받지 않고 살아가는 사람이 없지요. 내가 자매님에게 물어본 것은 스트레스를 감당할 수 있는 마음에 여유가 없으시다는 것을 깨닫게 하려고 말씀드린 것입니다. 성령으로 충만한 믿음 생활을 하면서 성령으로 기도하여 스트레스를 감당할 수 있는 내성을 기르시기를 바랍니다. 퇴원하시거든 우리 충만한 교회 내적치유집회에 참석하여 잠재의식이 뭉쳐진 스트레스를 해소하시면 신경성 위장병이 완치가 될 것입니다." 그렇게 권면한 적이 있습니다. 이분은 잠재의식에 쌓인 영적이고 심리적인 독소를 성령으로 녹여서 배출해야 위장병에서 온전하게 해방될 수가 있습니다.

사람은 누구나 본의 아니게 상처를 입힐 수도, 입을 수도 있습니다. 어쩌면 태어나는 그 순간부터 말입니다. 그리고 받은 상처를 어떻게 치유하느냐에 따라 그 사람의 성격이 달라지거나 굳혀질 수 있습니다. 상대방이 상처를 주려고 한 행동이 아님에도 당사자는 상처를 받았다는 생각에 좌절하기도 합니다. 한평생 살아가면서 어떻게 좋은 일만 보고 살겠습니까? 상처는 상대방이 만들어내겠지만 상처가 덧나게 하는 건 자신입니다. 상처를 잘 아물게 치료할 수 있는 이도 자기 자신인 것입니다. 한 번 상처받은 사람은 다시는 되풀이하고 싶지 않아 기를 쓰며 사람들을 향해 벽을 만듭니다. 그런데 그게 더 큰 화를 불러일으킵니다. 상처를 받더라도 담담하게 받아들이는 방법이 최선입니다. 생명의 말씀과 성령의 역사로 내면에 능력을 기르는 것입니다. 성령으로 기도하면서 자신 안에 쌓인 독소를 배출하면 마음에 여유가 생기는 것입니다. 의외로 자신에게 상처를 준 사람은 전혀 의도하지 않았을 수도 있고, 지나가는 말로 내뱉었던 것일 수도 있습니다. 그 일로 마음의 문을 닫고 다른 사람이 들어올 틈조차 없애버린다면 자신 스스로를 보호하는 게 아니라 더 힘들게 만들 뿐입니다. 자신의 내면에 스트레스를 감당할 수 있는 공간을 만드는 것입니다. 이는 성령님에게 자신을 드리면 성령께서 치유하십니다.

잠재의식의 독소로 인하여 신경성 위장병과 심장병으로 고통을 당하다가 치유 받은 분의 간증입니다. 저는 위장병과 심장 부정맥, 허리 디스크로 수년 동안 고생을 했습니다. 이것저곳 용하다는 한약방, 병원 할 것 없이 다 다녔습니다. 신유 능력이 있다는 목사님들의 안수를 받았습니다. 좀처럼 치유가 되지를 않았습니다. 그러다가 친구의 소개로 충만한 교회에 오게 되었습니다. 목사님이 하시는 말씀이 나의 질병은 상처로 인하여 온 질병이니 상처를 치유 받으면서 기도하면 완치가 된다는 것입니다. 성령의 역사는 못하시는 것이 없으니 의지를 가지고 다니면서 치유를 받으라고 하셨습니다. 무엇보다도 의지가 중요하다는 것입니다. 그리고 다니면서 기도하고 안수를 받으면 성령을 체험하게 됩니다. 이때 지금까지 경험하지 못한 두려움과 아픔을 느낄 수도 있습니다. 이는 성령이 장악하는 현상이니 의심하지 말고 다니면 적응이 되고 치유가 된다고 했습니다.

그래서 이번에는 꼭 치유 받고 말겠다는 생각을 가지고 집회에 참석했습니다. 집회에 참석하여 첫 주는 그냥 그렇게 지나갔습니다. 두 번째 주가 되었습니다. 월요일을 그냥 지났습니다. 화요일 날 이였습니다. 오후 말씀을 듣고 기도를 했습니다. 강 목사님이 안수를 해주셨습니다. 그러자 갑자기 내 뱃속이 울렁거렸습니다. 무엇이 돌아다니는 기분이 들었습니다. 그러면서 아랫배가 심하게 아팠습니다. 어리가 어지럽다가 깨어지는 것같이 아팠습니다. 가슴이 터지는 것 같았습니다. 목사님에게 현상을 이야기 했더니 성령의 세례를 받았다는 것입니다. 앞으로 내적인 상처 치유가 되면서 더러운 것들이 많이 떠나갈 것이라는 것입니다.

더러운 질병의 영들이 떠나가면 질병이 차츰 치유가 될 것이니 절대로 낙심하고나 두려워하거나 조급하게 생각하지 말라는 것입니다. 성령의 역사에 몸을 맡기면 성령께서 하나하나 치유하여 주시니 참고 인내하라는 것입니다. 그래서 참고 계속 다녔습니다. 기도할 때마다 기침으로 나쁜 것들이 떠나갔습니다. 그러면서 마음이 평안해 지는 것입니다. 머리가 시원하고 몸이 거벼워 지는 것을 체험적으로 느끼게 되었습니다.

몇 주를 다니고 나니 배가 아프지 않고 소화가 잘 되는 것입니다. 그렇게 숨이 가프고 힘이 들어서 계단을 제대로 올라가지 못했는데 계단 올라가는 것이 힘들지 않았습니다. 무엇보다도 허리 통증이 없어진 것입니다. 목사님이 허리 디스크 치유를 위하여 거의 하루에 한 번씩 안수기도를 해주셨습니다. 이제 병이 다 나았다는 생각이 들었습니다. 병원에 가보기로 했습니다. 내 시경을 해보니 위가 깨끗해 졌다는 것입니다. 심장 부정맥은 어떻게 되었을까하고 심전도를 해보니 정상이라는 것입니다. 허리는 내가 아픈 것을 느끼지 못하니 낳은 것이 확실합니다. 아니 내가 이 병 때문에 지난 칠년 동안 모든 방법을 다 동원해도 치유되지 않았는데 치유되었다니 정말 신기하고 감사했습니다. 충만한 교회에 와서 감사헌금을 했습니다. 목사님에게 감사하다고 말을 했습니다. 목사님이 아직 완전하게 뿌리가 빠진 것이 아니니 조금 더 다니라는 것입니다. 순종하기로 했습니다. 무엇보다도 병이 치유되었다니 이루 말할 수 없이 기뻤습니다.

우리 교회 구역 예배는 토요일 밤에 드립니다. 구역 예배에 참석하니 집사 한 사람이 허리가 아파서 너무 고생을 한다는 것입니다. 내가 그 말을 듣는 순간 성령께서 안수하여 주라는 것입니다. 그래서 누워보라고 하니 골반이 틀어져서 오른 쪽 말이 길었습니다. 강 목사님이 저를 안수 할 때와 같이 발을 들고 골반을 돌리면서 기도를 했습니다. 다시 허리에 대고 안수를 했습니다. 그랬더니 기침을 사정없이 하는 것입니다. 저는 명령을 했습니다. 허리 통증을 일으키던 질병은 예수 이름으로 명하노니 떠나갈지어다. 막 기침을 하면서 허리를 비틀면서 악한 것들이 떠나갔습니다. 잠잠해져서 강 목사님이 매일 저에게 물어본 것 같이 통증이 있습니까? 했더니 통증이 순간 사라졌다는 것입니다. 허리 디스크가 현장에서 치유된 것입니다. 한번은 심장병으로 십년을 고생하던 성도가 저를 찾아와서 기도를 부탁했습니다. 기도를 했더니 가슴이 시원하고 평안해졌다는 것입니다. 심장병을 치유하는 신유은사도 주신 것입니다. 그 일이 있은 후부터 저에게 질병이 있다는 성도들이 많이 찾아옵니다. 안수하면 질병이 치유가 됩니다. 저는 성령의 인도로 충만한 교회에 와서 나의 난치병을 치유 받고 신유의 은사도 받았습니다. 하나님에게 감사와 영광을 돌립니다.

다른 분의 간증입니다. 충만한 교회 성령 내적치유집회에 참석한지 2주가 지났을 때의 체험입니다. 제가 충만한 교회 성령 내적치유 집회에 참석한 것은 신경성 위장병으로 10년 이상을 고생하며 지냈기 때문에 신경성 위장병을 치유 받으려고 집회에 참석한 것입니다. 한주가 지나고 두주가 되어 이제 마음속으로 방언기도를 하던 때입니다. 충만한 교회 성령 내적치유 집회 때에는 매시간 30분 이상 기도 시간이 있습니다. 이때 강 목사님께서 개인별로 안수를 해주십니다. 첫 주에는 조금 생소했습니다. 점점 적응이 되면서 성령의 불이 임하는 체험을 했습니다. 무엇보다도 강 목사님이 성령을 체험하고 마음의 상처를 치유하는 기도에 대하여 자세하게 설명하여 주었습니다. 그래서 계속 기도를 하다가 보니 이제 숙달이 되었습니다. 그날도 영의 말씀을 듣고 찬송을 부르고 기도를 시작했습니다. 그런데 이 날은 강 목사님이 소리를 내지 말고 마음속으로 방언기도를 하라고 가르쳐 주셨습니다. 그래서 순종하는 마음으로 호흡을 들이쉬고 내쉬면서 마음으로 방언기도를 했습니다. 오로지 방언기도에 몰입하여 마음으로 방언기도를 했습니다. 그러자 환상이 보이는 것입니다. 하얀 옷을 입은 사람 3명이 저의 몸을 만져주면서 지금까지 위장병으로 고생을 많이 했구나 하면서 배를 만져주는 것입니다. 그러면서 앞으로는 위장병으로 다시는 고생하지 않을 것이라고 말하면서 건강한 몸으로 영혼을 전도하라고 하면서 배를 계속 만져주는 것입니다. 그런데 너무나 배가 시원해지는 것을 체험했습니다. 그러더니 갑자기 기침이 사정없이 나오는 것입니다. 그래서 기침을 한동안 했습니다. 기침을 하고 나니 더 배가 시원하여 졌습니다. 배가 시원하여 지더니 속에서 불이 올라오기 시작을 하는 것입니다. 너무나 뜨거운 불이 마음에서 올라와 저를 태우는 것입니다. 그러면서 몸이 가벼워지는 것입니다. 마치 솜털같이 가벼운 기분이 들었습니다. 너무나 황홀하고 신비스러워 계속 마음으로 방언기도를 했습니다. 그러더니 이제 온몸을 마치 안마 하는 것같이 만져주었습니다. 그러면서 근육통증이 사라졌습니다. 너무나 좋아서 성령님 계속하여 주세요. 라고 기도가 저절로 되었습니다. 그렇게 신비한 현상을 체험하다가 어느덧 기도 시간이 종료되었습니다. 집회가 끝나고 강 목사님에게 현상을 이야기 했더니 성령께서 임재 하여 육체의 모든 부분을 치유한 것을 보증으로 보이게 보여주신 것이라고 했습니다. 그 후 저는 신경성 위장병과 근육통증이 완전하게 치유 되었습니다. 지금 생각을 하면 너무나 신비스럽습니다. 또 그런 성령님의 임재를 체험하고 싶습니다. 좌우지간 치유하여 주신 성령하나님에게 감사와 영광을 돌립니다. 강남 영광교회 김은혜집사

10장 장 기능을 저해하는 독소들과 배출

(마 7:3)"어찌하여 형제의 눈 속에 있는 티는 보고 네
눈 속에 있는 들보는 깨닫지 못하느냐"

필자는 참으로 장이 좋지를 못했습니다. 제 의식에 생생한
것이 피를 쏟았다는 것입니다. 거의 초등학교 가기 전까지 항
문으로 피를 쏟았습니다. 그러다가 아버님이 어떤 약을 구해
오셔서 먹고 기적같이 피를 쏟지 않았습니다. 어머니가 하시는
말씀이 어려서 너무나 병치레를 많이 하여 돈을 뭉쳐놓아도 저
만큼 될 것이라고 말씀하시곤 했습니다. 그래서 인지 장이 좋
지 않아서 너무나 고생을 많이 했습니다. 군대생활을 특전사에
서 했는데 야외훈련을 나가면 거의 매일 설사를 하면서 훈련을
했습니다. 그런데 필자가 목사가 되어 성령으로 지배와 장악이
되는 영성훈련을 하고 기도를 바꾸어서 한 결과 지금 장이 아
주 튼튼해졌습니다.

1년이라는 세월동안 내적치유를 하고 성령으로 기도를 많이
한 결과입니다. 필자는 정말고 장이 좋지 못해서 고통을 많이 당
했습니다. 그런데 목사가 되고 내면세계를 알고 내면을 정리한
결과 지금은 정말로 건강합니다. 필자가 사용하는 기도방법은 배
꼽아래에 의식을 두고 숨을 깊게 들이쉬면서 "하나님!" 내쉬면서
"사랑합니다." 하면서 지속적으로 기도해야 합니다. 많은 분들이
순간적인 효과를 생각하시는데 그렇게 쉽게 효과를 생각하니까,

자신의 변화가 되지 않는 것입니다. 1년 이상해야 변화를 느낄 수가 있습니다. 이렇게 깊은 호흡 기도를 지속적으로 하면 심장이 튼튼해집니다. 장이 튼튼해집니다. 위장도 튼튼해집니다. 성령으로 깊은 호흡을 하면서 기도하니 몸속의 독소가 빠져나갑니다. 필자도 정말 많은 독소들이 배출이 되었습니다. 몸속의 독소가 배출이 되니 간이 튼튼해지는 것입니다. 성령으로 기도하고 장도 튼튼해지고, 심장도 튼튼해지고, 위장도 튼튼해지고, 간도 튼튼해지고, 영력도 강해지고, 자신 안에 주인으로 성전삼고 계시는 하나님과 관계가 열리니 초자연적인 역사가 나타나는 강한 자가 되어가고 있습니다.

하나님은 스트레스를 받으면서까지 하나님의 일을 하는 것을 원하시지 않습니다. 크리스천이 스트레스를 받아 장기에 숙변이나 사기가 뭉쳐지는 것은 전적으로 관념적인 믿음생활을 한 결과입니다. 성령의 인도를 받으면서 믿음 생활을 하면 장기에 적체물이 끼지 않을 것입니다. 필자가 개별적인 성령치유 사역을 하면서 체험한 바로는 내장에 숙변이나 지체 변과 석변 등이 생겨서 고생을 하고 계시는 분들이 많습니다. 예수를 믿고 성령으로 거듭난 크리스천이라도 생활이 점차 서구화 되면서 육식을 즐기고, 운동은 부족하며, 스트레스에 지쳐 장벽이 얇아지고, 약해지면서 탄력을 잃고 길어지게 되어 장 무력증, 거대 결장 증, 장 중첩 등이 발생하게 됩니다. 이로 인해 장에 주름이 많이 생기고 길어지면서 내벽에 묵은 변이 달라붙는데 이러한 현상을 숙변 또는 지체 변, 석변 등이라 합니다.

이 숙변은 암모니아, 인돌, 스카톨, 일산화탄소, 황화수소, 메탄 등을 생성하여 장벽을 통해 흡수되며 혈액을 걸쭉하게 오염시켜, 신체의 전반적인 기능저하와 질병을 일으키며, 간으로 통하는 간 문맥을 통해 각종 간 질환을 일으키는 원인이 되고 있습니다.

이러한 독소는 우선 만성 피로를 일으키고 설사, 소화불량, 장 질환(게실염, 대장염, 대장암, 치질)과 심근경색, 동맥경화, 편두통과 같은 성인병과 여드름, 기미, 부스럼, 거친 피부 등의 피부질환도 유발하게 됩니다. 또한 독소는 과산화지질을 형성하여 세포의 DNA를 파괴하거나 변형시켜 암을 유발하기도 하고, 노화와 치매의 주원인이 되기도 합니다. 특히 숙변은 피부미용 적으로도 많은 문제를 일으킵니다. 두통과 뼈와 신경에 문제를 일으키는 원인이 되기도 합니다. 크리스천의 영과 육체의 건강에 암적인 역할을 합니다. 보편적으로 장기에 침체물이 생기게 하는 것은 이렇습니다.

필자가 병원에 능력전도 다닐 때 이런 분을 만났습니다. 여성분인데 인도에 선교사로 나갔다가 스트레스를 너무나 많이 받은지라 몸이 아파서 1년을 채 채우지 못하고 귀국을 했습니다. 서울에 있을 때 어느 분이 예언하기를 선교사 사명이 있다고 하여 신학공부하고 인도로 나갔습니다. 서울에서 갈 때 인도에서 선교하시는 목사님을 소개하여 목사님부부와 함께 선교를 했다는 것입니다. 알아야 할 것은 인도가 영적으로 만만하지 않은 곳입니다. 거기에 갔다가 오신 분들의 간증을 들어보면 힌두교가 강하여 전도하기가 여간 힘들지 않다는 것입니다. 앰프스피커를 크게 틀어 놓고 주문을 외워대는데 기도하기가 너무나 힘이 든다는 것입니다. 영적인 전쟁이 말로 표현할 수가 없을 정도라고 합니다.

이 여전도사가 사역하면서 영적, 정신적, 육적인 스트레스를 받아 음식을 먹지 못할 정도로 심각해진 것입니다. 환경적인 고통에다가 영적인 고통에다가 정신적인 고통에다가 육적인 고통까지 찾아온 것입니다. 도저히 사역을 할 수가 없는 상태가 되어 귀국하여 병원에 가서 진단을 받아보니 스트레스를 너무나 많이 받아서 내장에 숙변이 끼다가, 끼다가 덩어리로 뭉쳐서 내장을 막은 것입니다. 그래서 장세척을 해도 효과가 없어서 수술을 했다는 것입니다. 참으로 안타까웠습니다. 아니 선교하러 갔다가 스트레스로 장이 막혔다니 세상 믿지 않는 사람들이 들었다면 무어라고 말했겠습니까? 하나님께서 살아계시면 선교하다가 스트레스 받아 장이 막히게 두었겠느냐고 할 것입니다.

그런데 이는 본인의 무지에서 비롯된 것입니다. 성령의 역사와 인도 없이 자신의 힘과 열심가지고 선교사역을 하려고 했으니 얼마나 힘이 들었겠습니까? 필자가 늘 하는 말이 사람이 하나님의 일을 하려고 하니 얼마나 고단하겠는 가입니다. 한번 생각해 보시기를 바랍니다. 사람의 힘으로 어떻게 하나님의 일을 합니까? 이는 무지로 당하는 고통입니다. 하나님은 절대로 자신의 힘이나 열심가지고 인도에 가서 선교하라고 하시지 않습니다. 전적으로 자신의 무지로 당한 고통입니다. 이렇게 스트레스를 받으면 장기에 숙변이나 찌꺼기가 쌓여서 질병으로 나타나는 경우가 많습니다.

성령으로 충만한 믿음 생활을 해야 합니다. 물론 예배도 영과 진리로 드려야 합니다. 기도를 온몸으로 해야 합니다. 성령으로 온몸으로 기도하면 영-혼-육의 건강해집니다. 성령으로 오장 육부의 기능이 정상이 되니 전인적으로 건강해지는 것입니다. 더 중요한 것은 기도를 바르게 해야 내장에 적체물이 생기지 않습니다. 일부 크리스천들이 기도하면 머리로 생각하여 목으로 하는 것으로 알고 있습니다. 기도는 머리로 하지 않고 배로 하는 것입니다. 온몸으로 기도하는 것은 숨을 쉬는 것과 같이 기도하는 것입니다. 머리를 사용하여 기도하면 인간적인 기도가 되기 쉽습니다. 인간적인 기도를 아무리 장구하게 해도 영이신 하나님께서 듣지 못하고 응답하지 못하고 역사하시지 못합니다. 하나님께서 영이시기 때문입니다. 그래서 하나님은 성령으로 기도하라고 하시는 것입니다.

성령으로 기도하는 방법은 아랫배에 의식을 두고 호흡을 깊게 들이쉬고 내쉬면서 기도해야 합니다. 호흡을 들이쉴 때는 아랫배가 불숙불숙 나오도록 해야 합니다. 방법은 아랫배에 힘을 주고 호흡을 들이쉬면 자연스럽게 아랫배가 불숙불숙 해지는 것을 느낄 수가 있습니다. 이렇게 지속적으로 기도하면 심장이 튼튼해지고 내장의 운동이 활성화되어 장기가 건강해지고 영력이 강해집니다. 알아야 할 것은 영적인 생활은 공동으로 하는 예배를 통해서 하는 것으로 한정해서는 자신의 영과 육체의 건강을 쾌할 수가 없습니다. 예배생활 외에 자신 안에 계신 하나님과 일대일 관계가 독특해지는 믿음생활을 해야 영과 육체가 건강해집니다. 일대일 관계를 여는 것이 머리로 기도하지 않고 아랫배로 기도하는 것입니다. 그냥 자신 안에 주인으로 계시는 하나님을 찾는 것이 기도입니다.

내장에 적체물이 끼는 것은 잘못된 식생활 때문입니다. 맛 때문에 생채 식을 멀리하고 화식을 즐기며 과식, 편식, 미식, 육식에다 가공식의 상식(常食), 거기다가 설탕 및 염분부족 등이 숙변 정체의 원인을 만들고 있습니다. 거기다가 운동부족과 정신적인 스트레스의 누적입니다. 스트레스는 정말 만병의 원인이 됩니다. 일대일 관계를 열어가는 영성훈련은 스트레스를 제때 해소하게 됨으로 영육의 건강에 참으로 유익합니다.

기타 내장에 숙변을 예방하는 길은 첫째로 평소에 생수, 현미오곡밥, 생 채식 등 섬유질이 많은 음식, 질 좋은 소금 등을 충분히 섭취해야 합니다. 둘째 소식과 더불어 제 고장에서 제 철에 난 음식을 먹어야 합니다. 셋째 가능한 한 천연섬유로 된 얇고 훌렁훌렁한 옷을 입고 가벼운 이불을 덮고 자는 습관을 들여야 합니다.

몸속의 독소를 보다 강력하게 해독하기 위한 방법으로 식물섬유로 장내를 깨끗하게 유지하는 것입니다. 야채에 있는 식물섬유를 섭취하면 대변을 부드럽게 하고 장의 운동을 도와주기 때문에 배설이 원활해집니다. 더불어 장내의 독소까지 배설하게 합니다.

몸속의 독소를 배출하는 기본은 항상 몸속을 촉촉하게 하는 것입니다. 물은 세포 안의 노폐물이나 독소를 소변이나 대변, 땀과 같이 밖으로 내보냅니다. 그래서 몸속의 물이 부족하게 되면 노폐물이나 여분의 수분이 축적되어 혈액이 걸쭉해질 수밖에 없는 것입니다. 그렇기 때문에 항상 몸에 수분을 유지해 노폐물의 흐름을 원활하게 하는 것이 중요합니다.

또 물을 마시는 것만으로도 다이어트와 피부 관리의 효과를 기대할 수 있습니다. 그 비밀은 '대사력'에 있는데, 체내의 대사가 좋아지면 지방의 연소도 높아져서 자신도 모르는 사이에 살이 빠지기 쉬운 체질로 변하게 되기 때문입니다. 또 기미나 거친 피부의 원인이 되는 멜라닌이나 각질도 대사율을 높임으로써 없앨 수 있습니다. 아침에 일어나자마자 공복에 물 2컵을 마시면 위의 활동을 촉진시키고 노폐물을 제거합니다. 잠들기 전에도 신진대사를 위해 물 1컵을 마십니다.

장을 건강하게 하려면 영과 진리로 예배를 드릴 뿐 만아니라, 장에 독소가 쌓이지 않도록 성령의 지배와 장악이 되도록 관리를 해야 할 것입니다. 기도는 앞에서 설명한 바와 같이 배꼽 아래에 의식을 두고 깊은 호흡을 하면서 기도를 숙달해야합니다. 그러면 필자와 장이 튼튼해집니다.

11장 간 기능을 방해하는 독소들과 배출

(마 7:3)"어찌하여 형제의 눈 속에 있는 티는 보고 네 눈 속에 있는 들보는 깨닫지 못하느냐"

잠재의식에 독소가 쌓여서 스트레스를 받게 되면 간 기능이 점차로 약해집니다. 소리 없이 간장이 망가져가는 것입니다. 우리 몸에 모든 장기가 중추신경과 연결이 되어있습니다. 그런데 간은 신경선이 없습니다. 그렇기 때문에 간 기능이 약해져도 간은 묵묵히 일을 계속합니다. 그러다가 다른 장기에 문제가 생긴 다음에 간 기능을 테스트해보면 이미 많이 손상이 된 경우를 많이 보셨을 것입니다.

필자가 군대에서 전역을 앞두고 건강에 문제가 많이 생겼습니다. 그래서 병원에 입원을 했는데 바로 앞 침상에 있던 분이 이러는 것입니다. 자신은 지금까지 병원에 입원해보지 않아 건강에 자신이 있었는데 이번에 입원을 했다는 것입니다. 이유는 빵을 한 개 먹었는데 자꾸 넘어와서 병원에 왔더니 입원을 하라고 해서 입원을 했다는 것입니다. 이분이 간 기능검사와 초음파 검사를 해본결과 간암 4기가 되었다고 부인이 서럽게 우는 것을 보았습니다. 간은 소리 없이 망가지는 것입니다. 특별하게 스트레스에 약합니다. 평소에 관리를 잘해야 할 것입니다.

독이라고 해서 외부에서 들어오는 것만은 아닙니다. 우리 몸에서 신진 대사가 이루어지면서 생기는 노폐물도 몸에 독이 되어

남게 됩니다. 따라서 독소를 예방하는 것은 물론 이를 잘 중화해서 배출하는 것이 중요합니다. '식약동원(食藥同原)'이라는 말이 있습니다. 항시 먹는 음식으로, 우리 몸을 맑게 가꾸는 것이 곧 최상의 해독제입니다. 흔히 독이라고 하면 니코틴과 알코올을 떠올립니다. 하지만 일상생활 속에서 우리 몸에 쌓이는 독도 결코 무시할 수 없습니다. 우리 몸에 독이 쌓게 하는 원인들입니다.

◎ 스트레스: 현대인의 대부분의 질병은 스트레스에서부터 시작됩니다. 본래 인체는 스스로 독소를 없애는 기능을 가지고 있습니다. 하지만 스트레스가 쌓이게 되면 면역력이 떨어지고, 몸에 쌓인 독소를 배출하는 기능이 약해집니다. 긍정적인 사고방식과 마음의 여유 등은 마음의 독을 없애는 데 가장 필요한 요소입니다.

◎ 환경 호르몬: 독성이 있는 금속이나 화학 물질이 우리 몸속으로 들어오면 신체 기능이 떨어지고 면역력이 약해집니다. 페인트나 유리, 통조림 등을 통해서 우리 몸에 중금속이 축적될 수 있습니다. 일회용 그릇, 각종 편리 용품에서 나오는 환경 호르몬도 건강을 위협하는 요소가 됩니다. 이런 독성 물질이 축적되지 않도록 해야 합니다.

◎ 변비: 해독의 중요한 과정은 장에서 일어납니다. 몸에 쌓인 독소가 다시 배출되기 위해서는 장이 건강해야 합니다. 몸의 다른 기관에서 독을 없앤다고 해도 장이 깨끗하지 않으면 독소가 다시 몸으로 흡수됩니다. '동의보감'에서는 장이 깨끗하면 머리가 맑아진다고 했습니다. 장내의 유해 세균과 가스를 없애야 몸

이 깨끗해집니다.

◎ 오염된 식품: 패스트푸드와 기름에 찌든 음식이 우리 몸을 끊임없이 피곤하게 합니다. 제대로 소화가 되지 않고 위와 장에 남아 있는 음식이 독소를 만들어 내고, 이것에 제대로 배출되지 않으면서 몸이 무겁고 나른하며 이유 없이 살이 찌기도 합니다. 섬유질이 풍부한 해독 식품으로 이러한 노폐물을 흡착하여 배출해야 합니다.

◎ 피로한 간: 담배와 술은 간에 피로를 축척하는 대표적인 원인. 간은 우리 몸의 해독 기능을 총괄하는 기관입니다. 간의 기능은 인체의 모든 대사 활동에 직·간접적인 영향을 끼칩니다. 따라서 간이 건강해야 독소가 쌓이지 않게 됩니다. 충분한 휴식과 올바른 영양 섭취 등을 통해 간에 피로가 쌓이는 것을 막습니다.

40대 사망원인 2위 간이 위험합니다. 간질환이란 간염, 간경병, 간암 등 주변에서 흔히 듣는 간 관련 질병들을 말합니다. 2015년에 발표된 국내 사망자 원인 순위에 따르면 간질환이 6위, 특히 40대 사망원인 2위를 차지하고 있습니다. 우리 몸의 화학공장이라 불리는 간은 체내에 들어온 물질을 걸러주는 역할을 합니다. 나쁜 독소를 걸러 건강한 몸을 만들어주는 것입니다. 하지만 간은 침묵의 장기라고 불릴 정도로 웬만큼 나빠지지 않으면 그 증상이 잘 나타나지 않아 자칫하면 큰 병을 얻을 수도 있습니다. 병이 있어도 쉽게 겉으로 드러나지 않는 간을 미리미리 챙기는 것이 필요합니다. 간의 여러 가지 기능은 이렇습니다.

◎ 대사 작용: 몸에 섭취된 영양소는 각 조직에 배분되고 그곳

에서 몸의 성분으로 저장되거나 에너지를 생산하기 위해 분해되기도 합니다. 이 역할을 담당하는 것이 바로 간입니다. 간세포 내에는 1,000여 가지의 효소가 있어 3대 영양소인 탄수화물, 단백질, 지방 대사뿐 아니라 비타민과 무기질, 호르몬 대사에도 영향을 미칩니다. 또한 간은 이러한 영양소를 저장해두었다가 음식을 먹지 않았을 때도 온몸에 일정한 에너지를 공급해주는 저장고이기도 합니다.

◎ 배설 기능: 간의 매우 중요한 기능 중 하나는 담즙을 만들어 배출하는 것인데 하루 대략 500~1,000ml의 담즙이 분비됩니다. 담즙은 소장에서 지방을 소화시키고 흡수하는 일을 돕습니다. 그리고 혈액세포 중 수명을 다한 적혈구가 비장과 간에서 파괴될 때 만들어지는 빌리루빈이란 노폐한 색소도 담즙과 함께 배출됩니다. 이 과정이 원활히 진행되지 않으면 황달 증상이 타나납니다. 즉 간은 콩팥의 배설작용과 함께 우리 몸의 노폐물을 몸 밖으로 배출하는 중요한 통로 역할을 합니다.

◎ 해독·방어기능: 우리 몸에서 생성되거나 약물 등 외부로부터 들어오는 수많은 물질 중 그대로 체외로 배출되지 못하는 물질은 모두 간에서 해독작용을 거쳐 소변 또는 쓸개즙을 통해 배설되는데, 알코올도 간에서 분해됩니다. 이러한 해독과정이 없다면 약물과 해로운 물질이 체내에 쌓여 극심한 부작용을 일으켜 생명을 위협하게 됩니다. 그리고 간은 신체에서 군사 역할을 담당하는 백혈구와 살균작용에 중요한 보조 역할을 하는 보체라는 단백질을 만들어 살균작용을 돕습니다. 간 기능이 저하되면 각종

감염의 위험이 증가하는 것도 이 때문입니다.

◎ 순환기능: 간에 흐르는 혈액의 양은 1분에 1.5ℓ 정도로 혈액을 저장하거나 방출해 몸 전체의 혈류를 조절하는 기능을 합니다. 간의 손상으로 혈류가 정상이 아니면 주위의 작은 혈관으로 혈액이 모여 혈관벽에 손상을 주기도 합니다. 또한 간은 혈액응고 요소를 합성하여 혈액 내에 공급하는데 간이 손상되면 혈액응고에 영향을 주어 피가 잘 멎지 않는 상태를 만들 수 있습니다.

피곤하다는 말을 입에 달고 사는 남편의 푸념을 대수롭지 않게 넘겼다면 오늘은 남편의 간을 체크해보시기를 바랍니다. 또 그놈의 술 때문이겠지 하고 그냥 넘겼다간 이미 고장난 남편의 간을 되돌릴 수 없을지 모릅니다. 우리 몸을 깨끗하게 정화하는 화학공장, 간을 건강하게 지키는 생활습관을 들여야 합니다.

◎ 과로·과음 폭음이나 폭식: 특히 안주도 없이 빈속에 많은 술을 마시는 경우에 간에 무리가 오기 쉽습니다. 또 쌓인 피로를 풀지 못하고 계속 과로를 하는 것도 간을 힘들게 하는 것입니다. 과로를 피하는 것은 간을 보호하는 기본적인 원칙입니다. 술이나 담배를 즐기지 않는 사람이라도 무리하게 과로를 하게 될 때는 간에 무리가 갈 수 있습니다. 또 걱정스러운 일이 있어 초조하고 불안해하는 상태가 계속되면 정신적인 피로가 몸에 영향을 미칩니다. 마음을 편하게 갖고 숙면을 취하며 신체적으로 무리가 되지 않도록 조심하는 것이 좋습니다.

◎ 소화기 건강 체크 변비가 있으면 장에서 분해, 흡수되어야 하는 성분들이 정상적인 분해과정을 거치지 못하고 유독성분이

되어 간에도 안 좋은 영향을 미치기 때문에 소화기를 건강하게 유지하는 것이 중요합니다. 성급한 마음에 변비약을 복용하기보다는 섬유질 식품이나 냉수 등을 섭취해 자연스럽게 해소하는 것이 좋습니다.

◎ 규칙적인 식습관 몇 끼씩 제대로 먹지 않다가 한꺼번에 몰아서 먹는다든지, 먹을 때 소화에 무리가 갈 정도로 많이 먹는 등의 식습관은 소화기뿐만 아니라 간에도 무리를 주게 됩니다. 특히 영양의 균형이 깨져 간에서 필요로 하는 단백질을 충분히 공급해주지 못하면 간의 기능은 약화될 수밖에 없습니다. 따라서 각각의 영양소가 충분히 공급되도록 하루 세끼를 규칙적으로 먹는 습관이 중요합니다.

이런 경우도 있습니다. 필자가 병원에 치유전도 다닐 때 시화병원에 전도를 갔더니 41살 먹은 사람이 간경화에 걸려 복수가 차서 배가 남산만해가지고 입원해 있는 것입니다. 그래서 제가 직관적으로 느끼는 것이 혈통으로 대물림된 질병이라는 감동이 왔습니다. 그래서 본인에게 물어보았습니다. 혹시 부모님이 간경화로 고생하다가 세상을 떠나지 않았습니까? 그랬더니 본인이 하는 말이 정말 신기합니다. 저의 아버님이 술을 좋아하셔서 간경화로 고생을 하시다가 세상을 떠나신지 3개월이 지나자마자, 자신에게 간경화가 생겼다는 것입니다. 그러면 형제가 몇 명이냐고 물으니까, 4명이라는 것입니다. 그래서 아버지하고 제일 친하게 잘 지낸 사람이 누구였느냐고 물어보니 자신이라는 것입니다. 자신이 막내이기 때문에 아버지가 제일 귀여워하고 늘 함께 지냈

다는 것입니다. 혈통의 대물림은 이렇게 부모님하고 제일 친하
게 지내던 사람에게 일번으로 전이가 됩니다. 그래서 예수를 믿
느냐고 물었더니 자기 부인이 열심히 예수를 잘 믿는다는 것입니
다. 그래서 내가 예수를 믿어야 간경화도 낫고 이 세상 떠나면 천
국에도 간다고 예수를 믿으라고 했더니 믿지 않겠다는 것입니다.
그렇게 한두 달이 지났습니다. 어느 날 5층에 있는 일 인실 병동
에 가서 문 앞에 있는 이름표를 보니까, 그 사람 이름표가 있는
것입니다. 일 인실에 자리를 옮겼다는 것은 상태가 상당히 좋지
못한 상태에 온 것입니다. 그래서 예수만 영접하면 간경화도 낫
고 천국도 간다고 예수를 믿으라고 권면하자, 이제 믿겠다는 것
입니다. 그래서 예수를 영접시키고, 본인에게 지금까지 잘못한
것을 마음속으로 회개하라고 했습니다.

　그리고 필자가 예수 이름으로 간경화가 혈통으로 대물림되게
하는 악한 영의 줄을 끊고, 간경화를 짊어지고 다니는 귀신을 축
사했습니다. 그리고 간이 깨끗하게 치유될 것을 명령했습니다.
그리고 병이 나아서 퇴원하거든 성령이 강하게 역사하는 교회에
찾아서 등록하고 잘 다니라고 당부를 했습니다. 그리고 며칠 있
다가 병동에 가보니 이 사람이 없어진 것입니다.

　그래서 담당 병동 간호사에게 물어보니 간경화가 치유되어 퇴
원했다는 것입니다. 할렐루야! 정말 예수님은 살아계십니다. 그
리고 한 일 년이 지났습니다. 또 시화 병원에 가서 전도를 하는데
그 사람이 입원한 것입니다. 그래서 무슨 병으로 입원을 했느냐
고 했더니 독감이 걸려서 입원했다는 것입니다. 그러면서 목사님

감사합니다. 그 때 목사님의 안수기도를 받고 한 시간쯤 지나면 서부터 복수가 소변으로 대변으로 막 빠져나가고 정상이 되어 퇴원했다는 것입니다. 그래서 교회는 잘 다니느냐고 물었더니 아주 열심히 다닌다는 것입니다. 그래서 다시 독감이 떠나가라고 안수기도를 해주었습니다. 예방 신앙을 하시기를 바랍니다. 이와 같이 혈통으로 대물림된 불치병은 부모와 가장 가깝게 지내는 사람 순으로 전염이 됩니다. 이것을 알려면 영적인 세계를 알아야 이해가 갑니다.

간을 건강하게 하려면 영과 진리로 예배를 드릴 뿐 만아니라, 간에 독소가 쌓이지 않도록 성령의 지배와 장악이 되도록 관리를 해야 할 것입니다. 그리고 성령으로 기도해야 합니다. 배꼽아래에 의식을 두고 숨을 깊게 들이쉬면서 "하나님!" 내쉬면서 "사랑합니다." 하면서 지속적으로 기도해야 합니다. 이렇게 깊은 호흡 기도를 지속적으로 하면 심장이 튼튼해집니다. 장이 튼튼해집니다. 위장도 튼튼해집니다. 성령으로 깊은 호흡을 하면서 기도하니 몸속의 독소가 빠져나갑니다. 몸속의 독소가 배출이 되니 간이 튼튼해지는 것입니다. 성령으로 기도하고 장도 튼튼해지고, 심장도 튼튼해지고, 위장도 튼튼해지고, 간도 튼튼해지고, 영력도 강해지고, 자신 안에 주인으로 성전삼고 계시는 하나님과 관계가 열리니 초자연적인 역사가 나타나는 강한 성도가 됩니다.

문제는 자신의 몸속에 덩어리가 된 독소를 녹여서 배출하는 것입니다. 자신의 혼자 힘으로는 덩어리진 독소를 녹이고 배출할 수가 없습니다. 전문적이고 집중적인 정밀치유를 받아야 합니다.

12장 명치 끝에 모여 있는 독소들과 배출

(마 7:3)"어찌하여 형제의 눈 속에 있는 티는 보고 네
눈 속에 있는 들보는 깨닫지 못하느냐"

몸속에 독소가 쌓이면 영적으로 무기력해집니다. 영적으로
무기력해지면 영의 만족을 누리지 못함으로 영의 만족을 찾아
이곳저곳으로 돌아다닙니다. 그러다가 비진리를 진리인 것으
로 알고 이단에 빠지기도 합니다. 비진리는 성령(생명)이 없는
성경말씀과 유사한 것으로 머리로 알게하여 지키게 하는 것이
비진리입니다. 율법도 비진리에 해당됩니다. 영적 분별력이 약
함으로 잘못된 비 진리를 받아들여서 몸속에 제일로 문제가 되
는 비 진리의 독소가 쌓이게 됩니다. 참으로 심각한 독소가 쌓
인 것입니다. 비 진리의 독소는 자신을 파괴하는 심각한 독소입
니다. 이와 같은 진리와 비 진리를 구별하려면 앞으로 출간되는
"진리와 비 진리를 구별하는 법" 책을 참고하시기를 바랍니다.
　성령치유 집회할 때 많은 분들이 명치끝이 아프다고 하십니다.
입에서 불이 올라온다고 하십니다. 보통 울화는 명치끝에 많이
뭉쳐있습니다. 손을 대지 못할 정도로 통증을 느낍니다. 어떤 분
은 가슴에 또는 갈비 밑에 뭉쳐있는 분들도 계십니다. 특이한 것
은 병원에서 CT를 찍어도, MRI 검사를 해도 나타나지 않습니다.
병원에서는 원인을 알지 못합니다. 아프기는 아픈데 나타나지를
않습니다. 나타나지 않고 원인을 찾지 못하니 불치병이라고 합니

다. 이 귀신의 견고한 진은 단 기간에 치유되지 않습니다. 덩어리가 뭉쳐 집을 짓기까지 상당한 기간이 흘렀기 때문에 그 만큼 치유에 시간이 걸립니다. 집중적으로 2-3일 성령의 역사를 체험하면서 치유하면 부수어지기 시작을 합니다. 성령의 역사로 귀신의 견고한 진이 파괴 되어도 일정 기간 동안 통증은 남아있는 것이 보통입니다.

지속적으로 성령의 불을 집어넣으면서 집중 치유를 합니다. 어느 분은 육 개월이 지나니까, 통증이 없어지고 완치되었습니다. 가슴이 아파서 바로 눕지도 못하고 엎드리지도 못하여 옆으로 누워서 잠을 자다가 오셔서 완전하게 치유를 받았습니다. 치유가 되니 가족 모두가 좋아했다고 합니다. 병원에서 불치병이라고 했는데 치유되어 자녀들에게 살아계신 하나님을 체험하게 하는 계기가 되었다고 합니다. 귀신의 견고한 진은 성령의 불세례를 체험하고 깊은 영성과 성령의 권능이 함께하는 사역자가 치유할 때 정체를 드러냅니다. 배에 손을 얹고 기도하면 적어도 10-20여 분 이내에 귀신의 견고한 진이 표면에 나타나게 됩니다. 달걀 크기만 한 동그란 근육덩어리가 배 속에서 솟아나 안수하는 사람의 손을 피해 이리저리 달아납니다.

한번은 이런 일이 있었습니다. 지방에서 올라온 성도인데 분명하게 영적인 존재가 장악하고 있어서 상당히 오랫동안 안수를 했는데도 꼼짝을 하지 않습니다. 갑자기 성령께서 배를 만져보아라, 하십니다. 그래서 배에다가 손은 대니 성인 주먹보다 큰 덩어리가 잡힙니다. 살짝 누르니 아프다고 소리를 지릅니다. 필자가 직감적으로 귀신의 집이구나, 하고 손을 대고 "상처와 같이 형성된 귀신의 집은 예수이름을 파괴될지어다." 하니까, 성도가 숨을 몰아쉬기 시작을 합니다. 조금 있으니 기침과 함께 가래가 나오면서 귀신이 떠나가기 시작을 했습니다. 이로보아 귀신의 집이 파괴되지 않으면 귀신은 떠나가지 않는다는 것입니다.

이런 여러 경우를 보아 알 수 있는 것은 사람의 몸속에 귀신의 비밀 처소가 있다는 것입니다. 이것을 인정해야 귀신으로 부터 해방을 받을 수가 있습니다. 이는 정말 이해하기가 힘이 들지만 이해해야 하는 비밀입니다. 영적인 세계는 사람의 이론이나 지식으로는 이해가 불가능하기 때문입니다. 영적인 세계는 참으로 이해하기 힘든 일이 많이 있습니다.

명치끝에 화가 모여서 발생하는 울화병입니다. 울화병이란 고부간의 갈등이나 남편의 외도 등 강한 스트레스를 적절하게 해소하지 못하는 한국여성에서 주로 발생하는 '문화결함증후군'의 하나로 알려져 있으며 현대사회에서 직장인들의 주요한 직업병 중 하나이기도 합니다. 한 온라인 취업포털 사이트의 2007년 남녀 직장인 1315명이 설문조사를 실시한 결과 직장인의 63%가 직장생활 질병을 앓는다는 것으로 나타났고 이 중에서 '화병' 등과 같은 스트레스성 질환이 30.4%를 차지했습니다. 요즘 사람들은 여러 가지 어려움으로 인한 마음의 상처로 고통스러워합니다. 교회는 이들을 치유해야 합니다.

화병이란 생활 속에서 일어나는 억울한 감정이나 과중한 스트레스를 제 때 발산하지 못하고 억지로 참음으로써 오랫동안 누적되어 생기는 신경질적인 화가 원인이 되어 생기는 병입니다. 화병은 우울한 감정, 속상함 등의 스트레스가 수년간 쌓임으로써 발병하는데, 이러한 스트레스를 제때 풀지 못하여 가슴 부위가 답답하고 얼굴이 화끈거리는 느낌이 들면 이미 화병에 걸렸다고 볼 수 있겠습니다. 이 병은 우리나라에만 있는 고유한 형태의 병으로 호랑이 같은 시어머니와 남편의 외도에 시달려온 우리네 주부들의 한 맺힌 병으로서 "울화병"이라고도 부릅니다. 가장 많은 원인은 남편의 바람기와 술을 마시는 버릇 때문에 화병에 걸리고, 그 다음으로는 시부모와의 갈등으로 인해 화병이 발병한다고 합니다.

첫째, 화병의 증상과 발병단계. 화병은 화가 치밀어 오르는 불행한 현실을 벗어날 방법이 없는 사람에게서 발병합니다. 즉 경제적으로 독립할 여건도 안 되고, 교육수준이 낮은 계층에서 많이 생기는 병입니다. 남자들은 사업실패, 명예실추, 배신, 돈 떼임, 사기의 피해, 예상하지 못한 실직 등의 이유로 생기고 여자들은 시댁의 구박이나 가정문제로 발병합니다. 직장인들은 과도한 업무 스트레스로 발병이 되기도 합니다.

부부의 대화부족, 시어머니와의 갈등 또는 자녀교육 등의 과다한 스트레스나 정신적인 갈등의 화열(火熱), 큰 병을 앓고 난 후나 노약자 등의 허약(虛弱), 비만이나 수척한 체질적인 소인의 습담(濕痰), 병리적인 산물인 어혈(瘀血), 기후나 계절적인 요인인 풍(風) 등이 있습니다.

신체적 증상으로는 두통과 어지러움을 느끼고 얼굴에 열기가 느껴지며 가슴이 뛰고 답답하며 울화가 치밀어 오릅니다. 또 목이나 가슴에 덩어리가 느껴지기도 하고 소화 장애가 나타나기도 합니다. 가슴이 답답해 호흡을 하기가 힘이 드는 경우도 있습니다.

정신적 증상으로는 우울, 불안, 신경질, 짜증 등이 자주 나타나고 깜짝깜짝 자주 놀라며 쉽게 화를 폭발하기도 합니다. 그밖에 "사는 재미가 없고 의욕이 없다" "허무하다" "죽고 싶다"는 생각이 들기도 합니다. 화병의 발생 빈도는 중년 이후의 여성에게 많이 나타나며 학력과 경제적 수준이 낮을수록 많이 발생합니다. 화병이 일반적 스트레스성 질병과 다른 점은 발병원인이 분명하며 발병기간이 10여 년에 걸친 만성적인 병이라는 점입니다.

둘째, 화병의 증상들. ① 특정한 스트레스 사건으로 인해 생긴 억울한 감정이 누적되어 해소되지 않은 상태가 3개월 이상 지속됩니다. ② 가슴이 답답하거나 숨이 막히는 증상과 함께 뭔가 치밀어 오르는 증상을 나타냅니다. ③ 가슴이 두근거리고 뜁니다. ④ 가슴이나 목에 뭉친 덩어리가 느껴집니다. ⑤ 두통이나 어지러움이 자주 옵니다. ⑥ 몸이나 얼굴에 열감이 오르는 것을 느낍니다. ⑦ 잠을 잘 자지 못합니다. 놀라서 잘 깹니다. ⑧ 갑작스런 화가 폭발하거나 혹은 분노감이 있습니다. ⑨ 우울 또는 허망한 기분이 자주 듭니다. ⑩ 불안 혹은 초조감을 많이 느낍니다. ⑪ 신경질이나 짜증이 심합니다. ⑫ 억울함을 자주 느낍니다. ⑬ 소변을 자주 보게 됩니다. ⑭ 대응능력에 따라 고혈압 등 순환기계, 두통 등 신경계, 호흡기계, 소화기계 등 다양한 증세로 나타날 수 있습니다.

셋째, 치유는 가족의 이해와 도움이 가장 중요. 화병은 어떻게 치료해야 하는가? 안타깝게도 근본적인 원인을 제거하기 전에는 치유방법이 없다는 것이 정설입니다. 남편과 시부모와의 갈등 때문에 화병이 발병했을 때는 다소 치료하기가 힘이 듭니다. 효과적인 치료를 위해서는 가족의 이해와 도움이 무엇보다 중요한데 이는 사실상 매우 어렵습니다. 왜냐하면 주부의 건강에는 가족들이 의외로 무관심하기 때문입니다. 남편의 바람기 때문에 화병에 걸린 주부환자의 경우는 남편에게 아내의 상태에 대해서 이야기하고 협조를 구하지만, 많은 남편들의 반응이 대체로 비슷합니다. "나는 그런 사실이 없다" 또는 "여자가 성질이 못됐으니까 병에 걸렸지"라는 식입니다.

또 환자 본인의 마음가짐도 치료에 도움이 안 되는 일이 많습니다. "시어머님이 집에 계신데 어떻게 약을 먹어요? 그냥 병원에 와서 침만 맞으면 안 될까요?" 하고 말하는 환자도 적지 않다고 합니다. 반면에 자녀문제로 인해 화병에 걸린 경우에는 치료하기가 비교적 수월한 편입니다. 남편의 협조가 가능하고 취미나 운동 등으로 스트레스를 풀 수 있기 때문입니다. 화병을 치료하기 위해서는 여러 가지 치료법이 동원되지만 무엇보다 가족의 이해와 도움이 가장 중요합니다. 대부분은 한 달 가량 말씀과 성령으로 집중 치료하면 많이 좋아지지만, 심한 경우에는 3개월 이상

장기간 치료를 받아도 쉽게 낫지 않습니다. 또한 치료기간 동안 스트레스에서 벗어나 있으면 치료에 상당한 도움이 됩니다.

넷째, 화병을 진단하는 방법. 병리적인 화를 중심으로 화에 대하여 알아보면 다음과 같습니다. 인체의 화를 관장하는 장기는 심장이고, 또 심장은 감정을 관장한다고 한방의학 서적에는 기술되어 있는데, 스트레스에 대하여 직접적으로 반응을 하게 됩니다. 화는 오행 중에서 불의 성질을 가집니다. 그러므로 증상이 나타나게 되면 얼굴이나 가슴의 열기, 분노, 충혈 등이 나타나게 되는 것입니다. 화는 양(陽)의 특성을 가져 위로 올라가려는 속성을 가지고 있습니다.

그러므로 화병의 증상은 주로 가슴 위의 부분에서 나타납니다. 두통이나 어지럼증, 상열감, 가슴부위의 답답함이나 열기가 나타나게 됩니다. 화는 온몸의 진액을 손상시킵니다. 불은 물을 마르게 하고, 습기를 건조하게 하는 작용을 가지고 있는 것처럼, 화병은 신체를 건조시키는 작용을 합니다. 입술이 타거나 목이 마르는 증상이 나타나는 것도 그 이유에서입니다.

다음과 같은 조건이 충족되어야 화병이라고 할 수 있습니다. 억울한 감정이 누적되고 해소되지 않은 상태가 6개월 이상 지속되었다면 화병입니다. 단기적인 스트레스나 충격은 화병이라고 할 수 없습니다. 가슴이 답답하거나 숨이 막히는 증상과 무엇인가 치밀어 오르는 증상이 나타납니다. 이것은 화병의 필수증상입니다. 가슴 정중앙 부위를 누르면 심한 통증이 나타납니다. 가

습의 정중앙은 전중이라는 침 자리로 감정의 기운이 많이 모이는 곳입니다. 그러므로 이 부위를 눌렀을 때 심한 통증이 있다면 정서적인 스트레스를 많이 받았다고 보아도 좋을 것입니다. 또한 이 자리는 화병을 진단하는 자리이면서 경과를 관찰할 수 있는 중요한 자리입니다. 치료에 따라 화병의 증상이 좋아지면 이곳의 통증도 완화가 됩니다.

특징적인 4가지 증상은, 즉 가슴의 답답함, 무엇인가 치밀어 오르는 증상, 몸이나 얼굴에 열이 오르는 느낌, 그리고 급작스러운 화의 폭발 혹은 분노 중에서 최소한 2가지 이상은 현저하게 나타나야 합니다.

다섯째, 화병을 건설적으로 치유하는 길. 우리가 분명히 알아야 할 것은 화를 참았다고 해서 드러나지 않는다는 것은 아니라는 것입니다. 화는 여러 가지 방식으로 나타난다. 중요한 점은 얼마나 건설적으로 나타나느냐 입니다. 화가 건설적으로 나타나지 않을 경우 그 화는 그냥 없어지지 않습니다. 화를 억눌렀을 경우 그 화는 결국 자신과 남들에게 파괴적인 모습으로 나타나기 때문입니다. 그러므로 통성 기도를 해서 푸는 것이 좋습니다.

성령의 임재 가운데 주여! 주여! 주여! 주여! 하면서 심경을 하나님에게 토설하는 것입니다. 그렇기 때문에 우리는 화의 원인을 정확하게 알아내어 화를 직접적이고 건설적인 방법으로 표현해서 화병을 예방하고 우리자신과 상대방이 함께 성장할 수 있는 좋은 기회로 삼아야 할 것입니다.

성령의 이끌림을 받는 기도를 하십시오. 기억을 위하여 성령님께 도움을 요청하면 자신의 깊은 곳에 감추어져 있던 상처의 기억과 감정이 생생하게 살아납니다. 성령님의 도우심으로 특정한(분노, 불안, 두려움, 공포, 눌림, 혈기, 스트레스, 마음의 상처, 자존심의 상처 등) 사건의 현장으로 돌아가서, 그때 받았던 묻혀진 상처의 기억을 떠올리며, 상처와 함께 그때에 겪었던 당황함, 부끄러움을 회상하시기 바랍니다. 하나씩 앞으로 회상해 나가면서 떠오르는 상처를 주님에게 드려야 합니다.

주님은 항상 나와 함께하셨습니다. 주님은 내가 고통당할 때 함께하시면서 나와 고통을 함께 하셨습니다. 지금도 그 주님은 나와 함께하십니다. 억울함, 분노, 두려움, 상처, 눌림 등으로 내가 울 때 함께 하시면서 우신 분입니다. 특히 어린 시절의 작은 상처, 부모가 자신을 거부했다고 하는 상처가 오늘의 자신에게 많은 영향을 줍니다. 자 이제 상처를 예수께 드립니다. 드러난 상처를 주님께 가져가야 합니다. 주님은 많은 상처를 입은 분이십니다. 그러기에 상처 입은 사람들의 고통의 삶을 누구보다 안타깝게 여기고 계십니다. 예수 그리스도에게 성령님의 치유의 능력을 간곡하게 부탁해야 합니다.

이와 같은 영적인 치유는 스스로 하기는 힘이 듭니다. 충만한 교회 같이 성령 내적치유를 전문적으로 하는 곳에 가서서 전문 치유사역자의 도움을 받아 어느 정도 영의 통로가 열리고 성령의 깊은 임재에 빠져 들어갈 줄 알아야 스스로 치유가 가능합니다. 빠른 시간 내 전문적인 치유를 하는 곳을 찾아가서 성령을 체험하면서 치유를 받기를 바랍니다.

13장 어깨와 근육에 뭉쳐있는 독소들과 배출

(잠 17:22)"마음의 즐거움은 양약이라도 심령의 근심
은 뼈를 마르게 하느니라."

마음에 응어리가 뭉쳐 있으면 육체에 사기덩어리가 생깁니
다. 필자가 이런 집사를 예수 이름으로 치유한 적이 있습니다.
안양에서 목회하시는 목사님께서 저희 교회에 성령치유사역
훈련을 받으러 다녔습니다. 그런데 어느날 목요일 밤 집회를
하는 날입니다. 집회가 끝나 가는데 목사님이 오셔서 하시는
말씀이 자기네 교회 집사인데 팔이 마비되어 올라가지를 않는
다는 것입니다. 팔이 올라가지 않을 정도로 팔이 마비가 된 것
은 분노를 발하고 혈기를 내며 스트레스를 받아서 근육에 사기
가 뭉쳐서 생긴 것입니다. 성령의 임재를 요청하고 안수를 했
습니다. 그러자 성령의 역사로 악을 쓰면서 발작을 한동안 하
다가 기침을 사정없이 했습니다. 필자가 마비된 팔에 손을 얹
고 "예수님의 이름으로 명하노니 팔이 마비되도록 뭉쳐진 사
기덩어리는 녹을 지어다. 풀릴 지어다." 하면서 한 5분 동안 안
수를 하니까, 기침을 사정없이 하면서 오물을 토하면서 사기
덩어리가 배출되었습니다. 성령님께서 치유가 되었다고 감동
하셔서 팔을 올려보라고 했더니 아주 잘 올리는 것입니다.

필자가 물었습니다. 언제부터 이렇게 되었느냐고…. 그랬더니
한 20일이 되었다는 것입니다. 한의원에서 침을 맞고 정형외과

에서 물리치료를 받아도 치유가 되지 않아서 장애인이 되는 줄로 알았더니 하나님의 은혜로 치유되어 감사하다는 것입니다. 예배를 잘 드리고 성령 충만한 생활을 하여 관리를 잘하라고 당부하고 돌려보냈습니다. 집회가 끝나고 집으로 돌아갔습니다. 그런데 필자의 사모가 이렇게 말하는 것입니다. 목사님! 사모님이 말씀하시는데 그 집사가 문제가 있는 집사라는 것입니다. 팔이 마비되기 전에 주일 저녁예배를 마치고 목사님에게 왜 듣기 좋은 말씀도 많은데 영적인 설교를 하여 마음에 거부가 일어나게 하느냐고 따지면서 시비를 걸면서 두 시간정도 따지고 돌아갔다는 것입니다. 그런데 아침에 일어나니 팔이 마비가 되어 올라가지 않는 것입니다. 얼마나 놀랐겠습니까?

직장에 가서 사정을 이야기하고 치유받기 시작을 했는데 치유가 되지 않은 것입니다. 당장 목사님을 찾아와 무릎을 꿇고 용서를 구하고 안수를 받아도 치유가 되지 않은 것입니다. 이리저리 다니면서 치유를 받으려고 해도 치유가 되지 않으니 목사님이 저에게 데리고 온 것입니다. 와서 5분 만에 20일 동안 치유 받지 못한 팔을 치유 받은 것입니다. 이 집사가 팔이 마비가 된 이유는 책을 읽는 분들이 판단하시기를 바랍니다. 앞의 글들을 성령의 임재가운데 정독했으면 이유를 알 수가 있을 것입니다.

우리가 기쁘고 즐거우면 다른 사람에게 기쁨과 즐거움을 전달해 주는 것입니다. 다른 사람 마음도 기쁨과 즐거움을 누릴 수가 있습니다. 하나님으로 인하여 기뻐하는 것이 힘이고 말합니다. 마음에 기쁨이 있어야 힘이 생겨요. 힘을 가지고 있어야 인생에 성취를 가져올 수 있는 것입니다.

아침에 일찍 일어나고 저녁에 늦게 누우며 고생의 떡을 먹음이 헛됩니다. 하나님을 사랑하는 자에게는 마음에 잠을 준다고 마음에 평안을 주는 것입니다. 우리가 이 세상에 살아보면 마음에 평안과 기쁨이 물질적인 부요로 말미암아 온다는 것은 참말이 아닙니다. 전혀 없는 것은 아니지만 물질적인 축복이 있어도 주님 그 나라와 그 의를 먼저 구하고 가져야지 하나님 없이 물질을 아무리 소유해도 그것이 행복이 되지 못하는 것입니다.

어깨관절 질환은 오십견, 석회성건염, 회전근개파열, 어깨탈구, 슬랩(상부관절와순 병변), 견관절 다방향 불안정성 등 다양하므로 정확한 진단과 치료법으로 어깨통증을 해소 할 수 있습니다. 대부분 허리통증을 호소하기도 하지만, 등과 함께 등허리통증을 호소하는 분들도 적지 않게 계십니다. 하지만, 등허리통증의 원인은 모르고 단순히 허리가 아프니 치료를 받기 위해 오시는 분들도 상당수 계십니다. 등허리통증의 원인은 골격의 노화에서부터 여러 가지로 다양하게 존재합니다. 하지만, 대부분의 원인은 잘못된 습관으로 인하여 체형이 변하게 되면서 몸의 하중이 적절히 분산되지 못하고 등허리에 집중되면서 부위가 무리를 받고, 이에 따라 등허리통증이 나타나는 것이라고 할 수 있습니다.

예수를 믿었어도 건강하지 못한 첫째 이유는 예수 믿기 전에 형성된 잠재의식의 노폐물을 처리하지 않았기 때문입니다. 세상에서 살아가다가 예수를 믿었으면 반드시 생명의 말씀과 성령으로 잠재의식에 형성된 세상 것들을 정화해야 합니다. 그래야 예수를 믿으면서 불필요한 고통을 당하지 않습니다. 이유는 사람의 마음속에는 생명과 사망이 동시에 넘쳐나기 때문입니다. 어떤 사람은 생명의 말씀이 가슴에서 넘쳐 밖으로 나오는 말씀이 충만하고, 다른 사람은 사망의 세력이 넘쳐나는 사람도 있는 것입니다. 행복과 절망도 마음에서 넘쳐 나옵니다. 사람들은 마음을 다스리기 보다는 환경을 다스리려고 하는 것입니다. 그런데 성경은 마음을 다스리는 자가 환경을 다스린다고 말하고 있는 것입니다. 우리가 내 마음을 다스리면 그것은 곧장 우리 환경을 다스리게 되는 것입니다. 마음을 잘 다스리면 환경이 따라서 잘 다스려지는 것입니다. 자기 마음을 다스리는 자는 성을 빼앗는 자보다 낫다고 말한 것입니다. 우리는 마음의 중요성을 알고 내 마음을 끊임없이 다스려야 되는 것입니다.

발명왕 에디슨은 "마음이 지옥을 천국으로 만들 수도 있고 천국을 지옥으로 만들 수도 있다."고 말했었습니다. 하나님의 기적이 마음에서 넘쳐 나오는 것입니다. 미국의 작가인 데일 카네기는 "가장 조심해야 할 일은 가난도 질병도 아닌 당신의 생각입니다. 왜냐하면 생각이 당신을 지배하기 때문에 생각을 다스리면 생각은 우리 삶을 다스린다."는 것입니다.

많은 크리스천들이 스트레스와 상처로 마음이 평안한 삶을 살지 못하면서 생긴 근육통증으로 고생하는 분들이 아무 많습니다. 이렇게 고통을 당하다가 소문을 듣고 필자를 찾아옵니다. 목덜미가 아파서 꼼짝을 할 수가 없다는 것입니다. 목에다가 손만대어도 악하면서 소리가 나온다는 것입니다. 그러면 필자가 이렇게 말합니다. 왜 이렇게 진전이 되도록 방치했습니까? 그러면서 목덜미에 손은 얹으면 자지러지게 소리를 지릅니다. 성령의 역사가 목덜미를 장악하도록 합니다. 어느 정도 장악이 되면 "예수님의 이름으로 명하노니 목덜미에 뭉쳐진 사기를 풀어질 지어다." 하면서 환자에게 호흡을 들이쉬고 내쉬면서 기도하라고 합니다. 조금 지나면 하품이나 기침이나 트림을 통하여 사기가 떠나가기 시작을 합니다. 계속기도하게 하다가 지금도 아픕니까, 하고 질문하면 이제 아프지 않습니다. 기침이나 하품이나 트림이나 소리로 떠나가니 통증이 없어진 것입니다. 그렇기 때문에 분명하게 목덜미 통증을 일으킨 인격적인 존재가 있었다는 것입니다. 인격적인 존재가 성령의 역사로 떠나가니 치유가 되는 것입니다. 그런데 목덜미 통증으로 머리가 깨지도록 아프기도 합니다. 편두통이 생기기도 합니다. 예배 때마다 성령의 역사가 일어나면 아무리 이 육체에 독극물이 끼어있다 해도 주님이 같이 계셔서 독극물을 정화시키고 승리할 수 있는 것입니다. 성령 충만이 아주 중요한 것입니다. 교회에 나와 예배를 드릴 때마다 성령으로 충만 받으면 육체에 뭉쳐있는 사기 덩어리가 성령으로 정화되는 것입니다. 그렇기 때문에 예배 때마다 성령의 역사가 일어나는 교회를 다니는 것은 축복 중에 축복입니다.

빌립보서 4장 6절로 7절에 "아무 것도 염려하지 말고" 아무 것도 염려하지 말고 "다만 모든 일에 기도와 간구로, 너희 구할 것을 감사함으로 하나님께 아뢰라 그리하면 모든 지각에 뛰어난 하나님의 평강이 그리스도 예수 안에서 너희 마음과 생각을 지키시리라" 마음에 불안과 공포가 사라지도록 입술로써 구하고 시인하면 그대로 이루어진다는 것입니다. 아무것도 걱정하지 말고 성령의 임재가운데 입술로 시인하라는 것입니다. 입술로 시인하는 그 말이 나가서 건강하게 만들어 주는 것입니다. 말이 얼마나 큰 힘을 가지고 인생을 다스려 간다는 것을 깨닫게 되면 정말 행복해지는 것입니다.

삶의 환경이 우리를 변화시키지 않습니다. 오직 성령으로 마음이 변화되면 삶이 변화됩니다. 아무리 사람을 변화시켜 보려고 환경을 변화시켜 놓아도 변화되지 않습니다. 사람은 마음이 변해야 변화됩니다. 아무리 말씀을 많이 알고 교회에서 봉사를 열심히 해도 인간적인 노력으로는 마음이 변화되지 못합니다. 성령의 역사가 자신 안의 성전에서 분출될 때 마음이 변화되는 것입니다. 고약하고 불효한 자식을 변화시켜 보려고 좋은 옷을 입히고 좋은 환경에 갖다 주고 좋은 음식을 먹여도 그 마음이 변화되지 않으면 그래도 역시 불효하고 고약한 자식이 되는 것입니다. 우리가 마음을 새롭게 하려면 성령의 역사로 회개하는 마음이 있어야 새로워지는 것입니다. 사람이 회개를 하지 아니하면 새로워질수가 없어요. 언제나 자기 타당화해서 자기가 옳다고 변명하고 전부 내 탓이 아니라 네 탓이다. 부모 탓이다. 형제 탓이다. 이웃 탓이다. 나라 탓이다. 남의 탓만 하고 완악한 마음을 가지면 절대로 마음이 변화되지 않습니다. 마음이 변화되려면 성령님의 강권하심으로 하나님 앞에서 마음이 깨어져서 내 탓으로 생각하고 무릎을 꿇어야 되는 것입니다. 하나님의 뜻을 따르는 마음을 가져야지 정말 내 마음만 꽉 완악하게 지키면 어떻게 마음이 변화될 수 있습니까? 마음을 열고 자신도 그런 문제가 있을 수 있다고 받아 들여야 변화가 됩니다. 내면이 변화되는 것은 마음을 열고 받아들여야 변화가 되는 것입니다.

저는 지방에서 조직 교회인 은혜교회를 목회하는 정 목사입니다. 영적으로 미숙하고 성령으로 충만하지도 않으면서 성도들을 축귀하고 안수하여 주었습니다. 그러던 어느 날 좌측 어깨와 손이 마비되었습니다. 유명한 한의원, 능력이 있다는 목사님들의 안수를 수도 없이 받았습니다. 오년을 이곳저곳을 돌아다니면서 치유를 받으려고 했습니다. 그래도 치유되지 않고 점점 상태가 나빠졌습니다. 그러다가 저의 사모가 충만한 교회 소문을 듣고 저에게 이야기 하여 광양에서 서울까지 매주 다니게 되었습니다. 그때당시 저의 건강 상태가 워낙 좋지 않은 상황이라 거리가 문제가 되지를 않았습니다. 다행히 큰 아들이 숭실대를 다니면서 자취를 하여 자취방에서 함께 기거하며 다니기로 했습니다. 첫날 와서 은혜를 받았습니다. 직감적으로 성령의 역사가 강하다는 것을 느꼈습니다. 다음날 상담을 신청하여 목사님에게 사정이야기를 했습니다. 목사님의 질병이 오래되어 시간이 걸리지만 의지를 기지고 참석하면 완전하게 치유가 된다고 하셨습니다. 의지가 중요하다고 하셨습니다. 계속 말씀을 듣고 기도하고 안수 받고를 계속했습니다. 다른 사람들은 바로 성령을 체험하고 치유를 받는데 나는 냉랭했습니다. 그래도 변화는 일어나는 것을 체험할 수가 있었습니다. 한 주가 지나도 두주가 지나도 성령이 저를 사로

잡지를 못했습니다. 워낙 강하게 묶여서 그런 것입니다. 기도시간에 호흡을 들이쉬고 내쉬면서 주여! 아무리 소리를 내어도 성령이 사로잡지를 못했습니다. 의지를 가지고 치유를 받자하고 두 달을 다녔을 때 드디어 성령의 불세례를 받았습니다. 몸은 가누지 못할 정도로 흔들렸습니다. 이제 몸이 막 떨리는 것 이었습니다. 나도 모르게 막 팔을 흔들면서 소리를 질렀습니다. 그러면서 방언이 터졌습니다. 방언을 하면서 진동이 더 강하게 일어났습니다. 그러자 강요셉 목사님이 안수를 하면서 더 강하게 역사하여 주시옵소서. 하고 기도하니까, 내 속에서 비명이 나왔습니다. 그러면서 몸이 뒤틀리기 시작을 했습니다. 정말 내가 감당할 수 없었습니다. 몸이 뒤틀리면서 속에서 괴성이 계속 나왔습니다. 성령께서 임재 하시어 저의 양팔을 사정없이 돌리시는 것입니다. 아픈 좌측 팔을 돌리는데 조금 전만해도 아파서 꼼작도 못했는데 팔을 돌려도 아프지를 않았습니다. 점점 진정이 되는 것 같았습니다. 강 목사님이 오셔서 마비된 좌측 어깨와 팔은 풀릴지어다. 하면서 명령하니 막 기침이 사정없이 나왔습니다. 좌측 어깨와 팔이 마비되게 한 귀신은 떠나갈지어다. 명령을 하셨습니다. 막 아랫배와 어깨에서 강한 통증을 유발하면서 귀신들이 떠나갔습니다. 조금 어깨도 풀리는 것 같았습니다. 이제 성령이 장악하여 영의 통로가 열려서 기도할 때마다 귀신들이 떠나갔습니다. 지난 오년동안 반신불수가 되지 않을 까 걱정을 많이 했는데 지속적으로 7개월을 다니니 완벽하게 마비되었던 좌측 어깨와 손이 정상이 되었습니다.

14장 경추에 끼어있는 독소들과 배출

(잠 17:22)"마음의 즐거움은 양약이라도 심령의 근심
은 뼈를 마르게 하느니라."

목뼈에 형성된 독소는 영적이면서 심리적인 독소들입니다. 반드시 성령의 역사로 잠재의식 이하에서 현실로 드러내어 녹여내고 배출을 해야 합니다. 목뼈에 끼어있는 독소들은 세상적인 방법으로는 한계가 있습니다. 반드시 영적인 차원에서 독소를 드러내어 성령으로 녹이면서 배출해야 없어집니다. 그렇기 때문에 목뼈에 끼어있는 독소들을 치유하는데 시간이 걸리는 것입니다. 이유는 성령님이 장악하시고 지배하시는데 시간이 걸리기 때문입니다. 의지를 가지고 성령의 역사가 자신을 지배하고 장악하시도록 영적인 활동을 지속적으로 해야 합니다. 그러면 성령께서 지배하고 장악이 되었기 때문에 독소가 녹아지면서 배출이 되어 한 순간 치유되니 시원하게 고쳐지는 것입니다. 목뼈에 끼어있는 독소들이 성령의 역사로 배출이 되었기 때문에 시원한 것입니다.

하나님은 마음의 상처와 스트레스로 형성된 독소를 성령의 역사로 녹여내라고 말씀하십니다. 많은 크리스천들이 세상을 살아오면서 받은 스트레스를 바로바로 해소하지 못하고 살아가는 것이 보통입니다. 이 스트레스가 쌓여서 사기 덩어리가 됩니다. 사기 덩어리란 나쁜 기운이 모여서 뭉쳐진 것입니다. 허리에 뭉쳐있기도 합니다. 그러면 당연하게 허리가 아프고, 허리 디스크가

되기도 합니다. 어깨에 뭉쳐있기도 합니다. 그러면 오십 견이나 견통이 생겨서 한쪽 팔이 올라가지 못하고, 어깨가 심하게 아프기도 합니다.

상처와 스트레스로 인하여 뼈와 신경에 응고된 사기덩어리는 인간적인 방법이나 의술로는 치유가 불가능합니다. 반드시 성령의 역사가 일어나야 치유가 되기 시작하는 것입니다. 많은 크리스천들이 관념적인 믿음생활을 합니다. 관념적인 믿음생활을 하면서 자신은 예수를 믿었으니 스트레스와 상관이 없고, 영적인 문제와 상관이 없다고 믿어버립니다. 그런데 알고 보면 관념적인 믿음생활을 아무리 열심히 해도 자신 안에 쌓여있는 스트레스가 해소가 되지를 않습니다. 자신 안에 스트레스는 잠재의식에 집을 짓고 있습니다. 앞에서 말씀드린 사기 덩어리가 되기도 합니다. 그런데 평상시에는 나타나지 않습니다. 나이가 들고 갱년기에 들어가 서서히 체력이 떨어지면 드러납니다. 그러나면 때는 늦습니다. 치유하는데 시간도 많이 걸리고 잘못하면 치유하지 못하는 불치병으로 진전할 수도 있습니다.

우리가 하나님께 큰 용서를 받았는데 우리에게 죄 지은 자를 용서하지 아니하면 우리 죄도 하나님이 용서하는 것을 취소해 버리겠다는 것입니다. 그리고 용서 안 해주는 만큼 고통의 감옥에 갇혀서 괴로움을 받겠다는 것입니다. 많은 사람의 고통이 약을 먹어도 낫지 아니하고 치료를 받아도 효과가 없고 괴로운 사람 많습니다. 또 많은 가정 문제, 사회 문제, 생활 문제, 기대하지 않은 고통이 다가오고 염려, 근심이 다가올 때가 많습니다. 그 때 우리가 늘 생각해야 될 것은 내가 내게 죄지은 자를 용서해 주지 않아서 하나님이 나에게 이런 고통을 가하는 것이 아닌 가 깊이 생각해 봐야 되는 것입니다. 용서하지 못하는 마음은 인간 영혼에 가장 강력한 독소로 작용하여 자신을 괴롭히고 인간관계에 불화와 갈등을 조장합니다. 또한 자신의 인격을 파괴하고 신체적인 병의 증상을 나타냅니다.

용서하지 못하는 마음은 독소가 되어 불면증, 변비, 소화불량, 두통, 면역력 저하, 암 등 질병을 유발한다고 합니다. 그러나 용서하지 못한 마음을 가질 때 가장 큰 피해를 보는 사람은 내 원수가 아니라 내 자신인 것입니다. 내가 마음속에 용서하지 못하고 원한을 품고 있으면 그것이 독을 받아서 내가 고통을 당하지 원수는 고통을 당하지 않습니다. 마음의 병은 육신의 병보다 더 아프고 괴로워 자살충동까지 느끼게 됩니다. 우리 삶의 기쁨과 행복을 앗아가는 마음의 병은 용서하지 못할 때 생기는 것입니다. 에베소서 4장 32절 우리 다 같이 한번 읽어 보십시다. "서로 친절하게 하며 불쌍히 여기며 서로 용서하기를 하나님이 그리스도 안에서 너희를 용서하심과 같이 하라"고 그렇게 말씀하신 것입니다.

용서하지 못한 마음을 가지고 그 독소를 가슴에 품고 새해를 또 맞이하면 새해 역시 고통의 굴레가 우리에게 떠나지 아니하고 괴로워하게 되는 것입니다. 그러므로 용서는 선행을 베푸는 것이 아니라, 내가 살아 나가기 위해서 절실하게 필요한 삶의 요소가 되는 것입니다. 복수와 앙갚음의 마음을 마음에 품고 있는 사람의 고통을 제가 읽어 본적이 있습니다. 어느 여학교 교장 선생

님인데 심한 관절염으로 굉장히 고통으로 밤잠을 못자고 몸을 잘 움직이지 못해요. 온갖 치료를 다 받고 약이라는 약은 다 먹어도 아무 효과가 없이 점점 관절염은 나빠집니다. 그래서 그는 교회 나가서는 목사님하고 상담을 했습니다.

목사님이 "혹시 마음속에 원한을 품고 있는 것이 있습니까? 미워하는 사람 있습니까?" 고개를 숙이더니 끄덕끄덕 했습니다. "누구를 미워합니까?" "우리 남편을 미워합니다." "얼마나 미워합니까?" "죽이고 싶도록 미워합니다." "남편하고 같이 삽니까?" "아니요. 10년 전에 이혼했습니다." "그런데 법적으로는 이혼했는데 마음으로는 이혼을 안 하고 있어요. 남편은 이혼해서 다른 여자하고 결혼해서 잘 살고 희희낙낙 하는데, 자기 혼자서 아직 남편을 놓아주지 못하고 마음에 품고 "이 죽일 놈아! 이 나쁜 놈아!" 항상 저주하고 욕을 하고 있는데 그 남편은 아무 고통도 안 당하는데 이 부인은 관절염으로 죽어가고 있었습니다. 그래서 목사님이 말했습니다. "빨리 이혼을 하세요." "아니 법적으로 했는데요?" "법적으로는 이혼했는데 마음으로 안했잖아요. 마음이 아침, 저녁으로 늘 품고 있잖아요. 남편을… 오늘 그 남편을 예수 그리스도 이름으로 회개하고 돌려보내세요. 바이! 바이! 하세요. 그래야 법적으로 이혼하는 것과 동시에 마음으로도 완전히 떠나보내야 되는 것입니다. 미워하지 말고 용서해서 가서 잘 살아라! 할렐루야 하고 보내세요." "못해요. 나는 못살아야지 잘사는 꼴 못 봐요." "그런다고 해서 못살 것 아닙니다. 당신이 못살게 돼요. 그 미움을 가지면 그 독이 당신의 심신을 괴롭히고 관절염을 괴롭히고 결국 당신이 못살게 되고 말아요. 그러므로 용서해 주세요." 그 목사님의 설득을 듣고서 엎드려서 "하나님, 우리 10년 전에 이혼한 남편을 내 마음에서 용서하고 떠나보냅니다. 예수님의 보혈로 씻어 주시고 가서 잘 살게 해주시옵소서. 하나님 아버지 미워하는 것을 회개합니다." 그 기도를 하고 난 다음부터 마음에 평안을 얻고 그 길로부터 관절염이 낫기 시작하여 얼마 있지 않다가 관절염이 다 사라지고 깨끗하게 되었다는 이야기를 읽어 본 것입니다. 백약이 무효이던 것이 용서하는 마음을 갖자 치료의 역사가 일어난 것입니다. 골로새서 3장 13절로 14절에 "누가 누구에게 불만이 있거든 서로 용납하여 피차 용서하되 주께서 너희를 용서하신 것 같이 너희도 그리하고 이 모든 것 위에 사랑을 더하라 이는 온전하게 매는 띠니라" 용서와 회개를 한 후에 성령의 임재가운데 뼈와 관절과 근육에 형성된 사기 덩어리를 녹여서 밖으로 배출해야 합니다. 반드시 밖으로 기침이나 하품이나 트림이나 울음 등으로 배출해야 합니다.

전북 익산에서 목회를 하시다가 받은 스트레스와 마음의 상처로 인하여 8년 동안 오십 견과 어깨 근육통증으로 고생하다가 치유 받은 목사님의 이야기입니다. 이 목사님이 우리교회에 치유의 능력을 받기 위해서 오셨습니다. 하루가 지나고 이틀이 지났습니다. 3일째 되던 날, 내가 오십 견이나 근육통으로 고생하는 분이 있으면 앞으로 나오라고 했습니다. 그랬더니 이분이 손을 들고 앞으로 나왔습니다. 나와서 나에게 이렇게 말했습니다. "목사님! 저는 목회 스트레스와 마음의 상처와 맺힌 응어리로 인하여 8년 동안 오십 견과 어깨 근육통증으로 오른쪽 팔을 사용하지 못합니다." 그래서 필자가 "성령께서 이 시간 치유하여 주실 것입니다." 그랬더니 이분이 비웃는 것입니다.

8년 동안 이 방법, 저 방법을 다 사용해도 낫지 않았는데 어떻게 금방치유 되냐는 것입니다. 내가 아무 소리도 하지 않고 어디가 아프냐고 하니까, 오른쪽 팔이라는 것입니다. 그래서 내가 어깨에 손을 대니까, '아~' 하면서 괴성을 질렀습니다. 아프다는 오른쪽 어깨에 손을 얹고 본인에게 호흡을 들이쉬고 내쉬라고 하면서 성령의 불을 집어넣었습니다. 어느 정도 성령으로 장악이 되었습니다. 원래 오십 견이나 근육통은 성령의 불을 집어넣어 성령이 장악되면 금방 치유가 됩니다. 그래서 내가 "목과 어깨를 잡고 팔과 연결된 신경과 인대 디스크는 제자리에 들어갈지어다." 하고 명령을 했습니다.

그러면서 성령의 감동을 받으니 성령께서 어깨에 뭉쳐있는 사기 덩어리에 악한 영이 잡고 압박하고 누르고 있으니 귀신을 성령으로 물리치라는 것입니다. 그래서 어깨를 잡아서 오십 견을 일으키는 귀신은 정체를 밝힐 지어다. 했더니 기침을 하면서 팔을 막 돌리다가 흔드는 것입니다. 성령께서 역사하시는 것이 눈으로 보였습니다. 그래서 성령님 더 강하게 역사하여 주옵소서. 하면서 계속 불을 집어넣으면서 강하게 역사하여 주실 것을 명령했습니다.

조금 지나니 팔 흔드는 것이 약해지는 것입니다. 성령의 권능에 의하여 오십 견을 일으키는 질병의 영이 제압을 당한 보증입니다. 내가 명령을 했습니다. "지금 이렇게 팔을 흔들었던 더러운 질병의 영은 떠나갈지어다." 하니까 기침을 사정없이 한 동안 했습니다. 기침이 잠잠해졌다. 그래서 목사님에게 팔을 올려보라고 했습니다. 그랬더니 어깨통증이 있어 올리지를 못하겠다는 것입니다. 그래서 내가 어깨에 손을 얹고 "어깨 통증을 일으키는 사기는 예수 이름으로 명하노니 떠나가라." 했더니 막 소리를 지르는 것입니다. 그러면서 기침을 했습니다. 필자는 계속 어깨에 손을 얹고 뿌리까지 빠질 지어다. 하면서 명령을 했습니다. 한 5분 동안 기침을 하다가 멈추었습니다.

그래서 목사님에게 팔을 올려보라고 했더니 머리위로 쑥 올리는 것입니다. 통증이 없느냐고 했더니 어깨에 통증이 조금 있다는 것입니다. 그래서 어깨에 손을 얹고 통증은 완전하게 치유될 지어다. 하고 한참 안수를 하고 팔을 올려보라고 하니 잘도 올리는 것입니다. 8년 동안 고생하던 오십 견과 어깨통증이 단 10분 만에 치유가 된 것입니다. 이렇게 스트레스와 마음의 응어리는 근육통을 일으키다가 팔을 마비시키기도 합니다.

뼈와 신경에 뭉쳐진 시기 덩어리를 치유하려면 성령의 임재 하에 마음에 맺힌 것을 풀어야 합니다. 마태복음 6장 14절로 15절에 "너희가 사람의 잘못을 용서하면 너희 하늘 아버지께서도 너희 잘못을 용서하시려니와 너희가 사람의 잘못을 용서하지 아니하면 너희 아버지께서도 너희 잘못을 용서하지 아니하시리라"고 했습니다.

15장 허리디스크를 유발하는 독소들과 배출

(잠 17:22)"마음의 즐거움은 양약이라도 심령의 근심은 뼈를 마르게 하느니라."

밝히 알아야 할 것은 뼈와 디스크에 끼어있는 독소는 세상방법으로는 배출이 한계가 있습니다. 세상방법은 육체에만 해당이 됩니다. 육체에 있는 독소만 배출이 가능하다는 것입니다. 예수를 믿는 사람이던지, 믿지 않는 사람이든지, 뼈와 디스크에 쌓인 독소는 영적이고 심리적인 독소입니다. 그렇기 때문에 세상방법으로는 배출이 한계가 있는 것입니다. 영적이고 심리적인 독소이기 때문입니다. 반드시 성령의 깊은 역사가 있어야 뼈와 디스크에 쌓인 독소가 녹아지고 배출이 되어 치유가 되는 것입니다. 세상방법으로 독소를 제거하고 나면 얼마 지나지 않아서 요요현상이 일어납니다. 이는 근본 원인 제공자인 영적이고 심리적인 독소를 배출하지 않았기 때문에 요요현상이 일어나는 것이라고 보는 것이 옳습니다. 뼈와 디스크에 쌓인 독소는 반드시 성령의 지배와 장악이 되어야 완전배출이 되어 디스크나 관절이 치유가 되는 것입니다. 허리나 목 디스크로 고생하다가 수술을 받습니다. 그러나 얼마가지 않아서 재발합니다. 이유가 디스크를 유발한 근본 원인 제공자인 영적이고 심리적인 독소를 배출하지 않았기 때문입니다. 그래서 목 디스크나 허리 디스크 수술을 받은 후에 성령으로 근본 원인 제공자인 영적이고 심리적인 독소를 배출해야 재발하지 않는 것입니다.

모든 질병의 대부분이 자율 신경의 부조화에서 나오는 경우가 많기 때문에 내 영이 무거운 죄 짐이나, 불평이나, 원망의 무서운 독소에서 자유 함이 있어야 합니다. 자율 신경의 조화는 주로 마음의 평안과 영의 기쁨을 항상 유지하게 됩니다. 자율 신경의 교감신경은 불안 좌절 분노, 등의 결과를 유발합니다. 반면 부교감신경은 주로 기쁨, 화평, 감사, 용서, 사랑, 절제, 인내, 자비와 양선과 충성과 온유함을 주관합니다. 그래서 하나님은 빌립보서 4장 4절에서 "주 안에서 항상 기뻐하라 내가 다시 말하노니 기뻐하라." 말씀하시는 것입니다.

포도나무의 가지가 원줄기에 붙어 있어야 합니다. 그와 같이 우리의 영적 생명과 성령의 역사는 생명의 근원 되시는 예수님에게 붙어 있어야 합니다. 그래서 예수님으로부터 영적 신령한 생명이 계속 공급을 받아서 끊임없이 흘러나오거나 솟아나야 합니다. 이러한 생명의 흐름이나 성령의 흐름이 성경에서는 기름부음이라는 표현으로 설명되고 있습니다. 이러한 예수의 생명이 흘러넘치는 역사가 충만하기 위해서는 속사람(영)이 강건해야 합니다. 이 속 사람은 자율신경의 부교감 신경에 주로 영향을 줍니다. 자율 신경의 조화를 이루지 못하고, 분노나 불안이나 좌절 등을 일으키면 위장, 간, 심장, 폐, 등 오장육부의 혈관 정맥, 근육 등에 뻗어 있는 자율 신경에 자극을 주게 되어, 신체에 이상을 일으키고 질병을 유발시킵니다.

모든 쓰라림과 원한은 첫째 분노로부터 시작, 이것이 신체에 공급되는 아드레날린을 지나치게 분비시킵니다. 신체는 분비된 아드레날린의 초과량을 흡수할 수 없습니다. 결과적으로 그것은 신장으로 가지만 그러나 신장은 이 초과량을 수용할 수 없습니다. 그 결과로 그것은 신체의 관절에 모여 관절염을 일으킵니다. 관절염을 앓는 사람은 자신의 삶을 성찰하고, 혹 다른 사람에 대한 쓴 뿌리와 용서하지 않는 마음을 품고 있는지 여부를 알아보라고, 성심성의로 충고하기 바랍니다.

뼈와 신경의 질병은 몸 안에 물과 염분이 부족하여 생기게 됩니다. 사람은 흙으로 만들었습니다. 고로 흙이 응고가 되려면 일정량의 물과 염분이 있어야 합니다. 우리의 몸은 젊은 사람의 경우는 70%이상이 물로 되어있습니다. 그래서 물을 많이 먹는 것이 좋습니다. 그리고 우리 몸 안에는 항상 0.8%의 염분이 있어야 합니다. 이를 조절하지 못하면 뼈와 신경에 문제가 생깁니다. 금식을 할 때에도 필히 염분을 섭취해야 합니다. 그리고 약물을 과다 복용할 경우 독소를 쌓이게 하므로 뼈와 디스크에 문제가 발생합니다.

또 어려서나 젊어서 고생을 많이 한 경우에 발생하기도 합니다. 내가 노인정에 능력전도 하러 다닐 때 뼈 신경에 질병이 있는 분들과 대화를 해본 결과는 이렇습니다. 젊어서 스트레스를 많이 받고, 먹고 살려고 머리에 짐을 이고 다니고, 속상하고, 고통 받으면서 이를 악물어서. 치아와 허리, 목, 무릎에 문제가 생겼다는 것입니다. 그래서 젊은 60대에 뼈 신경질병으로 고생하고 계셨습니다.

저는 허리 디스크로 15년 이상 고생을 하다가 치유 받고 신유의 은사를 받은 서석재 목사입니다. 허리 디스크로 사람노릇을 못하고 살았습니다. 어느 기도원장이 목회자가 되어야 하는데 사명을 감당하지 않아서 허리가 치유되지 않는다고 하여 신학을 시작했습니다. 그래서 목사가 되어 지금 교회를 개척하여 목회를 하고 있습니다. 우연한 기회에 인터넷에서 충만한 교회를 알게 되었습니다. 홈페이지에 기록되어있는 간증을 읽고 나도 치유를 받을 수 있다는 감동이 강하게 와서 신유집회에 참석하게 되었습니다.

신유집회에 참석하여 그동안 체험하지 못한 강한 성령의 불이 임하는 것을 체험을 했습니다. 내안에서 역사하는 악한 영들이 수없이 떠나갔습니다. 집회 마지막 날 강 목사님이 **뼈**와 신경 치유에 대한 강의를 마치시고 시범을 보이셨습니다. **뼈**와 신경과 근육에 있던 질병들이 그 자리에서 치유가 되었습니다. 나도 저렇게 순간 치유를 할 수 있는 은사를 주셨으면 좋겠다는 말이 저절로 나왔습니다. 허리 디스크로 고생하는 분 나오라고 해서 나갔습니다. 누우라고 하시더니 양발을 잡으시더니 오른 발이 길다는 것입니다. 그러고는 양발을 잡고 성령이여 임하소서, 하시면서 기도를 하셨습니다. 머리와 어깨에 임하시고 사로잡아 주옵소서, 그리고 허리도 사로잡아 주옵소서, 골반도 사로잡아 주시고, 온몸 약한 부위를 사로잡아 주셔서 치유하여 주옵소서, 하고 임재를 요청하셨습니다. 그다음에 허리 골반을 강하게 사로잡아 주시고 치료하여 주옵소서, 허리도 돌려주시고, 완전하게 치유하여 주옵소서, 하고 기도를 하니 내 다리가 한쪽씩 올렸다 내렸다 합니다.

골반이 나도 모르게 돌려집니다. 이제 허리를 만지시는데 목을 뒤로하여 머리가 땅에 닿게 하시는데 꼭 허리가 부러지는 것 같았습니다. 투두둑 투두둑 하며 뼈가 만져지는 소리를 요란하게 냈습니다. 저는 순간 이러다 허리 부러지면 어떡하나 하고 걱정을 하기도 했습니다. 그러다가 이제는 다리를 쭉 펴더니 손으로 발을 잡고 으으으 하면서 일어섰다, 앉아다, 하게하면서 진동을 하더니 서서히 진동이 약해졌습니다.

목사님이 다리를 잡고 허리를 돌리면서 "지금까지 괴롭혔던 허리 디스크를 일으키던 병마는 떠나갈지어다" 하시는 것입니다. 내가 기침을 한동안 막 합니다. 그러더니 휴우! 휴우! 소리가 나옵니다. 목사님이 일어나서 허리한번 만져 보세요. 아픈가, 일어서서 허리에 손을 잡고 허리를 돌려보았더니 하나도 아프지 않습니다. 10년을 괴롭히던 허리디스크가 깨끗하게 치유되었습니다. 할렐루야! 주님께 영광 돌립니다. 정말 나에게도 이런 은사가 나타나게 해달라고 기도를 쉬지 않고 했습니다. 주일날이 되었습니다. 오후 예배를 마치고 성령께서 뼈와 신경과 근육이 성도를 불러내어 안수를 하라고 감동을 하십니다. 그래서 선포를 했습니다. 뼈와 신경과 근육에 질병이 있는 분들은 종이에 병명을 써놓고 앞에 나와서 기도를 하라고 했습니다. 그랬더니 7명이 나왔습니다. 그래서 목사님이 가르쳐 준 대로 안수 기도를 했습니다.

막 성령의 역사가 일어나 기침을 하고 울고 했습니다. 모두 안수를 해주었습니다. 끝난 다음에 일일이 물어보았습니다. 아픈 부위에 통증이 사라지지 않고 그대로 있느냐고 질문했습니다. 그러자 신기하다는 것입니다. 조금 전만 해도 그렇게 통증이 심하다가 안수 받고 나니 모두 시원해 졌다는 것입니다. 어디서 능력을 받아 왔느냐는 것입니다. 충만한 교회에 가서 십오년 묶은 질병을 치유 받고 신유의 은사도 받은 것입니다. 하나님! 감사합니다.

다른 분의 간증입니다. 저는 허리디스크로 인하여 양쪽 다리가 아파도 제대로 걷지를 못했습니다. 병원에서는 수술을 하라고 하는데 한번 수술을 받았으나 치유되지 않고 재발하여 수술을 하지 않고 하나님의 은혜로 치유를 받기 작정을 했습니다. 치유를 받기 위하여 이곳저곳 신유집회를 하는 곳은 다 다녔습니다. 한 일년을 다닌 것 같습니다. 그러다가 충만한 교회 강요셉 목사님이 하나님의 은혜로 디스크를 잘 치유하신다고 들었습니다. 그래서 충만한 교회에 오게 되었습니다. 집회에 참석하여 은혜를 받았습니다. 이 일째 되는 날 말씀은 전하시고 찬양을 부른 후에 "아픈 곳이 있는 분은 나오시오!" 하고 말을 하는 것입니다.

그래서 내가 나갔습니다. 목사님이 "어디가 아프십니까?" 질문을 해서 양쪽 다리가 굉장히 아프다고 했습니다. 목사님이 저에게 누우라고 하고 양발을 잡고 발의 상태를 점검하는 것입니다. 그러면서 하시는 말씀이 오른쪽 발이 약 2센티 정도 길다는 것입니다. 그러면서 양쪽 다리를 들고 골반을 돌이면서 기도를 하셨습니다. 목사님이 다리를 잡고 기도를 했는데 갑자기 내가 머리를 바닥에 박고 몸이 활과 같이 휘어졌습니다. 순간 아 이렇다가 허리가 부러지면 어떻게 하지하며 은근히 걱정이 되었습니다. 막 투두둑 하는 소리가 나면서 빙글빙글 돌았습니다. 계속 돌았습니다.

목사님은 저의 발에 손을 얹고 있었습니다. 목사님이 연속적으로 성령님 강하게 역사하여 주옵소서, 하고 기도를 한 후에 계속해서 돌도록 내버려두셨습니다. 어느 정도 안정이 되자, 목사님이 허리디스크를 일으켜서 양다리가 아프게 한 질병의 영은 떠나가라 하고 명령을 하셨습니다. 그러니까 계속 활과 같이 휘어지면서 기침을 사정없이 했습니다. 허리디스크를 발생하게 한 악한 영은 예수 이름으로 명하노니 완전하게 해놓고 떠갈지어다. 하고 권위 있게 명령을 했습니다. 기침을 막하다가 잠잠해졌습니다. 일어서라고 하셨습니다. 목사님이 지금도 양발이 아프십니까? 하시는 것입니다.

그래서 통증이 순간 없어졌다고 대답을 했습니다. 그러면서 저에게 "어떻게 그렇게 허리 디스크가 발생이 된 것이냐?" 질문을 하시는 것입니다. 제가 몇 년 전에 건축 공사장에서 일을 했습니다. 공사장에 가면 난간 같은 곳에 쇠파이프를 많이 해놨습니다. 그가 거기를 지나가다가 그 쇠파이프에 이마를 정통으로 부딪쳤습니다. 얼마나 충격을 받았는지 허리까지 뒤로 재껴졌습니다. 그때 허리를 다친 것 같습니다. 그러니까 앉으라고 하셨습니다. 앉으니까, 그 때 공사장에서 놀랄 때 들어온 귀신을 떠나갈지어다. 명령을 하시는 것입니다. 막 기침을 사정없이 하면서 귀신이 떠나갔습니다.

목사님이 지금은 치유되어서 통증이 없어졌지만 다시 재발을 할 수가 있으니 몇 주더 다니면서 은혜를 받으라고 해서 6주 동안 다녔습니다. 지금 치유를 받은 지 일 년이 되었는데 아프지를 않습니다. 완벽하게 치유하여 주신 것입니다. 허리에는 척추가 있습니다. 우리 몸에서 가장 중요한 부분이 척추입니다. 우리 몸에 각종 기관에 연결되는 신경이 척추와 연결돼 있습니다. 공사장에서 척추를 다쳤을 때 다리로 내려가는 신경에도 영향을 받았기 때문에 아팠던 것입니다. 하나님이 아시고 안수할 때 하나님께서는 허리의 신경과 뼈가 제자리로 돌아오도록 하신 것입니다.

그리고 그때 놀랄 때 들어온 귀신이 성령의 역사로 떠나간 것입니다. 그래서 순간에 축귀를 받고 허리디스크가 치유되고 쇠파이프에 이마를 정통으로 부딪쳐 놀랄 때 들어왔던 귀신이 떠나가므로 순간 치유가 된 것입니다. 서울광진구 김순옥집사

16장 두통을 일으키는 독소들과 배출

(시 62:5)"나의 영혼아 잠잠히 하나님만 바라라 무릇
나의 소망이 그로부터 나오는 도다"

하나님은 스트레스로 인해서 몸속에 독소가 쌓여서 발생한 만
성 두통을 치유하십니다. 지금 세상에는 만성 두통으로 고생하는
사람들이 많습니다. 두통이 시작되면 아무 것도 못하는 악성 두
통 환자도 많습니다. 이는 세상 살아가기가 어렵기 때문입니다.
여기에는 예수를 믿는 성도도 예외가 되지를 않습니다. 상당수의
크리스천에 만성두통으로 고통을 당합니다.

현대인들은 혈통의 유전, 저하된 위 기능, 심장의 불균형, 대장
의 독소, 신장의 무력 등의 여러 가지 이유로 편두통을 앓고 있습
니다. 하지만 정확히 편두통 원인에 대해 모르는 경우가 많습니
다. 검사를 통해서도 딱히 문제가 발견되지 않을 때에는 치료가
더욱 어렵습니다. 때문에 환자들은 편두통 치료에 있어서 두통약
을 최선이라고 생각하게 됩니다. 하지만 두통약만 먹는다고 편두
통이 치료가 되지는 않습니다. 무엇보다 자신의 생활 속에 어떠
한 문제가 편두통을 일으키는지 정확히 알아야 할 필요가 있습니
다. 충만한 교회 집사님이 편두통으로 고생하면서 정상적인 생활
을 하지 못하고, 교회를 나오지 못할 지경에 이르렀습니다. 필자
가 전화하여 집중치유에 참석하도록 하여 안수기도 했더니 2시
간 만에 완전치유가 되었습니다. 근본원인을 제공하는 위장을 다

스리라고 권면했습니다. 소화가 잘되는 음식을 드시라고 말했습니다. 이렇게 성령으로 충만하여 영적인 치유를 하면 순간적으로 치유가 될 수가 있습니다. 많은 분들이 두통은 참고 넘기면 되는 질환이라고 여기는 경향이 강합니다. 두통약이면 된다는 안이한 생각으로 증상을 키우는 경우가 많습니다. 두통은 심각한 질환입니다. 우리가 쉽게 무시하고 넘어가는 생활습관 중에는 식습관이 편두통의 발생에 큰 영향을 주기 때문입니다.

세계두통협회에서 두통은 불치병이라고 정의를 내렸습니다. 진통제로 일시적 진정 효과밖에는 거둘 수 없으므로 두통은 고칠 수가 없다고 단정해 버렸습니다. 머리가 깨질 것 같이 아파서 병원에 찾아가 MRI 사진을 찍어보아도 아무것도 안 나오고, 머리가 막 깨지는 것처럼 아픈데도 아무것도 안 나오니까 증거가 없다는 겁니다. 증거가 없으니까 두통은 병이 아니고, 증상이라고 최신 이론은 말합니다. 통증이 사진에 나올 리가 있나요. 그래서 두통은 못 고치는 것으로 되어있습니다.

회사생활의 스트레스와 피로누적, 컴퓨터나 휴대전화를 자주 이용하는 현대인들은 두통으로 한 번씩은 고생해본 경험이 있을 것입니다. 두통이 심한 경우에는 일상생활에도 지장을 주게 되며, 임시방편으로 진통제를 먹어봐도 소용이 없는 경우가 있습니다. 두통은 머리를 조이는 것과 같은 통증이 오기도 합니다.

뒷목부터 머리 전체가 아프기도 합니다. 전체 인구의 70~80%가 겪는 두통의 원인과 치료방법에 대해 알아보겠습니다. 두통은 소뇌 기능의 부조화로 인해서 우리 몸이 균형감각을 잃어버리게 되어 나타나는 현상으로 어지러움 증을 느끼게 됩니다. 두통은 스트레스성 두통, 긴장성 두통, 근육성 두통, 약물의존성 두통 등이 있는데 이러한 두통이 나타나는 원인은 모두 제각각 입니다.

첫째, 두통의 원인. 두통은 여러 가지 원인이 있을 수 있습니다. 뒷목이나 어깨, 허리 연부조직이 손상되어 두통이 나타날 수 있고, 화병이나 스트레스, 과로, 가슴 답답함 같은 심리적 원인으로 인해 두통이 나타날 수도 있습니다. 그리고 소화기능에 문제가 있거나, 소화불량, 변비, 간기능 장애로 인하여 두통이 생길 수도 있습니다. 순환이 잘 되지 않아 독소가 쌓여있고 독소기 혈 행 불안정이나 뇌압이 상승하는 경우 두통이 생길수도 있습니다. 그리고 여성들은 생리 전후에 두통이 발생하기도 하며, 임신을 했을 때 임신증상으로 두통을 지속되는 경우도 있습니다. 술이나 담배, 초콜릿 등 특정음식물로 인하여 두통이 생기는 사람들도 있습니다.

둘째, 두통 증상. 두통을 겪게 되면 머리의 통증과 함께 어지러움(달팽이관 이상시)이 느껴집니다. 눈이 침침하고 눈이 아픔을 느낍니다. 오심을 하거나 구토를 동반합니다(소화장애인 경우). 또 귀가 멍하거나 식욕부진, 의욕상실, 무기력, 피로, 소화불량, 요통 식은땀을 동반하기도 합니다. 이렇게 두통은 일상생활을 방해하는 요소로 두통이 나타나는 증상을 잘 파악하여, 원인을 제거해야 다시 두통에 시달리지 않습니다.

셋째, 부위별 두통

1) 윗머리 통증: 머리 위 정수리 부위의 통증은 정신적, 육체적 쇼크로 인한 경우와 뇌종양이나 순환기 문제를 체크해야 합니다. 한의학적으로는 분노와 같은 감정으로 화기가 머리까지 올라가기 때문에 발생하는 것입니다.

2) 앞머리 통증: 감기나 축농증, 비염, 술, 담배 등으로 발생하는 두통입니다.

3) 뒷머리 통증: 고혈압이나 혈관계의 질환이 있는 경우, 한의학적으로 신장기능이 허약할 때 발생합니다.

4) 편두통: 삼차신경통이나 중이염, 소화기 장애, 머리가 피로할 경우 발생합니다. 한의학적으로는 간장이나 담낭 기능의 이상 상태를 나타냅니다.

넷째, 두통의 치료. 만성 두통이나 편두통을 치료받고 있는 환자가 나날이 늘고 있습니다. 인구의 10%가 이러한 두통으로 고생을 한다고도 이야기를 합니다. 치유집회에 오시는 두통 환자가 늘어나는 것을 보아도 두통에 대한 환자 층은 점점 더 늘어나는 것 같습니다. 현대 의학이 그렇게 발달을 하는데 왜 두통은 극복이 안 되는 것일까요? 이는 원인을 알 수 없다고 하는 두통이 있기에 그렇습니다. 우리는 오직 진료 장비에 의존하여 두통을 진단합니다. 그래서 뇌에 이상이 없으면 두통의 원인을 알 수 없다고 하는 것입니다. 하지만 실제로 두통은 뇌 내의 문제만은 아닙니다. 신체의 각 장부가 그 기능을 제대로 못하여 일어나는 것입니다. 간이나 위의 기능 혹은 신장의 기능 등등…. 아무리 만성 악성 두통이라도 반드시 원인이 있습니다. 그런데 병원에서 하는 MRI 검사로는 나타나지 않습니다. 성령으로 충만한 가운데 지식의 말씀의 은사로 원인을 진단하여 찾아야 합니다.

한 예로 평소에 머리가 심하게 두통이 와서 오신 한 환자분이 있었습니다. 이분은 하루에 2회 정도 머리가 아파오는 증상이 심하게 나타나 활동을 거의 못하는 정도라고 했는데 병원에서 진단을 해보아도 원인을 알 수가 없다고 한다는 것입니다.

이분을 영적진단을 해본 결과 낸 결론은 위장의 기능 저하로 담이라는 물질이 생성되어 이것이 혈액을 따라 돌아다니다가 머리 혈관에 영향을 미치기에 두통이 생기는 것 이었습니다. 평소에 위장이 좋지 않아 소화가 잘 안되고 식사 후에 두통이 나타난다고 하니 그렇게 진단을 한 것입니다. 진단에 따른 치료는 성령을 체험하게 하고 내적치유를 했습니다. 뼈, 신경치유로서 위장과 연결된 신경을 치유했습니다. 이에 환자는 3개월의 치료로 두통에서 벗어날 수 있었고, 일상생활을 이제 무리 없이 영위할 수 있게 되었습니다.

두통 치료는 말씀과 성령으로 일단 막힌 곳을 뚫어주어야 합니다. 그리고 내적치유와 뼈, 신경 치유로 소화기나 간의 기능을 개선시켜야 하고, 성령으로 몸의 나쁜 기운을 몰아내야 합니다. 동시에 내 스스로 병을 극복할 수 있도록 영성을 만들어주어야 합니다. 우리는 흔히 과도한 스트레스를 받으면 목이 뻐근하거나 혹은 어지럼증, 만성피로, 두통 등을 호소하는 경우가 있는데, 이러한 것이 얼마나 위험한 것인지 모릅니다.

다섯째, 만성 악성두통 영적치유. 앞에서 간증을 들어서 아시겠지만 만성두통은 민간요법으로는 치유가 불가능합니다. 반드시 영적인 치유를 해야 완치가 가능합니다. 본인은 이런 순서로 만성 두통을 치유합니다.

1) 성령을 체험하게 한다. 성령을 체험해야 정확한 원인을 알 수 있습니다. 성령으로 치유되기 시작하는 것입니다. 성령의 체험은 말이 아니고 실제로 몸으로 느끼는 것입니다. 성령을 체험하려면 예수를 마음으로 믿고 입으로 시인해야 합니다. 뜨겁게 기도해야 합니다.

2) 원인이 무엇인지 진단한다. 원인이 영적인 것인지, 육적인 것인지를 먼저 진단합니다. 두통이 일어나는 증상이 여러 가지가 있기 때문에 정확한 진단을 하여 원인을 바르게 알아야 바른 처방이 가능합니다. 원인은 성령님이 알고 계십니다.

3) 원인에 따라 치유를 한다. 원인이 혈통의 유전, 저하된 위 기능, 심장의 불균형, 대장의 독소, 신장의 무력 등 있다면 해당 분야를 원인을 해결하는 조치를 합니다. 먼저 내적치유를 합니다. 두통의 원인을 제공하는 해당 장기에 연결된 뼈와 신경치유를 합니다. 필요하면 축귀를 합니다. 환자를 성령으로 충만하게 하고, 의지를 가지고 치유를 받도록 권면합니다. 만성두통의 치유는 단기간에 되지 않습니다. 상당한 기간 동안 말씀을 들으면서 말씀과 성령으로 내적치유를 하면서 두통의 원인을 제거합니다. 무엇

보다도 성령이 충만하여 약한 부분이 강해지도록 합니다. 의지를 가지고 성령으로 체험하며 성령으로 기도를 해야 합니다.

4) 의지를 가지고 치유한다. 하나님은 질병을 치유하는 것이 목적이 아니라, 질병을 통하여 성도를 영적으로 바꾸려고 하십니다. 고로 성도가 만성 두통을 치유 받으면서 영적으로 변하게 해야 합니다. 말씀을 듣고 성령으로 충만하여 생각이 바뀌고 믿음이 생기게 합니다. 반드시 치유된다는 의지가 중요합니다. 이렇게 의지를 가지고 치유를 지속적으로 하면 아무리 오래된 악성 두통이라도 치유가 됩니다. 절대로 의심하면 안 됩니다. 치유는 무엇보다도 정확한 원인을 진단하는 것이 중요합니다. 혈통의 유전인가, 아니면 특정한 장기에 문제가 있어서 발생했는가, 정확한 원인을 찾는 것이 중요합니다. 한의원에서도 만성두통을 치유하는데 4-6-12개월씩 걸린다고 합니다. 이렇게 오랫동안 치유를 해도 치유되지 않는다고 합니다. 영적으로 치유할 때 성령께서 알려주시는 방법으로 치유하면 순간 치유가 됩니다.

악성 두통을 치유 받은 간증입니다. 저는 몇 년 전부터 악성두통으로 사람구실을 제대로 못하면서 살아왔습니다. 119 구급차도 세 번이나 탔습니다. 그래서 서울대 병원에 가서 M.R.I 도 두 번이나 찍었는데 아무런 이상이 없었습니다. 그런데 그렇게 두통이 심해서 사모 노릇을 거의 하지를 못하면서 지냈습니다. 그러니 남편 목사님이 저를 치유 받게 하려고 별별 곳을 다 데리고 다녔습니다. 그러나 치유 되지를 않았습니다. 그러다가 어느 기도원 목회자 치유세미나에 참석하여 강요셉 목사님을 만났습니다. 목사님을 만나서 저의 남편목사님도 내적치유를 받아야 한다는 것을 알게 되었습니다. 저도 남편 목사님도 그때까지 내적치유가 무엇인지 몰랐습니다. 강요셉 목사님이 기도원에서 제가 고생하는 것을 보시고 남편목사님과 저를 안수하여 주시면서 내적치유에 대하여 알려주셔서 알게 되었습니다. 알고 보니 저뿐만이 아니고 남편에게도 상처가 말도 못하게 많다는 것을 알았습니다. 솔직하게 말씀드리면 저의 남편과 결혼한 이후로 한 번도 마음이 편안하게 살아본 경험이 없습니다. 율법주의 목사님이라 이것저것 행위를 가지고 저를 힘들게 했습니다. 개척교회를 하는데 성도가 주일날 오지 않으면 저에게 화풀이를 다합니다. 왜 오지 않았는지 전화해 보았느냐, 무슨 일이 있느냐, 오늘은 왜 이렇게 성도들이 오지를 않았느냐 하면서 그렇게 저를 힘들게 하고 상처를 받게 했습니다. 그 스트레스가 쌓이고 쌓이다가 보니까, 저에게 우울증이 왔습니다. 악성 두통이 생겼습니다. 밤에 잠을 제대로 자지를 못했습니다. 그래서 치유 받으러 갔다가 강요셉 목사님을 만난 것입니다. 강요셉 목사님의 이야기를 듣고 매주 충만한 교회에 가서 치유를 받았습니다. 치유를 받다가 보니까, 저도 저인데 남편 목사님이 영적으로 변하는 것입니다. 저의 교회 성도들이 저보고 하는 말이 목사님의 찬송소리가 달라졌다는 것입니다. 너무나 은혜로워졌다는 것입니다. 말씀도 너무나 은혜롭고 정말 옛 날하고는 딴판으로 목사님이 달라지는 것입니다. 그러면서 제 마음에 평안이 찾아오는 것입니다. 머리 아픈 것이 사라졌습니다. 우울증이 사라졌습니다. 이제 잠도 잘 잡니다. 그래서 참 평안을 찾았습니다. 이제 마음에 여유가 생겼습니다. 기도도 몇 시간을 할 수 있게 되었습니다. 사람을 보면 심령이 읽어집니다. 예언의 은사도 나타났습니다. 지금 생각하면 목사님이 상처가 정말 많았습니다. 부교역자를 가면 일 년을 채우지 못하고 나옵니다. 그래서 여덟 곳을 다니면서 부교역자를 했습니다. 그러니 마음에 얼마나 많은 분노가 쌓여 있었겠습니까? 그 분노 때문에 그렇게 저를 힘들게 하고 다른 사람에게 은혜를 전하지 못한 것입니다. 먼저 성령님의 인도로 강요셉 목사님을 만나게 되어 감사드립니다. 그리고 치유하여 주신 성령하나님에게도 감사를 드립니다. 제가 지금 치유 받고 생각 하니 목회자는 내적치유와 내면세계를 알아야 합니다. 당신도 말씀 말씀하지 말고 영적인 눈을 열어 내면세계에도 관심을 가지시기를 바랍니다. 저의 남편 목사님은 교계에서 인정하여 주는 신학대학과 대학원을 나온 장자 교단의 목사님입니다. 그런데 저로 인하여 치유에 관심을 갖다가 지금은 너무도 많이 영적으로 변했습니다. 하나님에게 영광을 돌립니다. 인천 새로운 교회 박은영사모.

17장 아토피를 일으키는 독소들과 배출

(시 62:5)"나의 영혼아 잠잠히 하나님만 바라라 무릇
나의 소망이 그로부터 나오는 도다"

하나님은 모든 질병을 치유하시는 분입니다. 지금 세상에는 아
토피피부염으로 고생하는 사람들이 많이 있습니다. 어른이나 아
이나 할 것 없이 아토피피부염으로 밤잠을 못자면서 고통 하는 사
람들이 많습니다. 필자가 성령치유하면서 체험한 바로는 잠재의
식에 스트레스로 인하여 몸속에 독소가 쌓여서 영-혼-육이 정상
기능을 발휘하지 못하기 때문에 아토피 피부병이 발생한다는 것
입니다. 한마디로 내면이 부실하기 때문에 피부병이나 아토피피
부병이 발생한다는 것입니다. 그렇기 때문에 피부만을 관리하려
고 하지 말고 잠재의식의 상처를 치유하면서 몸속의 독소를 밖으
로 배출해야 피부가 건강해진다는 것입니다. 제가 지난 세월동안
성령치유 사역을 하면서 체험한 바로는 성령으로 충만한 가운데
내면의 상처를 치유하니 아토피피부염으로 몇 십년간 고생하던
사람이 깨끗하게 치유되더라는 것입니다. 어떤 아이는 안수 두 번
받고 깨끗하게 치유되는 것도 보았습니다. 알아야 할 것은 아토피
피부병은 피부에 문제가 아니라, 잠재의식의 상처로 인하여 내분
비계통(內分泌系統)이 비정상적이라 혈액이 탁해져서 생기는 병
입니다. 그렇기 때문에 피부에 아무리 약을 많이 발라도 치유되지
않고 잠재의식의 상처를 치유해야 치유가 되는 것입니다.

50여 년간 아토피피부염으로 고생하다가 치유 받은 분은 간증입니다. 할렐루야! 주님께 감사드립니다. 충만한 교회 전인치유 훈련을 통하여 많은 은혜를 받았습니다. 우선, 15년간의 목회사역을 통하여 몸과 마음이 많이 피폐해져서 힘든 상태였습니다. 몸과 마음이 병들어 목회를 포기하려는 상태였는데 성령치유 훈련을 통하여 치유 받고 새 힘을 얻었습니다. 특히 50여 년간 태아 때부터 아토피피부염으로 고생을 많이 했는데 치유를 받았습니다. 소문을 듣고 이곳에 와서 시간, 시간, 성령님의 강한 불의 역사로 고질적인 피부병이 깨끗이 나았습니다. 몸속의 독소가 배출되면서 지긋지긋하던 아토피피부병이 고쳐진 것입니다. 하나님께 영광을 돌립니다. 참고로 이 피부병으로 좋다는 피부병 약, 병원을 수 없이 많이 다녔지만 순간적으로는 나은듯하다가 다시 재발하고 더 심해지기도 했습니다. 강요셉 목사님이 날마다 하시는 말씀이 하나님의 말씀에는 불치의 병이 없다는 말씀이 맞습니다. 하나님은 지금도 신유의 역사를 일으키십니다. 하나님의 살아서 역사하십니다. 하나님 정말로 감사합니다. 이선애 선교사.

첫째, 아토피피부염의 발생요인 4가지. 아토피피부염은 환경요인에 의해 증상을 나타내는 환경성 질환의 대표적인 예로 널리 알려져 있습니다. 그러나 증상으로 이어지기 위해서는 기본적으로 유전적 소인을 가지고 태어나야 합니다. 그리고 출생 후 면역 반응형태가 알레르기를 잘 일으킬 수 있는 방향으로 틀을 잡아야 합니다. 이 과정은 출생 직후의 위생 상태에 의해 결정됩니다. 그리고 환경으로부터 신체를 보호하는 방어 능력이 취약한 상태에서 환경요인에 노출되어야 합니다. 요약하면, 아토피피부염은 다른 알레르기들과 마찬가지로 유전적 요인, 출생환경에 따른 면역 반응형태, 환경요인 그리고 미숙한 방어기능의 4가지 조건을 가지고 있어야 발생합니다.

1) 유전요인: 아무리 아토피피부염을 일으킬 수 있는 환경에 노출되었다 해도, 모든 사람이 증상을 나타내지는 않습니다. 이는 아토피피부염(알레르기)증상을 나타내기 위해서는 우선 유전적 성향을 가지고 태어나야 한다는 증거입니다. 최근에 발표된 아토피피부염 발생에 관한 연구결과를 보면, 생후 1년 내에 아토피피부염 증상을 나타낸 경우가 20.1%였습니다. 이중 부모 모두 알레르기 질환의 병력을 가지고 있는 경우에는 발생률이 41.7%이었고, 엄마만 있을 경우에는 30.7%, 아빠만 있을 경우에는 22.2%, 부모 모두 없는 경우에는 14.7%였습니다.

알레르기 가족력 유무에 따른 생후 1년간 아토피피부염 발생률

알레르기 가족력	조사 대상자 수	환자 수	발생률(%)
부모 모두 있음	24	10	41.7
아빠만 있음	81	18	22.2
엄마만 있음	104	32	30.7
부모 모두 없음	333	49	14.7
전 체	542	109	20.1

*생후 1년간 아토피부염 발생에 관한 코호트 연구(2008년)

이렇게 부모의 알레르기 질환 유무에 따라 발생빈도가 낮아지는 것은 아토피피부염의 발생에는 유전적 요인이 크게 관여한다는 것을 시사하고 있습니다. 특히 엄마의 유전적인 요인이 아토피피부염 발생에 더 깊게 관여한다는 것도 알 수 있습니다.

따라서, 알레르기 증상을 가지고 있는 부모에게서 태어난 아이들은 아토피피부염(알레르기) 질환의 발생 위험성이 높기 때문에 특히 예방과 관리에 각별한 배려가 필요합니다.

2) 출생위생환경: 유전 요인을 가지고 태어났더라도 아토피 증상이 반드시 나타나는 것은 아닙니다. 우리의 신체 면역반응이 알레르기를 잘 일으킬 수 있는 형태로 자리를 잡아야 합니다. 위생상태가 좋은 장소환경에서 태어난 아기가 아토피피부에 걸릴 확률이 높다고 하여, 이를 위생학설이라고 합니다. 이 학설로 환경위생 상태가 양호해진 최근에 알레르기 질환이 부쩍 증가하고 있는 이유를 설명할 수 있습니다. 그래서 아토피피부염을 문화병 또는 선진국병이라고 부르기도 하나 봅니다. 과거에는 출생환경이 위생적이지 못한 경우가 허다하여 갓 태어난 아기들은 우선 주위의 세균으로부터 자신을 보호하기 위한 방향으로 면역반응의 틀을 잡았습니다. 이를 Th-1형 면역반응이라고 합니다.

그러나 요사이와 같이 출생 위생환경이 매우 좋은 상태에서는 세균에 대한 면역반응의 필요성이 적어서인지 아기의 면역반응은 알레르기를 일으키기 쉬운 방향으로 틀을 잡게 됩니다. 이를 Th-2형 면역반응이라고 합니다. 세균에 대한 Th-1형 면역반응은 면역글로불린-G를 만들게 되고 이 면역글로불린은 세균을 기억하여 처리하는 능력이 있어 우리 신체는 같은 균에 다시 문제를 일으키지 않게 됩니다. 이를 면역이라고 하고 이러한 성질을 응용하여 예방접종법이 개발되었습니다. 홍역에 한번 걸렸거나 호역예방주사를 맞으면 홍역에 다시 걸리지 않는 것이 대표적인 예입니다. 그러나 알레르기와 연관된 Th-2형 면역반응은 면역글로불린-E를 만들게 되고, 이 면역글불린은 알레르기현상을 주도하는 세포(비만세포)를 자극하는 성질이 있어 원인물질에 노출될 때마다 증상이 심하게 나타나게 됩니다. 이를 과민성 반응이라고 하고 알레르기 반응이라고도 합니다.

3) 환경요인: 이렇게 아토피피부염을 일으킬 준비가 되어 있는 상태라도 원인에 노출되지 않으면 증상이 나타나지 않습니다. 아토피피부염의 발생 원인으로는 주로 식품과 환경오염이 있습니다. 최근에 아토피피부염의 발생빈도도 높아졌고, 증상이 자연히 사라져야 할 나이인 2~3세가 지나서도 아토피피부염이 지속되는 경우도 많아졌습니다. 증상도 예전에 비해 심한 경우가 많습니다. 이는 식품개발과 산업화에 따른 환경오염으로 환경이 매우 다양해졌다는 현실에서 그 원인을 찾을 수 있습니다.

예전에는 주로 아기들을 모유로 키웠다면 요즈음은 모유 대신 분유로 키우는 경우가 많아졌고, 단순하던 이유식이 매우 다양한 식품으로 구성됐다는 것, 환기가 원활하지 않고 오염물질이 가득한 실내에서 거주하는 시간이 길어졌다는 것과 이로 말미암아 피부환경도 크게 변했다는 점 등이 아토피피부염을 부추기고 있다고 할 수 있습니다.

실제로 계란이나 우유, 밀과 같이 우리가 흔히 먹는 식품으로 증상이 나오기도 하고, 새집에 입주하여 증상이 나빠졌다는 이야기를 듣기도 하고, 새 가구를 장만했을 때 증상이 악화되었다는 이야기를 흔히 듣기도 합니다. 그리고 이와는 반대로 낡고 오래된 시골집을 방문하였을 때 증상이 더 악화되었다는 이야기를 듣기도 합니다. 이렇게 상반된 이야기에서 아토피피부염의 발생에 관여하는 환경요인은 단순하지 않고 복합적일 것이라는 생각을 하게 됩니다.

4) 신체방어기능의 미숙함: 유전요인을 가지고 태어난 아기가 알레르기 면역반응에 대한 준비가 되어 있고 환경요인에 노출되었더라도 증상이 반드시 나타나는 것은 아닙니다. 우리 신체는 환경요인으로부터 우리를 보호하려는 방어능력을 가지고 있기 때문입니다. 어리면 어릴수록 신체구조 및 방어기능은 미숙합니다. 그래서 신생아와 영유아는 성인에 비해 환경요인의 영향을 더 쉽게 받게 됩니다. 이것으로 아토피피부염이 돌 전후에 집중적으로 많이 발생하고 또 심하게 나타나는 이유를 설명하고 있습니다. 그리고 나이가 들면서 방어능력이 성숙하게 되면 증상이 차츰 사라지거나 약해지는 과정도 이것으로 설명하고 있습니다. 이런 현상에서 면역조절기능과 신체구조를 포함한 신체방어능력의 미숙함이 아토피피부염 발생에 매우 중요한 원인이 된다는 것을 알 수 있습니다.

둘째, 아토피피부병이 발생하는 근본원인. 아토피피부병이 발생하는 원인은 血液(혈액)이 탁 해서입니다. 혈액 속에 산성성분이 많으면 혈액이 끈끈하고 탁해 집니다. 혈액은 먹은 음식에 의해서 만들어 집니다. 먹은 음식이 위장에 들어가서 산도가 높은 위액을 분비시켜 음식을 분해하고 그 위액에 의해 분해 된 산성 음식물이 죽 상태에서 십이지장으로 내려가서 쓸개즙과 췌장에서 분비된 인슐린을 통해 알카리 성분 물질로 바뀌면서 소장으로 내려가서 포도당. 나트륨. 칼륨. 칼슘. 마그네슘 등 인체가 필요로 미네랄이 풍부한 건강한 혈액을 만들고 찌꺼기는 신장과 방광을 통해 소변으로 배설하게 되는데 신장과 방광을 통해 배설되지 못한 요산이 혈액과 섞여서 순환하다가 피부세포모세혈관을 통과할 때 피부세포모세혈관 모공을 통해 들어온 세균에 의해 피부에 염증을 일으켜 가려움증이 나타나는 것입니다.

아토피피부병은 내부적인 문제로 발생하는 것으로 겉 표면 피부에 연고를 바른다고 해결되지 못 합니다. 아토피 피부병치료와 예방은 혈액에 부족한 미네랄 성분을 보충해서 백혈구 적혈구 활동을 활발하게 해주어야 합니다. 혈액에 미네랄 함량이 부족하면 혈액은 묽게 되고 썩게 됩니다. 썩는 곳에 세균이 서식하는 것처럼 염증을 일으키면서 세균에 의해 가려움 등 피부병이 나타나는 것입니다. 하나님은 레위기 17장 11절에서 "육체의 생명은 피에 있음이라" 하십니다. 인체의 혈액은 바닷물과 같아서 바다 물은 96%가 수분이고 3.6% 염분이며 0.4% 가 미생물 미네랄로 구성되어 있어서 온 세상의 쓰레기와 오염된 물을 받아 드리면서 썩지 않게 유지하고 있습니다. 마찬가지로 인체의 혈액도 바다물 같이 수분과 염분과 미생물 미네랄이 0.4%를 유지해야 백혈구 적혈구의 활동이 활발해져 호흡기와 모공을 통해 들어오는 각종 세균을 방어하면서 아토피피부병이 발생하지 않게 됩니다.

아토피 피부병을 고치려면 혈액 속에 나트륨, 칼륨, 칼슘, 마그네슘 등 미네랄을 항상 유지해야 합니다. 포화지방산이 많은 쇠고기나 우유 등 육류와 인스턴트식품과 음료를 끊는 것이 좋습니다. 식이섬유질이 풍부한 무, 배추 잎을 말려서 만든 쓰레기 나물과 미역 다시마 등과 현미와 쌀을 7대 3으로 해서 밥을 해서 먹습니다. 저 염도(9번 구운 소금)를 2g을 타서 한 컵씩 매일 2리터를 약100일을 들면 혈액이 정화되면서 적혈구 백혈구 미생물 활동이 활발해져 모공을 통해 들어온 세균을 방어하여 아토피피부병이 발생하지 않게 됩니다.

셋째, 아토피는 피부병이 아닌 알레르기 질환? 피부 보다 근본 원인에 주목하는 아토피 치료법예전에는 아토피 하면 으레 어린 아이들이나 앓는 병이라고 생각했습니다. 그러나 요즘은 청소년이나 성인도 아토피를 앓고 있습니다.

질병관리본부가 2011년 발표한 바에 따르면 최근 15년간 (1995~2010년) 아토피 피부염을 앓는 청소년(13~14세)이 4.0% 에서 12.9%로 3.2배 증가했다고 합니다. 환경오염과 스트레스, 아토피의 원인이 될 수 있는 요인은 점점 늘어나고 있습니다. 그렇다면 무엇이 아토피일까? 흔한 피부질환과 아토피를 구분하는 다음 사항들을 체크해보세요. ①이마, 뺨, 눈 주위에 각질이 일어나거나 좁쌀 같은 것이 빨갛게 돋아난다. ②목, 특히 턱 아래와 뒷목 등의 피부가 붉어지고 각질이 자주 생긴다. ③겨드랑이, 팔, 무릎 등 접히는 부위의 피부가 거칠고 가렵다. ④자는 동안 가려움증을 느껴 자주 긁고 잠을 설친다. ⑤특정 음식을 먹은 뒤 몸이 가렵거나 이상 증세를 보인다. ⑥특정 물질이 닿으면 피부가 빨갛게 변한다. ⑦천식, 비염, 결막염 등 알레르기 질환이 있다. ⑧가족 중에 아토피를 경험했거나 알레르기 체질인 사람이 있다. ⑨땀을 흘리면 피부가 가렵거나 따갑다. 수영을 하고 나면 피부가 가렵거나 따갑다.

9가지 항목 중 다섯 가지 이상에 해당된다면 아토피일 가능성이 높습니다. 위의 내용처럼 아토피의 증상은 주로 피부 병변으로 드러납니다. 증상에 따라 가려움증, 진물, 딱지 등이 번져나가는 습윤형, 각질이 일어나는 지루형, 피부가 지나치게 건조해 습진화 되는 건조 형으로 분류됩니다. 따라서 우리는 피부에 상처가 생기면 으레 연고를 바르듯, 아토피 약으로도 주로 피부 연고를 떠올립니다. 피부에 약을 바름으로써 아토피가 낫기를 바라는 것입니다. 하지만 위의 항목에서 주목해야할 부분은 바로 '알레르기'입니다. 특정 물질에 대한 이상 반응, 타 알레르기 질환의 보유 여부, 알레르기 가족력 등은 아토피 피부염을 판단하는데 중요한 근거가 됩니다.

아토피는 단순한 피부 질환이 아니라 알레르기 질환이기 때문입니다. 부모 중 어느 한 쪽이 알레르기 체질이거나 아토피일 경우 아이가 아토피일 확률은 60%이고, 부모 모두 아토피일 경우는 80%나 됩니다. 물론 아토피는 한 가지 원인으로 생기는 병이 아닙니다. 복합적이고 다양한 원인으로 나타나고 갈수록 범위도 확대되고 있습니다. 그러나 여기서 말할 수 있는 것은 알레르기 가족력이 있는 사람이 특정 환경의 영향을 받을 때 폐에 열이 쌓여 폐 기능이 떨어지면 아토피 증상이 나타난다는 점입니다.

폐 기능이 저하되면 편도선이 약화되고 면역식별력이 떨어져 위험하지 않은 알레르겐에도 과다 면역 반응을 보이는 알레르기 체질이 되며, 그로 인해 아토피, 비염, 천식 등 알레르기 질환을 앓게 되는 것입니다. 그 중에서도 아토피는 폐 호흡과 연관된 피부 호흡으로 인해 한층 더 발생 확률이 높습니다.

폐 기능이 떨어져 피부 호흡이 원활하지 않으면 배출되어야할 노폐물이 피부 밑에 쌓여 열독이 오르게 됩니다. 폐를 정화해 인체의 털구멍과 땀구멍을 여는 '청폐치료'가 아토피에 효험을 보이는 이유입니다. 치료 초반에는 쌓여 있던 노폐물이 한꺼번에 배출되어 일시적으로 상태가 악화되는 명현 현상을 겪게 되지만, 이 시가 지나면 건강한 피부를 회복할 수 있습니다.

난치성 피부질환으로 악명이 높은 아토피, 아토피가 단순한 피부병이 아닌 '속병'이라는 것을 파악하면 근본적인 치료의 길이 보입니다. 피부 보습과 염증 완화는 기본이지만, 피부에 병변을 나타나게 하는 폐와 피부호흡, 면역식별력의 관계를 파악해 폐 정화에 힘쓰면 아토피를 치료할 수 있습니다.

넷째, 아토피피부염의 치유. 아토피피부병은 심, 폐 기능의 저하로 혈액순환이 약하여 나타나기도 합니다. 이는 태아 때나 태어나서 환경이 좋지 못하여 상처를 받았다는 것입니다. 그러므로 상처를 치유하면 내분비계통(內分泌系統)이 정상적이 되어 심, 폐 기능이 강화됨으로 치유가 되는 것입니다. 저는 아토피피부병으로 고생하는 분들에게 영적치유를 권면합니다. 자녀가 아토피피부병이 있다면 부모가 먼저 치유 받기를 권면합니다. 대개 어머니의 영향으로 자녀가 아토피피부병으로 고생하는 경우가 많습니다. 부모가 생명의 말씀과 성령으로 지속적인 치유를 받으면 자녀가 신기하게 치유가 되는 것이 보통입니다. 참으로 아이러니하기도 합니다. 부모하고 자녀하고 연결이 되어 있다는 증거입니다. 성령으로 심령을 정화하면 심, 폐 기능이 강화됨으로 폐 호흡과 피부 호흡이 잘되어 아토피가 치유되는 것입니다. 지속적으로 안수를 받으면서 치유하는 아토피피부병은 치유 된다고 믿습니다. 환자는 깊은 호흡 기도를 많이 하는 것이 좋습니다. 깊은 호흡 기도를 많이 하면 심, 폐 기능이 강화됩니다. 이는 세상 의학적으로도 증명된 사실입니다.

우리 교회에 와서 성령치유 집회를 참속하면서 성령으로 체험하고 안수를 받은 결과 모두 치유가 되었습니다. 고등학교 3학년 때까지 전신 아토피로 고생을 하다가 두 달 치유 받고 어린아이의 피부같이 되었습니다. 어느 권사님의 아들은 아토피로 중학교 1학년 때까지 고생하다가 방학기간에 와서 안수 받고 깨끗하게 치유되었습니다. 세상의학은 아토피를 불치병이라고 하는데 저는 불치병이 아니라고 합니다. 하나님의 말씀에 불치병이 없기 때문입니다. 믿어야 합니다. 믿어야 기적을 체험합니다.

어려서부터 아토피피부병으로 고생하던 자매의 치유 받은 간증입니다. 어려서부터 아토피 피부병으로 고생을 했습니다. 목과 겨드랑이 팔꿈치 안쪽 등등 땀이 많이 흐르는 곳이 아토피로 헐어서 저녁에는 가려워서 잠을 제대로 자지 못했습니다. 거기다가 헐어서 피가 나고 너무나 쓰리고 아팠습니다. 충만한 교회 강요셉목사님이 저의 상태를 보시고 집중적인 치유를 하시겠다고 말씀을 하셨습니다. 직장을 다니기 때문에 주일날 집중적인 안수를 받으며 성령의 지배와 장악이 되도록 했습니다.

그러다가 토요일 개별집중 정밀치유에 완치될 때까지 다니면서 치유를 받으라고 하셨습니다. 그래서 토요일마다 집중정밀치유를 받았습니다. 6주가 지나자 아토피가 아물기 시작하는 것입니다. 그렇게 좋다는 약을 다 사서 복용하고 약을 바르고 해도 좀처럼 차도가 없던 아토피가 아물었습니다. 목사님이 하시는 말씀이 아토피를 일으키는 몸속의 독소들이 배출이 되니 아토피가 치유가 되었다고 말씀하셨습니다. 목사님의 말씀대로 내면이 안정이 되니 혈액순환이 잘 되는 것 같았습니다. 혈액순환이 잘되니까, 피부가 깨끗해진 것입니다. 하나님은 치유하지 못할 병이 없으십니다. 아무리 몸속에 독소가 쌓여서 덩어리가 되어도 성령으로 지배와 장악이 되니 독소가 배출이 되었습니다. 불치병이라고 하는 아토피가 25년 만에 치유가 되었습니다. 몸이 가렵지 않아 잠을 잘 잘 수 있어서 좋습니다.

18장 마음 깊이 숨어있는 독소들과 배출

(마 7:3)"어찌하여 형제의 눈 속에 있는 티는 보고 네 눈 속에 있는 들보는 깨닫지 못하느냐"

예수를 믿고 교회에 다니면서 열심히 기도하고 신앙생활을 잘하는 분들 중에 50살이 넘어가면서 온몸이 다 아프다고 하시는 분들이 있습니다. 심지어는 자신이 다니는 교회 목사님이 신유 은사가 있어 안수를 받고 치유를 받아도 치유가 되지 않는 다고 하소연을 합니다. 몸이 아픈 다른 사람들은 목사님의 안수를 받고 치유가 되었다고 하는데 자신은 치유되지 않는 다는 것입니다. 왜 이렇게 온몸이 아프냐는 것입니다.

몸속에 쌓인 독소 때문입니다. 몸속의 독소를 생명의 말씀과 성령으로 녹여서 배출을 했어야 하는데 그냥 지내다가 보니까 온몸에 퍼진 것입니다. 몸 안의 독소를 검사하는 방법을 증상별로 나뉘어 살펴봅니다. 독소가 증상별로 1단계부터 6단계까지 나뉘집니다. 독소의 1~2단계에서 주로 느끼는 것이 만성피로와 어깨 결림입니다. 근육통입니다. 아마 현대인이라면 다 있을 것입니다. 해독이 필요한 가장 초기단계의 증상입니다. 독소 1~2단계를 방치해서 3~4단계로 진행되면 몸이 붓듯이 살이 찝니다. 물만 먹어도 자꾸 살이 찝니다. 그리고 배설, 소화가 잘 안됩니다. 비오는 날에 몸이 쑤시고 아픕니다. 5~6단계의 경우 중증질환이 되는 경우가 많은데, 5단계 이상에서는 각종 검사 수치상에도 이상이 나타납니다. 제일 애매한 분들이 4단계 환자들이라고 합니다. 자신이 자각적으로 느끼는 통증이나 불편은 대단히 많은데 병원에 가면 이상이 없다고 하고 일반 병원이나 한의원에 가도 부분적인 통증치료나 증상완화 치료만 받는 경우가 많습니다. 영적이고 심리적인 독소로 인하여 발생하기 때문에 세상의술로는 정확하게 발견하기가 쉽지 않기 때문입니다.

세상 방법으로는 근본적인 해독을 통해서 몸이 좀 더 한 단계 업그레이드되어 건강해지는 방법을 찾기가 대단히 쉽지 않습니다. 모두 영적이고 심리적인 독소로 인한 것이기 때문입니다. 반드시 성령의 역사로 잠재의식에 쌓인 독소를 배출해야 몸이 한 단계 업그레이드됩니다. 하나님께서 독소를 녹여서 배출해야 건강을 되찾을 수가 있습니다. 깨달아 알고 보면 예수님을 믿은 것은 축복 중에 축복입니다. 크리스천들 중에도 예수님이 은혜와 성령의 역사를 알지 못해서 당하는 고통이 많습니다. 인간의 모든 문제를 성령의 역사로 해결할 수가 있기 때문입니다. 3~4단계의 어중간한 분들이 현대에 와서 의료의 사각지대에 놓여있다고 볼 수 있습니다.

5~6단계로 넘어가서 본격적으로 고혈압, 고지혈증, 지방간, 당뇨가 나타나면 거기에 대한 집중적인 치료를 하는 경우가 많습니다. 세상의술(양방/한방)에서 전문적인 해독 작업을 진행하면서 제일 중요하게 생각하는 분들이 질병의 정점을 넘어가지 않는 6부 능선에서 9부 능선에 있는 3~4단계 사람들의 위험수위를 낮추는 게 목표라고 합니다. 내 몸에 독소가 쌓이면 나타나는 증상

을 단계별로 보시고 자신의 증상과 맞는다면 바로 독소를 배출하는 적극적인 해독 작업을 진행해야 합니다. 특별하게 생명의 말씀과 성령의 역사로 영적이고 심리적인 독소를 녹여서 배출해야 합니다. 우리 몸은 끊임없이 해독을 해달라는 경고 신호를 보내는데도 방법을 미루고 있다면 후회하는 일이 생깁니다.

필자는 몸속에 독소가 쌓이지 않도록 하기 위하여 평소에 성령충만한 믿음생활을 해야 한다고 강조하는 목회자입니다. 성령의 역사가 잠재의식의 독소가 쌓이는 것을 예방할 수가 있기 때문입니다. 주기적으로 영적검진을 받는 것도 좋은 방법입니다. 예수를 믿으면 성령의 인도를 받으면서 세상을 살아가다가 보면 모두 영적이고 심리적인 독소가 쌓일 수밖에 없기 때문입니다. 육체를 가지고 살아가기 때문입니다. 사람은 눈에 보이는 육체를 가지고 그 육체 안에 영과 혼을 가지고 살아가기 때문입니다. 그래서 성령의 지배와 장악이 되어 성령의 인도를 받으면서 살아가라고 강조하는 것입니다. 육체와 혼이 성령의 지배와 장악이 되면 강건한 삶을 살아갈 수가 있기 때문입니다.

크리스천이라도 건강은 건강할 때 챙겨야 합니다. 몸속의 독소로 인하여 장기가 망가지면 회복할 수가 없는 경우가 보통입니다. 수시로 영적검진을 하여 몸속에 영적이고 심리적인 독소가 쌓이지 않게 해야 합니다.

몸 부위에 독소가 쌓이면 나타나는 증상은 이렇습니다. 바르게 진단하여 보시고 몸속의 독소를 생명의 말씀과 성령의 역사로 녹여서 배출하시기를 바랍니다. ◎ 혈액에 독소가 많으면 허약하고 약한 체력, 게으름, 무기력증이 나타납니다. ◎ 혈관에 독소가 쌓이면 여러 질병에 노출되어 관리가 시급합니다. ◎ 대장에 독소가 많으면 뚱뚱해집니다. 복부에 온갖 쓰레기가 쌓이게 됩니다. 청소(해독)시급합니다. ◎ 간에 독소가 많으면 만사가 귀찮고 피곤하며 얼굴이 누렇습니다. 심하면 황달증상이 나타납니다. ◎ 신장에 독소가 많으면 아침마다 얼굴이 보름달이 됩니다. 손과 발, 전체가 다 붓게 됩니다.

◎ 폐, 기관지에 독소가 많으면 이상한 소리를 내고, 가래 끼고 허스키한 목소리가 나고, 모공이 넓고 피지가 많습니다. ◎ 림프쪽이 막히면 살이 절대로 안 빠지고, 턱살이 불독처럼 쳐져 있습니다. 이런 경우에 해당하는 분들은 빨리 해독을 해줘야 건강할 수 있습니다 세포에 영양이 지속적으로 공급되면 내 몸속 독소는 알아서 빠진다고 합니다. 알고 대처하는 것이 중요합니다. 자신의 건강은 자신이 지켜야 합니다.

그런데 몸속에 쌓인 영적이고 심리적인 독소는 세상의 의술이나 약으로 정화할 수가 없습니다. 반드시 밖으로 배출해야 하는데 의술이나 방법이나 약으로 해결할 방법이 없습니다. 잠재의식에 형성된 독소를 제거해야 영육의 기능이 정상이 되는데 제거할 방법이 없다는 것입니다. 세상에서 하는 심리치료나 물리치료나 찬양치료나 다른 어떤 방법으로도 잠재의식의 상처를 제거할 방법이 없습니다.

그래서 문제는 잠재의식을 어떻게 치유하느냐 입니다. 우리는 예수를 믿음으로 치유받기가 쉽습니다. 먼저 성령으로 세례를 받아야 합니다. 성령으로 세례 받고 마음 속 잠재의식의 상처를 치유해야 합니다. 내적인 상처를 치유하는데 이성적인 치유가 아니라 영적인 치유를 받아야 합니다. 영에서 성령의 역사가 일어나 잠재의식을 드러내어 밖으로 배출해야 완전치유가 가능한 것입니다. 성령의 역사로 독소를 녹여서 배출하는 방법밖에는 도리가 없습니다. 지금 교계에는 이성적인 내적치유를 하는 곳이 많습니다. 이성적인 치유를 받으면 근원이 치유되지 않습니다.

영적인 치유란 성령께서 하시는 치유로서 잠재의식의 상처를 현재의식으로 드러내어 밖으로 배출하는 것입니다. 배출은 기침이나 하품, 토함, 트림, 울음, 재채기 등등을 통해서 몸 안에 쌓여있는 상처(사기와 독소)를 배출해야 합니다. 상당한 기간 동안 지속적으로 상처를 밖으로 배출해야 합니다. 시간이 걸리는 일입니다. 절대로 단기간에 되지 않습니다. 마음을 느긋하게 먹어야 합니다.

저는 항상 강조하는 것이 성도는 상처를 마음과 육체에 쌓이게 하지 말아야 한다고 합니다. 미리미리 예방신앙을 하라는 것입니다. 자신의 몸에 이상증세가 나타난 다음에 치유 받으려고 하면 그만큼 시간이 많이 걸리게 됩니다. 그래서 크리스천들은 주일을 잘 활용해야 합니다. 주일날 성령이 충만한 예배를 드리면서 치유 받는 것입니다. 하나님께 예배도 드리고, 성령 충만도 받고, 말씀으로 영도 깨우고, 말씀과 성령으로 내적인 상처를 치유 받는 것입니다. 우리 충만한 교회는 매주일 오전에는 40분 이상, 오후에는 50분 이상 기도하면서 성령 충만 받고, 성령의 역사로 내적인 상처를 밖으로 배출하는 기도를 합니다.

알아야 할 것은 성령의 역사가 자신 안에서 나와야 잠재의식의 상처를 치유한다는 것입니다. 성령이 역사하는 교회 시대인 지금은 성령을 받은 사람이 말씀을 전하고 기도할 때 임합니다. 이는 말씀을 전하는 사람의 심령에 임재 했던 성령이 나타난 것입니다. 성령은 먼저 성령세례를 받은 성도 안에 임재 하여 계십니다. 그리고 성령으로 세례 받은 성도들이 모인 장소에 임재 하여 계십니다. 성령으로 세례를 받은 목회자가 전하는 말씀 안에 임재 하여 계십니다. 그러므로 성령의 불은 성령으로 세례를 받은 성도의 마음속에서 나오는 것입니다.

마음에 숨어있는 상처로 고통을 당하다가 치유 받은 분의 간증을 읽어보시기를 바랍니다. 저는 20년이 넘도록 악성 빈혈과 심장병, 우울증으로 고통을 당하면서 지냈습니다. 그러다 성령님의 인도로 충만한 교회 강요섭 목사님을 만나 치유 받고 새로운 삶을 살고 있는 여 목회자입니다. 제가 목회자가 된 것도 이 질병 때문에 된 것입니다. 어느 분이 예언을 하는데 목회자의 사명이 있는데 사명을 감당하지 않으니 그런 질병으로 고통을 당한다는 것입니다. 만약 순종하면 질병은 금방 치유가 된다는 말을 믿고 신학을 하여 목회자가 된 것입니다. 그런데 목회자가 되니까 몸이 더 심하게 아픈 것입니다.

만약 이 간증을 읽는 분도 저 같은 경우라면 절대 속지 말고 내적치유를 받으시기를 바랍니다. 그리고 성령으로 세례를 받고 영의 통로를 뚫으시기 바랍니다. 저의 체험으로 목회자가 된다고 질병이 치유되는 것이 아닙니다. 또한 여러 문제도 해결되는 것이 절대로 아닙니다. 직접 치유를 받아야 해결되는 것이라는 것을 저는 뼈저리게 체험했습니다. 좌우지간 저는 국민일보 광고를 보니 제가 사는 근처에서 강요셉 목사님이 오셔서 치유집회를 한다는 광고를 보고 참석하여 첫날부터 많은 은혜를 받았습니다. 그때까지 체험하지 못한 여러 가지 체험을 했습니다.

수많은 상처들이 떠나갔습니다. 귀신들도 많이 떠나갔습니다. 점점 몸이 가벼워지고 우울한 기분이 사라지는 것을 체험적으로 느꼈습니다. 몸속의 영적이고 심리적인 독소가 배출이 되고 있었기 때문입니다. 그래서 집중적인 치유를 받겠다는 욕심을 가지고 충만한 교회에 등록을 하여 치유를 받았습니다. 특히 충만한 교회는 주일 오후 예배에 집중 치유하는 시간이 있는데 이때 성령의 역사가 강하게 일어납니다. 그 시간에 더 많은 상처를 치유 받은 것 같습니다. 정말 말로 표현 못하는 현상을 하면서 상처가 치유되었습니다. 점점 빈혈이 없어지고 가슴이 답답한 것도 사라지는 것입니다. 제가 이렇게 몸이 건강해지니 남편도 너무나 좋아하는 것입니다. 그래서 몇 개월간 치유를 받다가 병원에 가서 검진을 받아보니 모두 정상으로 나오는 것입니다. 그래서 참 신기하기도 하다, 그렇게 많은 세월 약을 먹고, 나름대로 치유를 받겠다고 여기저기 다녔는데도 해결 받지 못했는데, 충만한 교회에 와서 집중적으로 내적치유를 받고 건강하게 되니 얼마나 감사한지 모릅니다. 그런데 제가 치유 받으면서 여러 환상을 보았습니다.

엄마가 저를 임신하고 괴로우니까, 저를 지우려고 하는 것입니다. 그때 충격으로 상처가 되어 우울증과 심장병에 혈액의 문제까지 당하고 세상을 산 것입니다. 그런데 치유를 받으면서 부모님을 용서하고, 그 때 생긴 태중의 상처를 치유하고, 두려워할 때 들어온 귀신들을 축사하고 나니, 난치의 질병들이 치유가 된 것입니다. 태중에서 상처가 있으니까, 계속 연속적으로 두려워하고 놀라는 일만 생기는 것입니다. 아버지와 어머니가 사고로 한꺼번에 돌아가셨습니다. 그때 얼마나 큰 충격을 받았는지 모릅니다. 그래서 저의 나이 스물에 소녀 가장이 된 것입니다. 그 모든 상처들을 하나님이 치유하여 주셨습니다. 앞으로 저같이 상처로 고생하는 사람들을 치유하는 사역자가 되겠습니다.

신앙생활을 오래하신 분들 중에 마음이 답답해서 미치겠다고 하시는 분들이 있습니다. 답답함을 치유하려고 이곳저곳 방황하는 분들도 있습니다. 성령이 충만하고 능력이 있다는 이곳저곳을 돌아다녀도 좀처럼 해결되지 않습니다. 저의 개인적인 생각으로는 마음 안에 계신 성령님이 상처와 육에 눌려서 답답해하시는 것이라고 생각을 합니다. 자신의 영이 자기 기능을 다하지 못하기 때문에 답답한 것입니다. 한 마디로 영의 질병이 발생한 것입니다. 이러한 상태를 치유 받아 해방되지 않으면 육체의 질병으로 나타납니다. 빨리 영적인 치유를 받아야 합니다.

우리가 치유를 받으려면 무엇이 답답하게 하는지 원인을 알아야 합니다. 원인을 바르게 알아야 치유를 받을 수 있기 때문입니다. 답답하게 하는 원인은 첫째, 마음속에 숨어있는 상처 때문입니다. 영적이고 심리적인 독소의 영향으로 영을 누르고 압박하고 있기 때문입니다. 둘째는 영적인 문제입니다. 마음을 답답하게 하는 귀신이 있다는 것입니다. 저는 매주 토요일 날 집중 치유를 합니다. 집중 치유할 때 다수의 성도(목사, 사모, 권사)가 "아이고 답답해 아이고 답답해"합니다. 성령을 체험하고 성령의 역사로 내면의 상처가 치유되면 제가 답답하게 하는 귀신을 축귀합니다. 그러면 귀신들이 떠나갑니다. 한참 귀신이 떠나가면 "아이고 시원해 아이고 시원해"하면서 기도합니다.

이렇게 몇 번만 치유하면 가슴이 뻥 뚫리면서 깊은 영의기도가 열립니다. 원인이 없는 문제는 없습니다. 원인을 찾으면 치유는 쉽습니다. 이렇게 마음이 답답한 분들은 단기 치유가 불가능합니다. 성령이 심령을 장악하는 시간이 많이 걸리기 때문입니다. 이렇게 전문적인 치유를 받아야 빨리 해방될 수가 있습니다. 순간 치유 받으려고 이곳저곳을 다녀도 쉽게 해결되지 않습니다.

반드시 강한 성령의 역사와 깊은 곳의 상처를 치유하는 목회자가 인도하는 집회에 참석하여 본인도 기도하고 안수도 받아야 합니다. 우선 성령의 강한 역사가 있어서 치유되기 시작하기 때문입니다. 어느 정도 마음이 열리고 성령의 역사가 자신을 장악하면 집중정밀치유를 받으면 좀 더 빨리 해방될 수가 있습니다. 토요일 날 하는 집중정밀치유는 이런 분들을 위해서 하는 것입니다. 너무 강하게 묶여서 힘든 분들이 받는 사역입니다.

19장 태중에서 형성된 독소들과 배출

(시22:9-11)"오직 주께서 나를 모태에서 나오게 하시고 내 모친의 젖을 먹을 때에 의지하게 하셨나이다. 내가 날 때부터 주께 맡긴바 되었고 모태에서 나올 때부터 주는 내 하나님이 되셨사오니, 나를 멀리하지 마옵소서 환난이 가깝고 도울 자 없나이다."

많은 크리스천들이 태중에서 가지고 나온 상처를 해결하지 않아서 몸속에 독소를 만드는 원인 제공자가 됩니다. 태중에서 만들어진 상처가 계속 스트레스를 받게 하여 심장질환이나 우울증이나 불면증이나 생리통이나 두통을 유발하는 근원이입니다, 이를 사전에 해결하지 않으니 50이 넘고 60이 되어도 몸속에 독소를 만들면서 영육의 고통을 가하는 것입니다. 태중의 상처만 해결하여도 전인적인 건강을 유지할 수가 있습니다.

우리는 상처를 논할 때 자신의 기억으로부터 시작을 합니다. 그리고 상처를 받는 시기를 출생 이후이라고 생각합니다. 그러나 상처는 그 이전부터 받으며 인간은 생명으로 태어나기 전에 이미 생명으로 존재합니다. 인간이 태아에 있을 때부터 이미 인간이며 인간이 지니는 대부분의 기능을 지닙니다. 상처는 본인이 기억하는 것보다 기억하지 못하는 것이 더 많습니다. 기억하지 못하는 이 부분이 삶에 더 많은 영향을 줍니다. 사람이 무의식의 상처가 자신의 인생에 70% 이상의 영향을 끼친다는 것을 아시기를 바랍니다. 인간에게 가장 많은 영향을 주는 때가 바로 태아의 시기입니다. 한 인간의 삶을 지배하는 성품, 정서, 지능 지수는 부모로부터 유전적으로 받는 영향 보다 환경적인 영향에 의해서 대부분 받습니다. 태아는 귀로 듣고 눈으로 보기보다는 감정, 느낌으로 외부의 상태를 느낍니다. 인간은 보고 듣는 것 보다 감정, 감성으로 얻고 배우는 것이 많다고 합니다. 태아는 어머니와 모든 부분이 연결되어 있습니다. 어머니가 느끼는 대 부분은 태아에게 전달되며 기억이 됩니다.

아래 간증들을 읽어보시면 태중의 상처가 건강에 어떤 문제를 일으키는 가 이해가 되실 것입니다. 저는 어려서부터 상처가 정말 많은 사람이었습니다. 초등학교 다닐 때 부모님이 이혼을 하셔서 마음에 큰 충격을 받았습니다. 그리고 어머니에게 들은 이야기 인데 어머니가 제가 임신이 되어서 할 수 없이 결혼을 하셨다는 것입니다. 그래서 태중의 상처도 굉장히 많은 사람이었습니다. 그러다가 국민일보에 난 광고 예언 선지사역자 집중 훈련에 왔다가 성령의 강한 역사로 성령을 체험하고, 저의 깊은 곳의 상처가 드러나고 치유되기 시작을 했습니다. 태아 때에 받은 상처가 치유될 때 사지가 떨리기도 했습니다. 괜히 부들부들 떨렸습니다.

상처가 드러나 거의 한달 정도를 치유 받으면서 지냈습니다. 내적치유를 받다가 보니까, 영락없이 감기 몸살로 고생하는 사람과 같았습니다. 몸이 으스스하고 힘이 없고 며 칠 동안 굶은 것과 같이 힘이 없었습니다. 그래도 내면의 상처를 치유 받고 말겠다는 의지를 가지고 다녔습니다.

그러던 어느날 목사님이 안수기도를 해주시는 데 갑자기 환상이 나타났습니다. 환상으로 보이는데 하얀 옷을 입은 사람들이 3명이 나타나 나를 만져주면서 지금까지 마음의 상처와 질병으로 고생을 많이 했구나, 이제 완전하게 치유되고 있으니 조금만 더 기다려라, 하면서 제 몸에 안수를 해주는데 막 눈물이 나오고 울음이 참을 수 없을 정도로 나왔습니다.

그리고 난 다음이 차츰 몸이 가벼워지고, 기도문이 열려서 술술 기도가 되고, 사람의 심령을 감찰하는 영의 눈이 열려 예언도 잘 되고, 성령의 음성도 듣고, 영안이 열려서 헌금 사역도 하게 되었습니다. 저는 그냥 몸이 약한 것으로만 알고 지냈는데 성령세례를 받고 깨닫고 보니 상처 때문에 몸이 약한 것이었습니다. 치유하여 주신 하나님에게 정말 감사를 드립니다. 안수기도 해주시고 지도하여 주신 목사님에게도 감사를 드립니다. 서울 생명교회 서영숙목사

낙태의 두려움의 상처를 치유 받은 간증입니다. 저는 출산의 두려움을 가지고 생활하던 성도입니다. 저는 이상하게 아이를 낳고 싶은 생각이 없었습니다. 그래서 결혼을 했는데 아이를 생산할 수 없는 남자를 만나 결혼을 했습니다. 세상말로 거세한 남자입니다. 그 남편하고 살아가는데 이상하게 물질의 고통을 당하면서 살아갑니다. 저는 육남매 중에 막내입니다. 우리 언니는 목사님하고 결혼한 사모입니다. 그러나 처음 개척에 실패를 했습니다. 그래서 다음 개척을 했는데도 교회가 부흥이 되지 않고 물질

적으로도 날마다 힘들어 했습니다. 그러던 언니가 저에게 전화를 했습니다. 좋은 곳이 있으니 은혜를 받으러 가자는 것입니다. 언니가 몇 주를 다녔는데 너무나 좋고 마음이 평안해지고 형부 목사님도 은혜와 능력을 받아 아주 좋아한다는 것입니다. 그렇지 않아도 늘 마음이 답답하고 기도가 되지 않아 짜증만 나는 시기였습니다. 그래서 그곳이 어디냐고 하니까 서울 방배동에 있는 충만한 교회라는 것입니다. 언니와 형부가 은혜를 받았다니 마음이 설레이기 시작을 했습니다. 언제 가면되느냐고 했더니, 다음 주 월요일부터 목요일까지 내적치유 세미나가 있는데 그 때 오라는 것입니다. 그래서 주일날 예배를 마치고 언니 집에 갔습니다. 언니와 형부를 따라서 충만한 교회에 갔습니다. 가서 말씀을 듣는데 하염없이 눈물이 흘렀습니다. 하루가 자나고 이틀이 지났습니다. 마음이 점점 평안해지는 것이 몸으로 마음으로 느껴졌습니다. 그러면서 혼자말로 이렇게 좋은 곳이 있었는데 내가 그동안 사서 고생을 했구나! 혼자 말을 하기도 했습니다. 수요일이 되었습니다. 세 번째 시간에 태중의 상처 치유에 대한 말씀을 듣고 목사님의 기도를 들었습니다. 그리고 목사님이 안수를 해주셨습니다. 그러자 환상이 보이기 시작을 했습니다. 배가 부른 여자가 산에서 막 굴러 내려가는 것입니다. 그런데 제가 너무너무 두려웠습니다. 제 몸이 마치 돌덩어리가 되는 것같이 오그라들면서 공포와 두려움이 찾아왔습니다. 그래서 제가 벌벌 떨면서 살려 달라고 했습니다. 계속 목사님이 안수를 해주셨습니다. 그러면서 어머니를 용서를 하라는 것입니다. 어머니의 모든 잘못을 예수님에게 말하라는 것입니다. 그래서 예수님에게 모두 이야기를 했습니다. 그러자 사정없이 기침이 나오면서 치유가 되어 평안을 찾았습니다. 말로 표현 못 하는 평안 이었습니다. 언니 집에 돌아와 알고 보니, 어머니가 나이 사십이 넘어 저를 임신한 것입니다. 그래서 유산시키려고 여러 번 시도를 했던 것입니다. 독한 식물을 달여서 먹기도 했답니다. 그래도 아이가 지워지지 않자 산에 올라가 굴러 내려오기도 했다는 것입니다. 그 때 제가 두려움과 공포가 내 안에 들어와 나는 그때까지 두려움과 공포에 사로잡혀 살았습니다. 그러나 사랑의 하나님에 저를 치유하여 주셨습니다. 그래서 언니 집에서 기거하면서 몇 주 더 상처를 치유 받았습니다. 그리고 내가 왜 아이 가지는 것이 두려웠는지 이유도 알게 되었습니다. 항상 우울하게 지냈는지도 알게 되었습니다. 저는 어머니를 이해하고 용서했습니다. 이제 마음이 평안합니다. 그래서 남편도 데리고 와서 치유를 받았습니다. 남편역시도 치유를 받더니 사람이 달라지는 것이었습니다. 저는 그 때 속으로 정말 내적 치유는 좋은 것이구나! 하며 저절로 감탄을 했습니다. 할렐루야! 인천 은혜교회 김영선집사

출생의 상처를 치유 받은 자매의 간증입니다. 저는 아직 결혼을 하지 않은 20대 여자 청년입니다. 그런데 저는 우울증과 두통으로 고생을 하고 있습니다. 예수님을 믿고 교회에 열심히 다니면 치유가 될 줄로 알았는데 치유가 되지 않고 점점 더 심해지고 있었습니다. 그러던 즈음에 저희들과 성경공부를 하던 권사님이 내적치유를 잘하시는 강요셉 목사님에게 내적치유를 받으라고

하셨습니다.

저는 그때까지 내적치유가 무엇인지 잘 몰랐습니다. 주변에 있는 청년들이 누가 어느 교회의 내적치유 집회에 참석하여 태중의 상처가 나타나 고생을 했다는 이야기를 들은 것이 전부였습니다. 그런데 이상하게 권사님이 내적치유를 잘하는 목사님에게 내적치유를 받는다고 하니까, 마음이 요동했습니다. 저도 한 번 가서 치유 받고 싶은 감동이 강하게 왔습니다.

그래서 권사님에게 이야기를 했더니 같이 가자는 것입니다. 그래서 따라서 충만한 교회에 갔습니다. 가서 목사님의 내적치유에 대한 말씀을 들으면서 은혜를 받았습니다. 말씀을 듣는 중에 나 나에게도 그런 상처가 있겠구나. 아! 그 상처 때문에 내가 우울하고 두통이 심하구나 하면서 말씀을 들었습니다.

목사님이 말씀을 전하시고 기도를 하라고 했습니다. 그러시면서 멘트를 하시는 것입니다. 그 멘트를 들으면서 기도를 하는데 막 두려움이 찾아왔습니다. 멘트를 마치고 목사님이 개인별로 안수를 해주셨습니다. 목사님의 안수를 받는 순간 저에게 환상이 보였습니다. 빨간 아기를 남자와 여자가 굉장히 섭섭한 눈으로 바라보고 있는 것입니다.

순간 성령께서 저에게 이렇게 감동하시는 것 이였습니다. "저 빨간 아기가 바로 너란다. 엄마가 너를 낳고 보니 딸이라 섭섭하여 아버지하고 보고 있는 모습이다. 그러나 나는 너를 누구보다도 귀하게 여겼다." 그러시는 것입니다. 그러면서 나도 모르게 내 입에서 이렇게 말하는 것입니다. "아빠, 엄마, 그러면 왜 저를 낳

앉어요? 사랑했기 때문에 낳으신 것 아닙니까? 아빠, 엄마, 그러면 왜 저를 낳았어요? 사랑했기 때문에 낳으신 것 아닙니까?"하고 말을 하는 것입니다.

목사님은 계속 안수를 해주시고 저는 그렇게 흐느끼면서 말을 했습니다. 기도 시간이 종료되었습니다. 자꾸 목사님에게 가서 사정이야기를 하라는 성령의 감동이 와서 목사님에게 이야기를 했습니다. 목사님이 아까 안수 하실 때 내가 왜 울었는지 아세요. 그러니까, 목사님이 잘 모르겠습니다. 그러시는 것입니다.

그래서 설명을 해드렸습니다. 목사님이 머리에 안수하실 때 환상이 보였습니다. 빨간 아기를 남자와 여자가 굉장히 섭섭한 눈으로 보고 있는 것입니다. 목사님! 그게 누구인지 아세요? 바로 저입니다. 제가 우리 집에서 여섯 번째 딸입니다.

저는 그때 그 상처로 인하여 우울증에다 두통으로 지금까지 고생을 했습니다. 그리고 남자가 되지 못한 섭섭함을 항상 가지고 살았습니다. 그래서 지금 저는 남자같은 외모를 하고 살아가고 있습니다. 그러니까, 목사님이 부모님들의 심정을 헤아리고 부모님들을 용서하라고 하셨습니다.

그래서 성령의 임재가운데 부모님들에게 섭섭한 것을 모두 말씀드렸습니다. 그러니 마음이 시원했습니다. 다음 시간에 말씀을 듣고 목사님의 안수를 받는 데 막 악이 써지면서 기침이 사정없이 나왔습니다. 그러면서 방언이 터졌습니다. 방언으로 한참을 기도를 하니 머리가 시원한 느낌이 들었습니다. 그러면서 아! 아제 두통이 치유되었구나! 하는 감동이 왔습니다. 그 이후로 저는 완전하게 바뀌었습니다.

열등감이 사라지고 내가 여자로 태어나는 것은 하나님의 뜻이라는 것을 깨달아 알았습니다. 그래서 당장 미장원에 가서 머리를 단정히 했습니다. 무엇인지는 모르겠는데 얼굴에 미소가 생기고 우울의 증상이 치유되고 두통도 치유되고 내 성격이 완전히 달라지는 것 이였습니다. 그래서 나는 권사님의 안내로 충만한 교회에 가서 내적치유를 받고 28년 동한 고통당하던 두통과 우울증과 열등감을 치유 받았습니다.

제가 이 간증을 기록하는데 강요셉 목사님이 하신 말씀이 생각이 납니다. 예수를 믿고 성령으로 거듭난 성도가 기도하면 하나님이 응답을 해주시는데 주변에 있는 사람을 통해서 응답을 해주신다는 것입니다. 저는 이 우울한 마음과 열등감, 심한 두통 때문에 많은 시간 기도를 했습니다. 하나님이 그 기도를 들으셔서 가까이 계시던 권사님을 통하여 충만한 교회로 인도하여 저를 치유하여 주신 것입니다. 저는 이 일로 인하여 하나님은 지금도 살아서 역사하고 계시다는 것을 확실하게 알고 믿게 되었습니다. 서울 영광교회 김선숙 청년.

20장 삶에 고통을 가하는 독소들과 배출

(요삼 1:2)"사랑하는 자여 네 영혼이 잘됨 같이 네가 범
사에 잘되고 강건하기를 내가 간구하노라"

잠재의식의 상처로 인하여 몸속에 독소가 쌓이면 되는 것이 하
나도 없습니다. 상처 뒤에 역사하는 존재들이 방해하는 세력으로
역사하기 때문입니다. 성령으로 지배와 장악이 되어 몸속의 독소
를 제거하여 바른 성령의 인도를 받아야 합니다. 이는 내면의 상
처를 치유함으로 가능합니다. 그래서 내적 치유는 해방되는 것입
니다. 내 속에 잠재되어 있는 악습, 습관으로부터 우리를 해방시
키는 것입니다. 질병으로 묶이고, 물질로 묶이고, 인간관계에 묶
인 것 등을 해방시키는 것입니다. 천국의 자유에 이르게 하는 것
입니다. 믿음생활을 하면 할수록 점점 더 자유롭게 풀려야합니
다. 신앙생활을 통하여 삶의 성장을 막고, 묶고 있고, 누르고 있는
것들을 뽑아내고 치워버림으로 자유하게 하는 것입니다. 마귀는
묶고 방해하는 역사를 합니다. 질투, 분노, 염려, 불평 등은 우리
를 묶는 것입니다. 이러한 것들은 우리를 묶어 성장을 방해하는
마귀의 오랏줄입니다. 출애굽한 유대인들은 비록 홍해를 건넘으
로 바로라는 세상의 묶임으로부터 자유하게 되었으나, 욕심, 분
노, 두려움, 옛 성품이라는 마귀의 묶임을 풀지 못함으로 진정한
자유를 누리는 일, 젖과 꿀이라는 풍성한 삶에 이르는 일에 실패
하였습니다. 신앙생활에 실패하였습니다. 그러므로 내적 치유는

진정 중요한 사역입니다.

　잠재의식의 상처로 인하여 몸속에 독소가 쌓이니 목회도 실패하게 됩니다. 여기 상처로 목회를 실패한 목회자의 간증을 들어보시기를 바랍니다. 저는 목회를 13년간 하다가 목회가 되지 않아 그만둔 60대 초반의 목사입니다. 저는 강요셉 목사님을 만나기 전까지 내면의 세계에 대하여 알지를 못했습니다. 저는 목회를 하지 못한 것은 말씀을 너무나 몰라서 목회가 되지 않는 것으로 생각을 했습니다. 그래서 말씀을 좀 더 연구하고 공부해서 목회를 다시 해보려고 기도원에 갔다가 강요셉 목사님을 만났습니다. 강요셉 목사와 목회 이야기를 하던 중에 저의 목회 실패에 대하여 말했더니, 강 목사가 이렇게 말하는 것입니다. "목사님은 말씀이 없어서 목회를 못 하신 것이 아니라, 상처가 많아서 목회를 잘 못한 것입니다. 말씀 공부에 앞서서 내적 치유를 받으셔야 합니다." 그러는 것입니다. 그 말을 듣는 순간 맞다 내가 상처가 많이 있다. 상처가 많은 자갈밭과 같은 마음에 무슨 말씀이 심어지겠느냐…. 그래서 그 후부터 충만한 교회에 찾아가서 치유를 받았습니다.

　성령의 임재 가운데 제가 방언기도를 하는데 잘 들어보니 "에이 시팔! 에이 시팔!" 하면서 내가 방언 기도를 하는 것입니다. 이상하게 속에서 분노가 올라오면서 욕이 나오는 것입니다. 성령의 임재가 점점 충만해지더니, 내 속에서 큰 소리로 악이 올라오는데 정말 큰 소리로 약 1시간 30분을 악을 쓰면서 치유를 받았습니다. 그러다가 속에서 기침으로 더러운 상처들이 수없이 나왔습니다. 그 때 제가 이렇게 느꼈습니다. 맞다 내가 이렇게 목회를 못하고 망한 것도 내 속의 분노의 상처 때문에 망했다는 것을 깨달았습니다. 악을 쓰다가 잠잠해져서 자리에서 일어나 보니 다른 사람들은 다 끝나고 떠난 상태였습니다. 정말 강요셉 목사님에게 너무 오래까지 괴성을 질러서 미안하기도 하고 감사하기도 했습니다. 그래서 강목사를 식당으로 모시고 가서 저녁식사를 같이했습니다.

식사준비 시간에 강 목사님이 저보고 하는 말이 "목사님, 상처가 정말 많이 있었습니다. 어렸을 때 상처를 많이 받으셨나 봅니다." 이렇게 묻는 것입니다. 그래서 제가 이렇게 대답을 했습니다. "목사님! 제가 어려서 우리 아버지께 정말 많이 얻어맞았습니다. 치유 받을 때 그때 모습이 보이면서 악을 썼습니다. 목사님, 제가 오늘 치유 받으면서 느낀 것은 신학대학과 신대원에 다니는 분들은 모두 내적 치유를 받아야 된다는 사실입니다. 제가 조금이라도 일찍 상처에 대하여 알았더라면 목회에 실패하지 않았을 것입니다. 목회하면서도 분노가 올라와 정말 고생을 많이 했습니다." 그래서 계속 다니면서 기본적인 치유를 받았습니다. 그리고 치유의 원리들을 적용하면서 차차로 영성이 회복되었습니다. 얼굴에 성령 충만이 나타나고 새 사람으로 변화되었습니다. 사모가 저의 얼굴을 보고 놀랄 정도로 변했습니다. 제가 깨닫고 보니 성령의 능력도 내면이 치유되어야 강하게 나타납니다. 저와 같은 목회자 여러분 시간 낭비하지 마시고 내면부터 치유하시기를 바랍니다. 서울 영등포 김명성목사

잠재의식의 상처로 인하여 몸속에 독소로 분노를 달고 살던 안수집사의 간증을 들어보시기를 바랍니다. 저는 어렸을 때 아버지의 상처로 인하여 분노를 품고 살면서 마귀 짓을 하던 안수집사입니다. 분노를 치유 받고 이렇게 간증을 하게 되어 하나님에게 영광을 돌립니다. 저는 권위자만 보면 이유를 모르는 분노로 인하여 가슴에서 주먹 같은 혈기가 올라왔습니다. 저는 공무원입니다. 직장에서는 참고 지냅니다. 그런데 교회에 가서 목사님이 강단에 서서 설교를 하는 것을 보면 마음에서 분노가 올라왔습니다. 그래서 제직회나 공동회시 목사님들의 흠집을 잡아 말로 공격하여 마음을 아프게 했습니다.

절대로 그렇게 하지 말아야지 하면서도 순간 속에서 분노가 올라왔습니다. 감정을 내의지대로 절재하지 못하고 말을 하므로 목사님들에게 상처를 주었습니다. 그 다음에 후회를 많이 합니다. 그래도 절재가 되지를 않았습니다. 저의 언행에 마음에 너무나 상처를 받아 앞에 두 목사님들이 교회를 사임하게 한 장본인이기도 합니다. 지금 계시는 목사님도 상처를 많이 받게 했습니다. 그래서 지금 목사님도 교회를 사임하려고 한다고 소문이 들렸습니다. 정말 말로 표현 못하게 죄책감을 가지고 살았습니다. 어느 날 목사님이 저를 만나자고 했습니다. 그래서 때는 이때이다. 용서를 빌자하는 마음을 가지고 당회장실로 갔습니다. 목사님을 보자, 마음에서 용서를 빌라는 감동이 강하게 왔습니다. 목사님에게 말했습니다. 목사님 저를 용서하여 주세요. 나는 그렇게 하지 않으리라고 하지만 나도 모르게 험한 말들이 나와서 목사님들에게 상처를 받게 했습니다.

그러니까, 목사님이 무엇을 용서 못하겠습니까, 걱정하지 마세요. 그러시는 것입니다. 이 말을 듣고 내 마음이 열리기 시작을 했습니다. 목사님 제가 지금 하는 말은 저의 집사람도 모르는 말입니다. 저는 원래 고아로 자랐습니다. 이유는 아버지가 어머니를 너무나 괴롭혀서 제가 초등학교 육학년일 때 저의 육남매를 두고 세상을 떠나셨습니다. 아버지는 집을 나가서 돌아오시지를 않자. 동내 사람들이 저의 육남매를 고아원에 보낸 것입니다. 저는 장남입니다. 고아원에서 고등학교까지 공부를 시켜주어서 졸업할 수가 있었습니다. 공무원시험을 보아 합격하여 공무원이 된 것입니다. 공무원 생활을 하다가 지금 아내를 만나 결혼을 했습니다. 아내가 예수를 믿어서 나에게 전도하여 예수 믿고 지금 안수 집사가 된 것입니다.

그런데 목사님! 지금 집에 우리를 돌보지도 않고 어머니를 학대하여 돌아가시게 한 아버지가 중풍에 걸려 반신불수가 되어 저를 찾아와 저의 집에서 기거하고 있습니다. 시에서 일하고 퇴근하여 아파트 문을 열고 아버지가 소파에 앉아있는 것을 보는 순간 저의 속에서 분노가 치솟아 올라와 아버지를 베란다 창을 열고 던져버리고 싶습니다. 이 분노를 교회에 와서 순간 절제하지 못하고 목사님들에게 발하는 것입니다. 그러자 목사님이 이렇게 말을 하셨습니다. 집사님 분노를 가지고 살면 믿음도 자라지 않고 육체의 건강에도 좋지 못하여 아버지 같이 중풍에 걸릴 수도 있습니다. 제가 내적치유를 잘하는 곳을 아는데 휴가를 내어 내적치유를 받고 오시는 것이 좋겠습니다. 성령을 체험하고 내적치유를 받으면 마음 안에 있는 분노가 떠나가고 마음이 평안해지는 것을 체험할 수가 있습니다. 그래서 목사님이 소개한 곳이 바로 지금 충만한 교회입니다.

충만한 교회에 와서 말씀을 들으면서 은혜를 받았습니다. 삼일째 되는 날 이였습니다. 말씀을 마치시고 찬송을 연속해서 부르는데 여기저기서 소리를 지르고 흐느끼면서 울부짖었습니다. 저 역시도 몸을 가누지 못할 정도로 몸이 앞뒤로 흔들렸습니다. 가슴이 답답해졌습니다. 가슴이 답답해지더니 속에서 불덩어리가 올라오는 느낌을 받았습니다. 눈에서는 계속 눈물이 흘러서 양 볼에 흘러 내렸습니다. 그러면서 서러움이 속에서 올라왔습니다. 그래서 울음을 참지 못하고 터트렸습니다. 나도 모르게 막 팔을 흔들면서 소리를 질렀습니다. 막 의자에서 30cm 정도 뛰면서 기도를 했습니다.

그러다가 중심을 잃고 의자 아래로 떨어졌습니다. 그러자 강요셉 목사님이 오셔서 안수를 해주셨습니다. 안수를 하면서 더 강하게 역사하여 주시옵소서. 하고 기도하니까, 내 속에서 비명이 나왔습니다. 그러면서 몸이 뒤틀리기 시작을 했습니다. 손과 발이 개발처럼 되는 것입니다. 정말 내가 감당할 수 없었습니다. 몸이 뒤틀리면서 속에서 괴성이 계속 나왔습니다. 내 다리가 머리 위로 올라오면서 발작을 했습니다. 어느 정도 시간이 경과 되니 몸이 안정이 되는 것을 체험하게 되었습니다. 그러자 강 목사님이 "지금까지 이렇게 진동하게 한 더러운 영은 기침으로 떠나갈지어다." 하며 명령을 하시는 것이었습니다. 그러자 기침을 멈출 수가 없을 정도로 기침이 많이 나왔습니다.

목사님이 마음에 상처를 받게 한 사람을 용서하라고 하셨습니다. 아버지를 용서했습니다. 동시에 가슴에서 무엇이 빠져나가는 체험을 했습니다. 그러면서 목사님이 마음에 있는 분노의 영은 떠나갈지어다. 명령을 하실 때 막 악을 쓰면서 귀신들이 떠나갔습니다. 마음이 평안해 지는 것이었습니다. 4일 집회를 마치고 내적치유와 축귀 테 잎을 사가지고 왔습니다. 테 잎을 계속 들으면서 기도를 했습니다. 점점 마음이 평안해지면서 분노가 사라졌습니다. 지금 간증은 충만한 교회 두 번째로 참석하여 간증하는 것입니다. 저를 치유하여 주신 하나님 감사합니다. 제가 치유를 받고 이런 생각을 했습니다. 교회의 임직 되시는 분들은 자신의 심령관리와 가정천국을 위해 노력을 해야 한다는 것입니다. 자신같이 목사님의 잘못된 흠집을 찾아서 말하므로 목사님들 가슴 아프게 하지 말라는 것입니다. 목사님은 하나님에게 맡기고 자기관리를 해야 한다고 느꼈습니다.   대전 박영식 안수집사

믿음생활을 잘하는 가운데 거지의 영이 대물림되어 고통당하게 된 집사님 부부가 있었습니다. 믿음이 좋고 신앙생활도 모범적으로 잘해나가던 집사님 부부에게 문제가 한 가지 있었습니다. 맞벌이를 하는데도 불구하고 늘 물질문제로 고통을 당하는 것입니다. 그래서 제가 하나님께 기도하니 그 집안에 거지 영이나 가난의 영이 흐르는지 분별해 보라는 감동을 주셨습니다.

두 부부는 이렇게 상담을 요청해 왔습니다. "목사님! 목사님이

아시다시피 우리 부부는 돈도 열심히 벌고, 믿음생활도 열심히 하고 십일조 생활도 잘하는데 왜 그러는지 물질로 늘 고통을 당합니다. 왜 그럴까요?", "저는 그렇지 않아도 제가 집사님 부부를 위하여 기도를 하였는데 집안에 거지 영이나 가난의 영이 흐르는지 찾아보세요. 그리고 회개하시고, 예수 이름으로 가난이나 거지의 영의 줄을 끊고 귀신을 쫓아내세요." 하고 가르쳐 주었습니다. 집사님 부부는 날마다 열심히 마귀의 저주를 끊고 저주하던 귀신을 쫓아내는 기도를 하였습니다. 그런데 어느 날 여 집사님이 돌아가신 시아버지가 거지꼴을 하고 자신을 따라오는 꿈을 꾸었습니다.

"예수 이름으로 명하노니 떠나가라! 예수 이름으로 명하노니 떠나가라! 예수 이름으로 명하노니 떠나가라!" 라고 꿈속에서 아무리 외쳐도 시아버지가 계속 따라오는 것입니다. 그래서 "하나님 어떻게 해야 합니까?" 하고 울부짖자, "물과 불을 통과하라! 물과 불을 통과하라! 물과 불을 통과하라! 물과 불을 통과해야 저 거지 귀신이 떠나간다." 라고 하셨습니다. 그래서 앞을 보니까 큰 강이 흐르는데 불이 훨훨 타면서 흐르더랍니다. 무서워서 도저히 통과할 수가 없었지만 시아버지가 계속 따라오고 있어서 에라, 모르겠다는 심정으로 불타는 강을 통과했습니다. 그리고 나서 뒤를 돌아보니 거지 시아버지가 따라오지 않더랍니다. 그 다음부터 물질이 서서히 풀리기 시작하더니 지금은 물질의 문제가 풀려 하나님 나라에 열심히 물질을 심으면서 풍성하게 지내고 있습니다.

21장 환경을 어렵게 하는 독소들과 배출

(왕하 2:20-22)"엘리사가 이르되 새 그릇에 소금을 담아 내게로 가져오라 하매 곧 가져온지라. 엘리사가 물 근원으로 나아가서 소금을 그 가운데에 던지며 이르되 여호와의 말씀이 내가 이 물을 고쳤으니 이로부터 다시는 죽음이나 열매 맺지 못함이 없을지니라, 하셨느니라 하니, 그 물이 엘리사가 한 말과 같이 고쳐져서 오늘에 이르렀더라."

크리스천의 환경을 어렵게 하는 것은 몸속의 독소 뒤에 환경을 어렵게 하는 존재들이 실존하기 때문입니다. 그래서 성령의 역사로 근원을 찾아서 배출해야 합니다. 고통을 가하는 존재의 근원은 아무도 모릅니다. 심지어 고통을 당하는 자신도 모르고 당합니다. 자신 안에 주인으로 계시는 성령하나님만이 환경에 고통을 가하는 근원의 실체를 아십니다. 성령님이 장악된 가운데 물어보시기를 바랍니다. 그러면 성령께서 고통의 근원을 알게 하시고 녹이시고 배출하십니다. 반드시 환경에 고통을 가하는 근원을 찾아서 배출해야 안정된 삶을 살아갈 수가 있습니다.

열왕기하 2장 19-22절에 보면 하나님의 종 엘리사가 여리고에 갔을 때 여리고 사람들이 엘리사에게 나와서 이렇게 말했습니다. 선생님이여 이 여리고 성은 참으로 좋은 땅인데 물 근원이 나빠서 이 물이 흐르는 곳마다 열매를 맺지 못하고 다 떨어집니다. 짐승들도 이 물을 마시면 낙태를 해 버리고 심지어는 부녀들까지도 이 물을 마시면 어린아이를 낙태합니다. 그러므로 이 물 근원에 독이 있은 즉 이 땅이 저주로 가득하니 우리를 도와주소서. 엘리사가 이 말을 듣고 하나님의 지시를 받아서 소금을 가져오라고 했습니다. 소금을 담아 오매 그것을 가지고 물 근원에 가서 하는 말이 여호와께서 말씀하시기를 이 물 근원이 치료되었으니 이제는 열매를 맺을 것이라고 말했습니다.

그러자 과연 그 때로부터 여리고에 있는 물 근원이 치료를 받아 그 물이 흐르는 곳마다 열매를 맺고 짐승들도 새끼를 낳고 사람들도 낙태하지 않았습니다. 하나님의 치료가 물 근원에서 넘쳐 나와 생명의 역사가 일어 난 것입니다. 하나님께서 그 물의 근원을 치료하기 전에는 물 근원에서 사망과 저주가 넘쳐 났는데 물이 치료받고 난 다음에는 생명과 부요가 그 물 근원에서 넘쳐 나게 된 것입니다.

우리 인간들은 아담이 선악과 하나 먹고 하나님과 같이 되려는 욕심 때문에 마귀의 유혹에 속아 타락함으로 인간의 마음이 죄의 누룩으로 말미암아 만물보다 부패하고 사망과 저주가 가득하게 되었습니다. 그 때문에 인간의 노력으로 만든 인간 세계의 문화는 부패와 사망과 고통이 가득한 문화인 것입니다. 인간의 마음이 고침을 받기 전에는 이 사망과 저주를 벗어 날 도리가 없습니다. 바로 우리 개인들의 마음이 생사화복의 생명의 근원이 된다는 사실을 우리가 분명히 알아야 합니다.

여리고성 전체가 샘 근원으로 말미암아 죽고 사는 일이 일어나는 것처럼 성경에는 생명의 근원이 우리 마음에 있다고 말했습니다. 그러므로 지킬만한 것보다 내 마음을 지키라고 강하게 말씀하고 계신 것입니다. 그런데 2천 년 전에 예수님께서 오셔서 갈보리 십자가에서 우리를 대신하여 죄의 부패와 사망을 멸하시고 청산하신 것입니다. 바로 예수 그리스도의 십자가의 보혈이 엘리사가 가지고 샘 근원을 정결케 한 소금과 같은 것입니다. 이 때문에 이제 십자가의 보혈을 통하여 마음의 샘 근원을 치료하면 우리의 마음속에 사망과 고통이 넘쳐 나온 곳에 생명과 부요가 넘쳐 나올 수 있게 되는 것입니다.

그러므로 오늘 이 시간 생명의 근원이 마음에 있다는 것을 잊지 마십시오. 우리가 주를 모를 때는 이 마음에서 사망과 고통이 넘쳐 납니다. 우리 집도 여리고요, 우리 직장도 여리고요, 세상도 여리고인데 우리 속에서 독의 샘물이 넘쳐 나니 사망과 불행이 꽉 들어차서 집안에도 사망과 고통이 있고 직장에도 사망과 고난이 있고 생활에도 사망과 고통이 있습니다.

오늘날 온 세상에 사망과 저주가 꽉 들어차 있지 않습니까? 그래서 이 여리고 같은 이 세상에서 우리 마음속이 샘의 근원인데 이 샘 근원에 소금을 던져야 됩니다. 이 소금이 바로 예수 그리스도의 보혈과 성령의 능력인 것입니다. 내가 회개하고 예수를 구주로 모시고 입으로 시인하고 감동에 순종하며 성령님을 의지할 때에 예수님의 보혈이 나의 샘 근원을 고쳐 주시고 성령이 와서 나를 새롭게 하는 것입니다.

한번은 이런 일이 있었습니다. 그때는 성령의 체험도 했을 때이고, 성령치유 사역을 한창 하던 시기입니다. 낮에 사모하고 교회에서 기도하고 있는데 갑자기 성령께서 "너의 목회를 방해하고 빈곤하게 하는 악귀를 몰아내라," 는 감동을 주시는 것입니다. 그래서 제가 "예수 이름으로 명하노니 나의 목회를 방해하고 빈곤하게 하는 더러운 귀신은 예수 이름으로 명하노니 떠나갈지어다." 예수 이름으로 명하노니 나의 목회를 방해하고 빈곤하게 하는 더러운 귀신은 예수 이름으로 명하노니 떠나갈지어다." "예수 이름으로 명하노니 나의 목회를 방해하고 빈곤하게 하는 더러운 귀신은 예수 이름으로 명하노니 떠나갈지어다." 하고 3번 이상 명령을 하면서 올라오라고 했더니 막 하품이 나오기를 한 20번 이상 나오면서 더러운 악한 영들이 떠나가는 것이었습니다. 하품하기를 한참 했더니 이제 아랫배가 뒤틀리고 아프면서 악한 영들이 30여 분간 떠나갔습니다. 교회당 안에서 강력한 불의 역사가 일어나고 제가 성도들을 붙잡고 기도하며 악한 영들을 축사하고 사역을 해도 나를 괴롭히고 목회를 방해하고 빈곤하게 하던 악한 영들이 떠나가지를 않은 것입니다. 예수만 믿으면 악한 영은 자동으로 떠나간다는 말은 근거 없이 체험 없이 하는 말입니다.

제가 임상적으로 경험한 바로는 악한 영은 본인이 인정하고 예수 이름으로 대적할 때 떠나가는 것입니다. 인정하지 않고 대적하지 않으면 절대로 떠나가지 않습니다. 알아야 할 것은 빈곤하게 하는 것은 하나님의 뜻이 아니라, 빈곤의 배후에는 빈곤의 악귀가 있다는 것입니다. 그래서 성령의 임재 가운데 빈곤의 독소인 악한 영을 쫓아내야 하는 것입니다. 원인 없는 고통은 없습니다. 원인을 일으키는 독소를 배출해야 합니다.

교회를 개척하고 영육으로 고생을 많이 했습니다. 특히 물질로 고생을 많이 했습니다. 그러나 저는 반드시 축복을 받는 다는 믿음으로 믿음의 말을 선포했습니다. 우리 교회와 가정에 물질 고통을 주고 있는 악한 영은 예수 이름으로 명하노니 떠나갈지어다. 떠나간 곳에 재정축복의 영이 임할지어다. 정말 많은 날을 믿음의 말을 선포하며 기도했습니다.

좌우지간 저는 목회를 방해하고 빈곤하게 하는 귀신을 쫓아냈습니다. 믿음의 말로 선포하며 영적전쟁을 치루면서 성령치유집회를 하고, 성령 충만한 기도로 성전을 장악하는 활동을 강하게 한 이후부터 서서히 교회의 재정이 풀리기 시작을 했습니다. 교회가 부흥하여 교회 뒤에서 칸을 막고 4년이나 사람답게 살지 못하던 생활을 접고 34평 아파트도 얻어서 밖으로 나가고, 교회도 서울로 이전하여 지금 목회를 잘하고 있는 것입니다. 그리고 가정의 물질도 서서히 풀려서 어려움이 없어지고 필자가 하나님의 진리의 말씀의 비밀이 깨달아지는 만큼씩 영안이 열리고 성령께서 깨닫게 해주시는 죄악들을 회개하여 심령을 정화하여 영적으로 깊어져서 하나님을 기쁘시게 하는 만큼씩 교회도 부흥하고 여러 가지 환경이 눈에 보이게 좋아지고 있는 것입니다.

지금 재정적인 고통을 당하고 계십니까? 마귀와 영적전쟁을 하시기를 바랍니다. 그러면 서서히 재정의 문제가 풀리기 시작할 것입니다. 이렇게 볼 때 빈곤의 배후에는 악한 마귀 악귀의 역사가 있습니다. 책을 읽는 분들은 긍정적인 믿음을 가지고 선포하시기를 바랍니다. 그러면 빠르면 1년 늦으면 3년 이내에 빈곤의 고통이 물러가고 하나님의 축복이 임하는 것을 체험하게 될 것입니다. 우리 자녀들이 서울로 이전하니 이렇게 이야기 합니다. 우리가 지금 이렇게 된 것은 하나님이 일으키신 기적이라고 간증합니다. 도저히 사람의 힘으로는 벗어날 수 없었던 빈곤의 환경을 성령의 역사로 바꾸어 하나님은 기적을 일으키시는 분이라고 어린아이들이 간증하게 하시는 것입니다.

제가 지금까지 성령치유 사역을 하다가 보니까, 예수를 믿기 전에 우상을 숭배했던 모든 것을 인정하고 회개하고 청산하지 않으면 아무리 예수를 오래 믿었어도 청산될 때까지 악한 영의 영향을 받으며 알지 못하는 고통을 당하면서 살아가더라는 것입니다. 이는 제가 한 두 성도를 보고 말하는 것이 아닙니다. 안수집사가 되고, 장로가 되고, 권사가 되고, 목사가 되어도 믿기 전에 행했던 우상숭배를 해결하지 않으니까, 자기도 모르게 고통을 당하면서 살아가더라는 것입니다.

조상의 무당의 영으로 고생하다가 치유 받은 목사님의 이야기입니다. 이 목사님은 성령의 역사를 인정하는 ○○○ 교단에서 목사 안수를 십 년 전에 받으시고 교회를 개척하여 10년 째 목회하시는 목사님이십니다. 우리 교회에 치유 받으러 오신 이유가 이렇습니다. 첫째는 교회가 부흥되지 않아서 재정적인 고통이 심하고, 둘째는 자신이 혼자 있을 때는 괜찮은데 이상하게 사람들 앞에 서서 칠판에 글씨를 쓰려고 하면 오른 손이 떨려서 글씨를 쓸 수가 없다는 것입니다. 사람들이 없을 때는 조금 나은데 성도들 앞에만 서면 오른 손이 떨려서 글을 쓸 수가 없었다는 것입니다. 그래서 무슨 원인인가를 알고 치유를 받으려고 지난 10여 년 동안 이곳저곳 성령의 역사가 있고 치유하고 축사하는 곳이라면 안 가본 곳이 없을 정도로 다녔다고 합니다.

그러다가 소문을 듣고 우리 교회에 오신 것입니다. 그래서 상담을 요청하여 저에게 사정을 이야기 하셨습니다. 그래서 제가 성령님에게 물었습니다. 대관절 이 목사님이 무슨 이유로 사람들 앞에서 서서 칠판에 글씨를 쓸 수가 없었습니까? 하고 질문하였더니 성령께서 감동을 주시기를 조상 중에 무당이 있었는가 물어 보아라, 그래서 목사님 가정에 혹시 무당과 관련된 분이 있거나 목사님이 어렸을 때에 무당에게 간적이 없습니까? 하고 질문을 했습니다. 그랬더니 목사님이 한참 기도를 하시더니 이렇게 대답을 했습니다.

아주 어렸을 때에 외할머니가 무당이라 자신이 아프면 어머니가 데리고 가서 기도를 받고 어깨에도 손을 자주 얹어 기도를 받았다는 것입니다. 그래요, "내가 나사렛 예수 이름으로 명하노니 대물림되는 무당의 영은 정체를 밝힐지어다." 했더니, 오른 손을 마구 흔드는 것입니다. 마치 TV에 나오는 무당이 굿거리 하는 장면같이 손을 마구 흔들어 댔습니다. 그래서 이제 내가 "예수 이름으로 명하노니 혈통을 타고 들어온 무당귀신의 대물림의 줄은 끊어질지어다." "이제 내가 예수 이름으로 명하노니 혈통을 타고 들어온 무당 귀신은 묶음을 풀고 나올지어다." 했더니 이 목사님이 한참 괴성을 지르시더니만 입에서 맑은 물을 막 토하면서 귀신이 떠나가는 것이었습니다. 그리고 다시 "교회성장을 방해하고 재정적인 고통을 주고 있는 혈통으로 대물림되는 악귀는 재정의 결박을 풀고 떠나갈지어다." "교회성장을 방해하고 재정적인 고통을 주고 있는 혈통으로 대물림되는 악귀는 재정의 결박을 풀고 떠나갈지어다." "교회성장을 방해하고 재정적인 고통을 주고 있는 혈통으로 대물림되는 악귀는 재정의 결박을 풀고 떠나갈지어다." 하며 성령의 권능으로 명령을 했더니, 막 소리를 지르고 악을 쓰고 통곡을 하면서 악귀들이 떠나갔습니다. 그리고 "이제 교회가 성장하고 재정에 복이 임하는 영이 임할 찌어다." "이제 교회가 성장하고 재정에 복이 임하는 영이 임할 찌어다." 하며 안수기도를 했습니다.

이렇게 하기를 이틀 동안 했습니다. 우리 교회 치유집회는 시간시간 개인별로 안수기도를 하면서 치유를 합니다. 그리고 목사님에게 물어보았습니다. 지금도 사람들 앞에 서면 손이 떨립니까? 목사님이 웃으시면서 지금은 그렇지 않습니다. 정말 이 문제 때문에 제가 고생을 많이 했습니다. 목사님 감사합니다. 하고 치유 받고 가셨습니다. 이 분이 최근에 저희 교회에 매주 목요일 날 하는 예언 사역자 훈련에 오셨습니다. 그래서 제가 물어 보았습니다. 교회는 부흥되고 있습니까? 예 여기서 치유 받고 간 다음부터 서서히 교회가 부흥되고 물질도 풀리고 있습니다. 목사님 감사합니다. 그래서 제가 내가 한 일이 아니고 하나님이 하신 일입니다. 하나님에게 감사하시기를 바랍니다. 하고 대화를 나누었습니다. 방심은 금물입니다. 제가 사역할 때 장로, 안수집사, 권사할 것 없이 대물림되는 무당의 영으로 고통을 당하다가 치유 받고 간 성도가 많은 수입니다. 나는 권사이기 때문에 나는 장로이기 때문에 해당이 없다. 귀신이 장로나 권사나 목사를 보면 무서워서 도망간다. 천만에 말씀입니다. 자아는 의를 이루지 못합니다. 말씀과 성령의 역사로 자신을 성찰하는 시간을 가지시기를 부탁합니다. 자신에게도 혈통을 타고 대물림되는 빈곤의 문제가 있을 수 있다고 인정하시고 성령으로 찾아내어 치유하시기를 바랍니다. 그러나 성령 충만한 예배와 말씀의 묵상과 찬송과 기도와 교회 봉사는 악한 영의 힘을 약화시키는 방편이 됩니다. 그러므로 영과 진리로 예배를 드리고 영으로 기도하고 말씀을 묵상하고 성령의 감동에 따라서 교회 봉사 등의 영의 활동을 지속적으로 하면 악한 영의 세력이 약화되어 때가 되면 기침 한번으로 또는 재채기 나 호흡을 통하여 나도 모르게 떠나가기도 합니다. 이와 같은 영적인 원리들을 인정하시고 말씀과 성령으로 찾아서 해결하시기를 바랍니다.

22장 충격적인 사건으로 생긴 독소들과 배출

(요삼 1:2)"사랑하는 자여 네 영혼이 잘됨 같이 네가 범
사에 잘되고 강건하기를 내가 간구하노라"

일련의 사건으로 충격을 받으면 그 감정은 기억이 되어서 사건
을 회상만 하여도 그때와 같은 감정이 반복되며 심리적, 신체적
으로 이전에 충격을 받던 상황의 반응이 재현됩니다. 잠재의식의
충격적인 상처가 독소가 되어 현재의식에 영향을 끼치기 때문입
니다. 현재의식에 영향을 미쳐서 동일한 사건을 당하면 스트레스
가 되어 몸속에 독소를 만드는 근원이 되는 것입니다. 그렇기 때
문에 성령으로 잠재의식의 쌓여있는 독소를 녹여서 배출해야 완
전치유가 가능한 것입니다.

잠재의식의 충격적인 상처가 현재의식을 자극하여 감정을 격
하게 역사합니다. 생각만 해도 충경적인 상처를 받던 상황을 감
정으로 느끼게 되는 것입니다. 감정은 심리적인 동력의 역할을
합니다. 행동의 강력한 동기가 됩니다. 감정이 자극을 받으면 자
극이 지성으로 전달되어 지성이 감정을 어떤 방법으로 표현할 것
인가를 결정한 후 그에 따라 감정이 밖으로 표현됩니다. 이렇게
감정이 밖으로 표현되는 것을 정서라고 합니다. 같은 자극이라도
사람에 따라서 전혀 다르게 반응하는데, 이는 교육, 성격, 신앙,
당시 상황, 상대방과의 관계성에 따라 차이가 있습니다.

인간은 본능적으로 불쾌한 감정(불안, 미움, 슬픔, 두려움, 증

오, 분노 등)보다 유쾌한 감정(기쁨, 자유 함, 편안함, 사랑, 희락 등)을 요구합니다. 그리고 불쾌한 감정이 생기면 유쾌한 감정을 소유하려는 시도를 하게 됩니다. 그러나 유쾌한 감정을 갖고자 하는 욕구 때문에 부도덕적이고 비윤리적 행동을 하면 양심에 가책을 받게 됩니다. 그러나 인간은 자기중심적이기에 자신의 유익을 위하여 비록 양심을 어기는 행위라도 가리지 않고 하게 되는 경우도 있습니다.

건강한 감정을 가진 사람이라면 도덕적, 양심적 기준에 의하여 선한 감정과 지성으로 대적하고 다른 방향으로 유도하거나 절제하게 합니다. 감정은 감정으로 다스릴 수 있습니다. 악한 감정은 선한 감정으로, 미움은 사랑의 감정으로 절제해야 합니다. 감정의 반응에 이끌려 분별력, 자제력을 잃으면 죄를 짓게 됩니다.

감각에는 심리적 감각과 신체적 감각이 있습니다. 이들은 서로 영향을 주고받습니다. 정신적 상처를 받음으로 혈압이 오르거나, 숨이 가빠지듯이 신체적 반응을 일으킵니다. 심리적 감각은 자극을 주는 상황에 대하여 그 상황을 느끼고 이해함으로 반응하기 직전의 상태이며, 이는 그 사람의 정서와 직접적 연관이 있습니다. 신체적 감각은 인간의 신경계통으로 느껴지는 본능적 감각입니다. 감정은 감각이 상황을 어떻게 받아들였는가에 따라 반응합니다. 또 똑같은 감각이라도 상황, 분위기, 그때의 건강 상태, 기분에 따라서 다르게 반응합니다.

감정은 감각이 없더라도 기억에 의하여 스스로 반응할 수 있습니다. 과거 어떤 상황에서 심한 감정의 상처를 입었다면, 그 상황을 다시 기억함으로도 그때의 감정과 자극의 반응이 생기게 됩니다. 이러한 반응이 반복되면 신체적 질병이나 노이로제에 이르게 됩니다.

다치거나 칼에 베이면 몸에 상처가 남고 심하면 오랜 후유증과 합병증이 생깁니다. 우리의 감정도 마찬가지입니다. 감정을 잘 다스리지 못하여 분노를 자주 유발하면 혈관 계통에 염증이 생기기도 합니다. 자주 분내고 혈기가 심하면 심장병과 뇌졸중, 중풍, 신경성 위장병 등의 심각한 질병을 유발하기도 합니다. 그리고 감정이 동요되면 사리분별이 혼돈됩니다. 이성의 분별이 잘못되면 선택을 잘못하여 어려움을 당합니다. 충격사건으로 생긴 독소를 배출하여 감정이 안정되어야 성령의 교통함을 가질 수 있습니다.

물에 빠지면 생사를 헤매다가 구조됩니다. 이때 들어온 공포의 영이 계속 마음속에서 역사하므로 물만 봐도 놀라고 물에 사람이 빠져 죽었다는 소리만 들어도 놀랍니다. 성령님의 임재로 가슴에 맺혀 있는 놀랐을 때의 상처를 치유하고 축사해야 합니다.

제가 군산에 부흥집회를 갔을 때의 일입니다. 첫날 저녁에 기도를 하는데 남 집사님 한 분이 팔을 막 휘저으면서 "아버지, 살려 주세요. 아버지, 살려 주세요." 하는 것입니다. 이 집사님이 물에 빠져서 고생을 했다는 것을 직감하고 물었더니 이렇게 고백하는 것이었습니다. "예! 목사님 저 그때 다 죽었다고 했는데 하나님이 살려 주셨습니다. 제가 외항선에서 한 10년간 일을 했습니다. 외항선이 목적지에 도착하여 일을 마치면 배의 엔진을 정비하고 배 도색을 다 새로 합니다. 엔진을 다 열어 놓고 정비하는데 갑자기 중요한 장비하나가 바다에 떨어졌습니다. 그것을 건져 오려고 바다에 뛰어들었는데 그만 역류에 휩쓸려서 계속 떠내려 갔습니다. 배 안에서는 배의 엔진도 다 열어 놓은 상태라 배를 움직일 수가 없고 보트를 띄워도 물이 역류하여서 아무 소용이 없는 상황이었습니다. 방법은 역류를 타고 수영하여 스스로 배로 오는 것인데 배로 가까이 가기는커녕 계속 배와 멀어지는 것입니다. 배와 멀어지니 구명장비를 던져도 자꾸 떠내려가기만 하고 아무런 효과가 없었습니다. 이렇게 바다 속에서 역류를 타고 2시간 반을 사투하다가 겨우 배 옆으로 와서 구명장비를 잡고 배 위로 올라왔습니다. 그 이후로 바다만 보면 겁이 나서 외항선 타는 일을 그만두고 다른 일을 했습니다. 그런데 그 이후로 이상하게 가슴이 답답하고 기도가 잘 안 되고 영적인 성장이 되지를 않았답니다. 그러다가 성령치유 부흥집회에 참석하여 성령의 역사로 치유 받으니 방언기도가 터지고 기도가 그렇게 잘되고 말씀이 꿀맛 같아졌습니다. 목사님 감사합니다."

이렇게 사건에 의한 상처는 영적 성장에도 막대한 영향을 줍니다. 누구든지 사고를 당하였으면 방심하지 말고 성령의 임재 가운데 그때 당시의 상황으로 들어가서 주님께 드리고 치유 받아서 평안을 찾으시기를 바랍니다.

갑작스럽게 부모나 자녀가 죽으면 많은 상처가 마음에 맺힙니다. 하나님이 살아 계신가에 대한 의문과 하나님에 대한 불신의 감정을 가지기 때문에 믿음생활을 해도 영적 성장이 되지 않습니다. 그리고 돌아가신 분의 모습이 자꾸 떠오르기도 합니다.

늘 영적으로도 눌려서 평안함이 없는 경우가 있습니다. 용서하고 회개하고 성령으로 치유하고 축사해야 합니다. 갑작스런 배우자나 형제가 갑자기 죽어 심장병이 생겨서 고생하는 분이 있습니다. 어느 권사님이 20년 전에 남편이 횡단보도에서 교통사고로 죽었는데 20년이 지난 지금도 그 횡단보도만 보면 가슴이 두근두근한다고 합니다. 이분은 상처를 치유 받아야 합니다.

갑작스런 사고에 의한 가족의 죽음은 큰 감정의 상처가 남습니다. 권 집사님의 이야기입니다. 권 집사님의 남편은 성실하고 믿음도 좋았습니다. 그런데 직장에서 오전 일을 마치고 점심 먹고 쉬다가 심장마비로 소천 하였습니다. 권 집사님은 도저히 이해가 가지 않았습니다. 정말 큰 충격이었습니다. 아침에 출근했던 남편이 갑자기 죽었다고 했을 때 정말 믿어지지도 않고 앞이 캄캄했다고 합니다.

그렇게 갑자기 남편을 보낸 후 무엇을 해도 만족함이 없었습니다. 그런데 이분에게 문제가 생겼습니다. 친척이나 이웃 사람들이 죽어서 문상을 다녀오면 쓰러져서 며칠씩 일어나지 못하는 것입니다. 그래서 주변에서는 말들이 많았습니다. 상가에 있던 귀신이 들어가서 그렇다고 하는 사람도 있었습니다. 그러다가 우리 교회에 내적 치유를 받으러 온 것입니다. 며칠간 다니다가 누가 죽어서 문상을 다녀왔다가 또 쓰러진 것입니다.

그래서 제가 하나님께 질문을 했습니다. "왜 권 집사는 상가 집만 다녀오면 쓰러져서 일어나지 못합니까?" 성령의 감동이 왔습니다. 상가에 가면 죽은 사람을 생각하며 우는 사람이 많이 있는데 권 집사님도 그 우는 모습을 보면 갑자기 무의식에 잠재된 자기 남편의 갑작스런 죽음에 대한 서러움이 떠올라 운다는 것이었습니다. 속에 숨어 있던 충격적인 상실감과 서러움이 올라오니 감당을 못하고 쓰러지는 것입니다.

옛날에 시골에서 돼지를 먹이려고 모아 둔 잔반통 물을 시간이 지난 후 들여다보면 맑은 물로 변해 있습니다. 그러나 돼지에게 밥을 주려고 휘저으면 다시 다 올라옵니다. 마치 이와 같은 이치입니다. 평상시에는 상처가 무의식에 가라앉아 있다가 당시와 같은 상황을 보기만 해도 자신도 모르는 사이에 상처가 올라와 감당할 수가 없게 되는 것입니다.

그래서 제가 권 집사에게 자세히 설명을 하고 남편이 천국에 갔을 때 받은 상처를 성령으로 치유하자고 했습니다. 가슴 안에 담겨 있던 남편에 대한 인상을 천국으로 보내고 대신 하나님으로 채우는 치유를 했습니다. 치유를 집중적으로 한 다음부터는 상가에 다녀와도 눕지 않게 되었습니다. 무의식에 잠겨 있는 감정의 상처를 성령의 임재 가운데 치유 받으시고 평안을 찾으시기를 바랍니다.

암이나 기타 질병으로 병원에 입원하여 수술을 경험한 분들이 수술 당시에 받았던 두려움을 치유받지 못하여 생기는 문제입니다. 어느 집사의 경우 병원에 자궁을 수술 받았는데 꼭 죽는 것 같은 두려움이 찾아와서 고통을 당했습니다. 그런데 수술 후 후유증으로 심장병이 생겨서 1년 동안 고통당하다가 우리 교회에 와서 치유받았습니다. 이런 분들은 병원만 가면 가슴이 두근두근하고, 치료를 받고 오면 상처가 뒤집어져서 고생을 합니다. 어떤 분은 심장에 문제가 생겨 몸이 심하게 붓기도 합니다.

어려서 물이나 불이나 교통사고, 천재지변을 당한 경우에 상처가 무의식에 그대로 남아 있습니다. 많은 분들이 이렇게 사고를 당한 분들이 영적인 상처로 전환되어 영적인 문제로 고생하는 분들이 많습니다. 우울증이나 불면증이나 정신적인 문제로 고생하는 분들이 많습니다. 필자가 내적치유 하다가 어려서 물에 두 번 빠져서 사경을 헤매다가 구출되었고, 불속에서 한 번 구출된 경험이 있는 60세 된 목사님을 치유한 경험이 있습니다. 이 목사님이 불면증으로 2년을 고생하시다가 저의 충만한 교회 내적치유 집회에 참석했습니다. 여러 곳을 다니면서 치유를 받으려고 했지만 불면증을 치유 받지 못하다가 국민일보 광고를 보고 참석하기 시작했습니다. 몇 개월 동안 열심히 다니면서 능력과 치유를 받았습니다. 그런데 어느날 아마 밖의 날씨가 영하 8도 정도 내려갈 때인데 집회를 마치고 집으로 가시려고 하는데 필자가 보니까 땀을 비가 내리듯이 흘리면서 몸을 가누지를 못하는 것이었습니다. 그래서 필자가 그냥 가시면 안 된다고 잠시 안정을 취하고 가시라고 의자에 앉게 했습니다. 그리고 머리에 손을 얹고 기도를 했습니다. 그러니까, 성령께서 이렇게 감동을 하시는 것이었습니다. 어려서 심하게 놀란 일이 있다. 본인에게 한번 물어보아라. 그래서 본인보고 어렸을 때 놀란 일이 있는지 생각하여 보라고 했습니다. 그랬더니 한 참을 눈을 감고 생각을 하더니 목사님 이제 생각이 났습니다. 제가 물에 두 번 빠져서 죽을 뻔 했는데 하나님의 은혜로 살아나왔습니다. 그리고 불에도 한번 들어가서 타죽을 뻔 했습니다. 그래서 제가 안수를 시작했습니다. 성령이여 임하소서. 성령이여 사로잡으소서. 불속에 집어넣고 물속에 집어넣어 죽이려고 했던 귀신아 내가 예수 이름으로 명하노니 정체를 밝히고 나와라. 정체를 밝히고 나와라. 하니까 막 벌벌 떨다가 발작을 하다가 울면서 귀신이 떠나갔습니다. 귀신을 쫓아내고 나서 2년 동안 고통당하던 불면증을 치유 받았습니다.

이로보아 충격적인 사건의 배후에는 독소가 있다는 것입니다. 이 독소는 살아있는 실제적인 존재입니다. 반드시 살아있으면서 고통을 당하게 하는 존재보다 강한 성령의 역사가 일어나야 녹아지고 배출이 되기 시작하는 것입니다. 예수님께서 풍랑 이는 갈릴리 호수에 "바람아~ 바다야! 잔잔하라." 하시니까 잔잔해졌습니다. 갈릴리 호수에 바람이 불고 풍랑을 일으킨 배후가 있었다는 것입니다. 그렇기 때문에 충격적인 사건 뒤에 역사하는 배후가 있다는 것입니다. 배후를 성령의 역사로 몰아내야 평안한 삶을 살아갈 수가 있습니다.

23장 세상신앙의 잔재로 발생하는 독소들

(눅 11:20-22)"그러나 내가 만일 하나님의 손을 힘입어 귀신을 쫓아낸다면 하나님의 나라가 이미 너희에게 임하였느니라. 강한 자가 무장을 하고 자기 집을 지킬 때에는 그 소유가 안전하되 더 강한 자가 와서 그를 굴복시킬 때에는 그가 믿던 무장을 빼앗고 그의 재물을 나누느니라."

세상신앙의 잔재로 발생하는 독소들이란 자신이나 조상 중에 예수를 믿기 전에 관계했던 신앙의 영향으로 발생하는 독소들을 말합니다. 많은 크리스천들이 이들로 인하여 고통을 당하면서 살아가고 있지만 보이지 않기 무시하며 살아가기 때문에 피해는 엄청납니다. 신학적으로 예수를 믿으면 거듭났기 때문에 세상 신들의 영향에서 무관하다고 가르치고 관심 밖으로 생각하면서 살아갑니다. 그러나 실상은 그렇지 않습니다. 한번 혈통에 자리 잡고 역사하던 귀신들은 쉽사리 떠나가지 않습니다. 지식적으로 이론적으로 예수를 믿었다고 항복하고 떠나가지 않습니다. 이들은 가상적인 존재들이 아닙니다. 영입니다. 보이지 않지만 살아서 역사하는 존재들입니다. 이들로 인하여 예수를 믿으면서도 천국을 만끽하지 못하고 지옥과 같은 생활을 하는 것입니다. 반드시 이들보다 강한 성령의 살아있는 초자연적인 역사가 자신 안에서 밖으로 역사하면서 자신을 지배하고 장악해야 정체를 폭로하면서 떠나가기 시작을 합니다.

이에 대하여 예수님께서 소상하게 알려주셨습니다. 예수님은 자신이 하는 축귀역사는 성령님의 능력으로 귀신을 쫓아내는 것이며, 이를 통해 하나님의 나라가 임하게 하는 역사라고 선포하셨습니다. 그리고 자신이 귀신을 쫓아내는 것이 어떤 역사인가를 바리새인과 서기관들에게 말씀하십니다.

누가복음 11장 20-22절을 보십시오. "그러나 내가 만일 하나님의 손을 힘입어 귀신을 쫓아낸다면 하나님의 나라가 이미 너희에게 임하였느니라. 강한 자가 무장을 하고 자기 집을 지킬 때에는 그 소유가 안전하되, 더 강한 자가 와서 그를 굴복시킬 때에는 그가 믿던 무장을 빼앗고 그의 재물을 나누느니라." 자신이 귀신에 영향을 받는다는 것은 강한 자 귀신에게 눌렸다는 것입니다. 예수를 믿기 전에 자신이나 조상들이 숭배하던 귀신은 귀신들린 사람을 소유하고 그를 철저하게 지배합니다. 그러므로 더 강한 자가 와서 귀신을 굴복시키기 전에는 귀신을 쫓아낼 수 없습니다. 이들은 가상적인 존재가 아니기 때문입니다. 많은 사람들이 귀신을 쫓아내고자 하지만 권능이 없어서 몰아내지 못하고 고생을 합니다. 하지만 예수님은 성령님의 권능으로 더 강한 자이기 때문에 귀신을 결박하고 그의 무장을 빼앗고 재물을 나눕니다. 즉 귀신들린 자에게서 귀신을 쫓아내고 자유롭게 해 줍니다. 성령님의 능력이 귀신의 능력보다 한 차원 강하기 때문입니다. 이것이 예수님의 하나님의 나라를 실증하는 축귀사역의 본질이었습니다. 축귀사역은 전적으로 성령의 힘의 역사입니다. 성령의 힘이 있으면 귀신을 결박하고 쫓아내지만 힘이 없으면 귀신을 결박하지도 못하고, 그 사람을 구해내지도 못합니다. 우리 크리스천들도 성령의 실재적인 권능의 역사가 있어야 예수를 믿기 전에 들어와 주인행세를 하는 귀신들을 몰아낼 수가 있습니다. 실제적으로 예수를 믿기 전에 조상들이 행한 무속의 영향으로 그때 들어와 좌정하고 있는 귀신들에 의하여 고통을 당하는 분들이 많습니다. 목사님들도 많습니다. 사모님들도 많습니다. 성도들도 많습니다. 장로가 되고, 안수집사가 되고, 권사가 되었어도 예수를 믿으면 모든 것이 해결이 된다는 이론을 철석같이 믿고 방심하고 관심을 갖지 않다가 이유 없는 고통을 당합니다. 실제로 눈에 보이지 않기 때문입니다. 예수를 믿기 전에 들어와 좌정하고 있는 존재들은 눈에 보이지 않지만 살아있는 존재들입니다.

이들로 인하여 재정에 고통을 당합니다. 정신적인 고통을 당합니다. 질병의 고통을 당합니다. 영적인 고통을 당합니다. 성격적인 고통을 당합니다. 불면증이나 우울증이나 악성두통으로 고생을 합니다. 모두 영적인 면에 무지하여 당하는 고통입니다. 예수를 믿고 나서 즉각적으로 성령의 역사로 옛 사람에게 역사하던 세상 신을 몰아내지 않은 연고입니다. 성령님의 지배와 장악 속에 들어가지 않은 연고입니다. 모두 예수 믿으면 자동적으로 정리가 되는 것으로 믿고 행했기 때문입니다.

절대로 예수를 믿었다고 옛 사람에게 역사하던 귀신들이 자동으로 물러가지 않습니다. 영적인 전투를 해야 합니다. 본인이 인정하고 성령의 살아있는 역사가 자신 안에서 밖으로 일어나서 성령의 권능에 의하여 귀신들이 물러가게 해야 합니다. 절대로 예수 믿었다고 귀신들이 항복하고 떠나가지 않습니다. 성령이 권능이 지배하고 장악을 해야 귀신이 물러가는 것입니다. 다른 측면에서 자신이 성령이 충만한 교회에 다닌다고 귀신이 무서워서 도망하지 않습니다. 자신에게 예수를 믿기 전에 들어와 주인행세를 하는 귀신 역사가 있을 수 있다고 마음을 열고 성령의 살아있는 역사가 자신 안에서 일어나도록 해야 떠나가기 시작을 하는 것입니다.

이는 사무엘상 17장에 나오는 다윗과 골리앗과 사울왕의 사례를 생각하면 쉽게 이해가 될 것입니다. "그(골리앗)가 서서 이스라엘 군대를 향하여 외쳐 이르되 너희가 어찌하여 나와서 전열을 벌였느냐 나는 블레셋 사람이 아니며 너희는 사울의 신복이 아니냐, 너희는 한 사람을 택하여 내게로 내려 보내라. 그가 나와 싸워서 나를 죽이면 우리가 너희의 종이 되겠고 만일 내가 이겨 그를 죽이면 너희가 우리의 종이 되어 우리를 섬길 것이니라(삼상 17:8-9)" 블레셋군대의 대장군 골리앗이 나와서 소리를 지릅니다. 그런데 사울 왕 이하 군대장관 군졸들은 두려워서 숨기에 급급합니다. 골리앗을 대항하여 이길 수가 없기 때문입니다. "사울과 온 이스라엘이 블레셋 사람의 이 말을 듣고 놀라 크게 두려워하니라(삼상17:11)" 이대로 시간이 지나면 꼼짝없이 블레셋 대장군 골리앗에 짓밟히고 종이 되는 수밖에 없습니다. 사울왕의 힘과 지략으로는 골리앗을 당해낼 재간이 없기 때문입니다.

도저히 사울 왕과 그 휘하 군졸들은 골리앗을 이길 수가 없습니다. 마찬가지로 예수를 믿기 전에 행했던 우상숭배로 인하여 들어와 좌정하고 있는 귀신들은 골리앗과 마찬가지입니다. 예수를 믿었다고 항복하지 않습니다. 실제 살아서 역사하는 힘의 대결에서 승리해야 떠나가는 것입니다. 성령의 살아있는 역사로 귀신들을 굴복시켜 배출해야 해야 천국을 누립니다. 종의 생활에서 벗어날 수가 있는 것입니다. 이렇게 골리앗의 기세에 눌려서 두려움에 처해있는 사울 왕과 이스라엘을 구출하실 분은 하나님밖에 없습니다. 사울왕의 힘과 재간으로는 도저히 골리앗을 이길 수가 없기 때문입니다. 이 때 성령으로 충만한 다윗이 전장에 나타납니다. 다윗이 하나님의 이름으로 골리앗에게 나아갑니다. "손에 막대기를 가지고 시내에서 매끄러운 돌 다섯을 골라서 자기 목자의 제구 곧 주머니에 넣고 손에 물매를 가지고 블레셋 사람에게로 나아가니라. 블레셋 사람이 방패 든 사람을 앞세우고 다윗에게로 점점 가까이 나아가니라(삼상17:40-41)" 골리앗이 다윗을 보고 "그 블레셋 사람이 둘러보다가 다윗을 보고 업신여기니 이는 그가 젊고 붉고 용모가 아름다움이라. 블레셋 사람이 다윗에게 이르되 네가 나를 개로 여기고 막대기를 가지고 내게 나아왔느냐 하고 그의 신들의 이름으로 다윗을 저주하고, 그 블레셋 사람이 또 다윗에게 이르되 내게로 오라 내가 네 살을 공중의 새들과 들짐승들에게 주리라 하는지라(삼상42-44)" 다윗을 저주합니다. 골리앗은 다윗을 저주한 대로 자신에게 저주가 임합니다. 하나님의 사람 다윗을 저주했기 때문입니다.

다윗이 이렇게 말합니다. "다윗이 블레셋 사람에게 이르되 너는 칼과 창과 단창으로 내게 나아오거니와 나는 만군의 여호와의 이름 곧 네가 모욕하는 이스라엘 군대의 하나님의 이름으로 네게 나아가노라. 오늘 여호와께서 너를 내 손에 넘기시리니 내가 너를 쳐서 네 목을 베고 블레셋 군대의 시체를 오늘 공중의 새와 땅의 들짐승에게 주어 온 땅으로 이스라엘에 하나님이 계신 줄 알게 하겠고, 또 여호와의 구원하심이 칼과 창에 있지 아니함을 이 무리에게 알게 하리라 전쟁은 여호와께 속한 것인즉 그가 너희를 우리 손에 넘기시리라(삼상17:45-47)” 이는 하나님께서 다윗의 입술을 이용하여 골리앗에게 경고하는 것입니다.

경고하고 바로 “블레셋 사람이 일어나 다윗에게로 마주 가까이 올 때에 다윗이 블레셋 사람을 향하여 빨리 달리며 손을 주머니에 넣어 돌을 가지고 물매로 던져 블레셋 사람의 이마를 치매 돌이 그의 이마에 박히니 땅에 엎드러지니라. 다윗이 이같이 물매와 돌로 블레셋 사람을 이기고 그를 쳐죽였으나 자기 손에는 칼이 없었더라(삼상17:48-50)” 다윗이 골리앗을 발로 밟고 칼을 뽑아 골리앗의 목을 칩니다. “다윗이 달려가서 블레셋 사람을 밟고 그의 칼을 그 칼집에서 빼내어 그 칼로 그를 죽이고 그의 머리를 베니 블레셋 사람들이 자기 용사의 죽음을 보고 도망하는지라(삼상17:51)” 이렇게 해서 골리앗의 기세에서 이스라엘을 구출하였습니다.

사울 왕 이하 이스라엘 사람들은 블레셋 군대 대장군 골리앗을 죽이지 못하면 종살이를 해야 합니다. 영원히 평안치 못합니다. 그러나 다윗이 하나님의 이름으로 골리앗을 처치하니 이스라엘이 평안을 되찾았습니다. 마찬가지로 예수를 믿기 전에 들와와 좌정하고 있는 귀신들을 죽이기 전에는 절대로 평안하지 못합니다. 이유 없는 고통과 종과 같이 살아갑니다. 그래서 성령의 살아 있는 역사로 예수를 믿기 전에 들어와 주인 행세를 하는 귀신들을 성령의 권능으로 찾아서 배출해야 합니다. 주인 행세를 하는 귀신들이 직분을 받았다고 무서워서 도망하지 않습니다. 예수 믿기 전에 들어와 주인 행세하는 귀신들을 처치하지 않아서 고통을 당하는 분들이 많습니다. 반드시 정리해야 합니다. 예수를 믿고 나서 이들을 정리하지 않아서 고통을 당하는 사례입니다.

얼마 전에 목회자 부부가 지방에서 올라와 저희 교회집회에 참석 했습니다. 저희 교회는 집회 시에 1시간 말씀을 전하고 50분 이상 개인 기도를 합니다. 개인 기도시간에 제가 일일이 안수를 해드립니다. 첫 시간 안수를 하면서 목사님을 보니 진동을 아주 심하게 했습니다. 더 자세히 보니 무당의 영이 정체를 폭로하고 흔들어대는 것이었습니다.

그래서 첫 시간에는 아무 말도 하지 않고 안수만 해드렸습니다. 둘째 시간이 되었습니다. 안수를 하면서 목사님에게 질문을 했습니다. 목사님 언제부터 이렇게 진동하며 기도를 하셨습니까? 상당히 오래되어 얼마나 되었는지 모르겠다는 것입니다. 목사님! 목사님은 이러한 진동을 하는 것이 성령 충만해서 나타나는 것이라고 알고 있으시지요. 예! 맞습니다. 저 아주 성령 충만합니다. 그런데 여기에 왜 오셨습니까? 사모가 아파서 치유 받으러 왔습니다.

그래요. 목사님 혹시 집안에 무당이 없으십니까? 목사님이 하시는 말씀이 이렇습니다. 예! 무당은 없고 고모가 점쟁이를 하고 있다고 아버지에게 들었습니다. 목사님 오해하지 마시고 들으세요. 지금 목사님은 무속의 영이 진동을 하고, 손을 흔들면서 기도를 따라 하고 있습니다. 목사님이 이를 인정하지 않고 성령의 역사라고 믿으니 떠나가지 않는 것입니다. 축사를 해드릴까요? 했더니 해달라는 것입니다. 그래서 "이 더러운 무속의 영아! 내가 예수님의 이름으로 명하노니 정체를 밝혀라." 하니 아주 심하게 손을 흔들어 댑니다. "예수 이름으로 명하노니 더러운 무속의 영은 떠나갈지어다." 했더니 기침을 사정없이 하면서 오물을 토하면서 귀신들이 떠나갔습니다. 2일째 되는 날도 진동을 약하게 하며 손을 흔들고 기도를 하여 축사를 했습니다. 3일째 되는 날은 진동을 하지 않고 손도 흔들지 않고 아주 편안하게 기도를 하셨습니다. 무속의 영이 떠나간 것입니다.

그런데 문제가 하나 있었습니다. 사모님이 질병으로 시달려서 정상적인 생활을 못하시는 것입니다. 그래서 사모님을 치유하려고 지방에서 올라온 것입니다. 목사님 집안에 역사하던 무속의 영이 사모님을 괴롭히는 것입니다. 목사님이 예수만 믿으면 모든 것이 해결이 되는 것으로 잘못이해하고 방심하고 지낸 것입니다. 반드시 성령으로 세례를 받고 자신이나 조상들이 숭배하던 귀신들이 축사하여 정화시켜야 합니다.

그래서 사모님을 앞으로 모시고 나와서 안수를 하니 귀신들이 말로 표현할 수 없을 정도로 많이 나갔습니다. 근육통과 관절염으로 아프지 않은 곳이 없었다고 합니다. 원래 무속의 영이 역사하면 근육통과 관절이 아플 수가 있습니다. 안수 받고 날아갈 것

같다고 하면서 내려가셨습니다. 그런데 이는 일시적인 현상으로 상당한 시간동안 진리의 말씀과 성령의 역사로 정화하는 활동을 해야 합니다. 쉽사리 떠나가지 않습니다. 이렇게 예수를 믿기 전에 자신이나 조상들이 행했던 우상숭배를 타고 들어와 주인 행세하는 귀신들을 정리해야 합니다. 많은 분들이 자신은 무실론자이었기 때문에 귀신하고 상관이 없다고 우기시는 분들이 있습니다. 그러나 영적으로 보면 예수를 믿지 않은 사람은 모두 귀신의 하수인이었습니다. 인정하시고 한번은 정리하는 것이 좋습니다.

예수를 믿고 안수 집사가 되었어도 어린 시절 침입한 무당의 영의 영향으로 고통을 당한 분의 사례입니다. 일산에 있는 아주 큰 교회의 안수 집사가 치유를 받으러 왔습니다. 이유는 다리부터 머리까지 오른쪽 한쪽이 저리고 아파서 견딜 수가 없다는 것입니다. 증상을 없애기 위해 오랫동안 별짓을 다했지만 치유가 되지 않자 여동생의 소개로 치유를 받으러 온 것입니다. 그런데 부인 집사역시 유방암 3기로 고생 하다가 수술하였고, 자신의 둘째 아들 또한 간질과 정신적인 문제로 정상적인 생활을 못하는 형편이었습니다. 예수 믿으면 천국이라고 하는데 이분은 안수집사가 되어도 지옥 같은 삶을 살고 있었던 것입니다. 상담을 해보니 반 무당이셨던 할머니 때문에 자신이 어렸을 때부터 몸이 조금만 아프면 무당에게 찾아가 복을 빌었는데 무당이 어깨에 이상한 물건을 얹어놓을 때도 있었다는 것입니다. 자신의 모친도 시어머니의 영향으로 무당의 신끼가 내려서 굉장히 시달리다가 예수를 믿었다는 것입니다. 그러니까 할머니의 우상숭배가 이 집안에 4대째 내려와 고통을 주고 있는 것입니다.

저는 우선 그에게 편안하게 누우라고 하고 성령의 임재를 요청했습니다. 그리고 본인에게 우상숭배를 회개하라고 했습니다. 그러자 얼마동안 발작하기 시작했습니다. 오른쪽 머리가 깨지는 것같이 아프다고 하고, 오른쪽 팔과 다리를 막 흔들면서 발작 했습니다. 그러더니 갑자기 일어서서 무당이 굿 할 때에 손과 발을 움직이는 것 같이 행동하면서 뛰어다녔습니다. 그래서 제가 "성령님 더 강하게 역사하여 주시옵소서" 하고 더욱더 강력히 요청 하자, 한 10분간을 뛰어다니다가 쓰러졌습니다. 저는 곧 바로 명령했습니다. "내가 예수의 이름으로 이 가정의 무당의 영의 줄을 끊노라. 무당의 영의 줄은 예수 이름으로 끊어질지어다. 그리고 무당에게 복을 빌고 기도 받을 때 들어와 고통을 주고 있는 귀신은 예수 이름으로 물러갈지어다. 떠나갈지어다." 하자, 막 오물을 토해내고 소리를 지르면서 귀신이 떠나갔습니다. 떠나갈 때 무당이 굿하는 현상을 하면서 떠나갔습니다.

그 후 몇 개월간 부인과 아들이 함께 다니면서 계속적으로 치유를 받았습니다. 그리고 완치되어 3년이 지난 지금까지 아무런 일없이 잘 지내는 가운데 작년에 장로가 되어 믿음생활 잘하고 있습니다. 이렇게 자신이나 조상의 우상숭배로 들어와 주인 행세하는 귀신들은 예수를 믿고 직분을 받았다고 떠나가지 않습니다. 반드시 인정하고 성령의 역사로 드러내어 배출해야 천국을 누리는 신앙생활을 할 수가 있습니다. 예수 믿었으니 귀신하고 상관이 없다고 방심은 금물입니다.

24장 귀신들의 영향으로 발생한 독소들과 배출

(막 16:17)"믿는 자들에게는 이런 표적이 따르리니 곧
그들이 내 이름으로 귀신을 쫓아내며 새 방언을 말하며"

일부 크리스천들이 예수를 믿었으면 귀신하고 상관이 없는 것
으로 알고 무시하며 세상생활을 하는 경우가 많습니다. 그러나
예수를 믿은 성도라도 육체를 가지고 있기 때문에 귀신의 영향을
받을 수가 있습니다. 예수를 믿기 전에 들어와 있던 존재들이 계
속적으로 문제를 야기할 수가 있습니다. 하나님은 분명하게 "그
때에 너희는 그 가운데서 행하여 이 세상 풍조를 따르고 공중의
권세 잡은 자를 따랐으니 곧 지금 불순종의 아들들 가운데서 역
사하는 영이라. 전에는 우리도 다 그 가운데서 우리 육체의 욕심
을 따라 지내며 육체와 마음의 원하는 것을 하여 다른 이들과 같
이 본질상 진노의 자녀이었더니(엡 2:2-3)" 누구를 막론하고 예
수를 믿기 전에 세상신의 영향아래 있었기 때문에 예수를 믿고,
성령으로 세례를 받은 다음에, 지속적으로 성령의 지배와 장악을
통하여 세상 신을 몰아내는 적극적인 활동을 하지 않았다고 한다
면 여전하게 세상신의 영향을 받고 있다고 믿고 대처해야 몸속의
영적이고 심리적인 독소를 완전하게 배출할 수가 있습니다.

자신은 세상신의 영향을 받지 않고 있다고 자만하는 것은 교
만입니다. 자만하고 자기 몸속의 독소의 제거를 등한이 하면 자
신의 영혼육의 기능이 정상적이지 않은 취약시기에 귀신의 영향

으로 고통을 당할 수가 있습니다. 하나님은 이렇게 경고하십니다. "……그들에게 일어난 이런 일은 본보기가 되고 또한 말세를 만난 우리를 깨우치기 위하여 기록되었느니라. 그런즉 선줄로 생각하는 자는 넘어질까 조심하라(고전 10:5-12)"

기회가 있을 때 자신의 몸속의 독소를 제거하여 성령의 전을 만드는 일을 우선으로 해야 합니다. 그래야 가나안 목전에서 멸망을 받은 이스라엘 백성들과 같은 불행한 경우를 당하지 않는 것입니다. 하나님께서는 예수를 믿고 성령으로 거듭난 성도들을 사랑하시기 때문에 경고하시면서 자신의 내면관리를 하도록 역사하시는 것입니다. 내면이 하나님의 나라가 되도록 하기 위해서 마음 안에 성전삼고 주인으로 임재하신 것입니다. 하나님은 자신의 몸속에 영적이고 심리적인 독소가 없다고 자만하는 교만한 사람들에게 "그런즉 선줄로 생각하는 자는 넘어질까 조심하라(고전10:12)" 경고하시는 것입니다. 경고의 음성을 듣고 무시하면 분명하게 화를 당할 수가 있는 것입니다.

그렇기 때문에 세상방법을 사용하여 해결되지 않는 독소는 반드시 성령의 지배와 장악을 통하여 배출해야 되는 것입니다. 몸속의 독소의 완전한 배출은 성령의 역사 외에는 방법이 있을 수가 없습니다. 그래서 세상방법으로 독소를 배출한 후에 얼마가지 않아서 요요현상이 일어나는 것입니다. 몸속의 독소 뒤에 있는 근본원인을 일으키는 존재들이 배출되지 않았기 때문입니다. 세상방법으로 독소를 배출한 후에 스트레스를 받게 하여 독소를 발생하게 하는 존재들이 역사하기 때문입니다. 왜냐하면 성령의 전으로 변화가 되면 그 사람에게 더 이상 같이 있지 못하고 떠나가야 하기 때문입니다.

그렇기 때문에 반드시 성령으로 잠재의식에 형성된 독소를 배출해야 합니다. 여기서 알고 계실 것은 성령의 지배와 장악으로 독소를 배출했다고 완전하게 끝났다고 방심하면 안 됩니다. 크리스천들도 육체를 가지고 있으므로 지속적인 성령의 지배와 장악이 되지 않으면 재발할 수가 있는 것입니다. 그렇기 때문에 주일날 성령으로 충만한 예배를 통하여 지속적인 성령의 지배와 장악이 되도록 해야 합니다. 크리스천들은 자신이 육체를 가지고 있어서 완벽하지 못하다는 것을 항상 마음에 새기고 살아야 합니다.

그런데 일부 크리스천들이 왜 예수를 믿으면서 몸속에 독소로 인하여 영-혼-육에 고통을 당하면서 살아갈까요? 성령으로 세례만 받고 성령체험만 하면 다되는 것으로 알고 행했기 때문입니다. 쉽게 말해서 자신의 전인격이 성령의 지배와 장악이 되지 못하기 때문입니다. 한마디로 세상 것이 섞여있기 때문입니다. 세상 것이 섞여서 방해함으로 강력한 능력을 이끌어내지 못하는 것입니다. 이것은 아주 심각하게 받아드려야 합니다. 그래야 성령의 역사에 관심을 가져서 성령의 지배와 장악이 되어 성령이 인도를 받는 성도가 될 수 있기 때문입니다. 전인격이 성령의 지배와 장악이 되지 않고는 몸속의 독소로 인하여 능력을 나타내지 못하여 권능 있는 삶을 살수가 없기 때문입니다. 이전에 우리의 삶이, 육체의 본능이 지배하는 삶이었고, 죄가 지배하는 삶이었다면, 이제 예수를 믿고, 변화를 받고 난 다음에 나타나는 삶은, 성령에 의해서 지배와 장악을 받는 삶이 되어야 합니다. 지속적인 성령의 지배와 장악을 당하면서 성령의 인도를 받으면서 예방신앙을 실천해야 합니다.

예방하기 위하여 어떻게 해야 하겠습니까? 자신의 몸속에 형성된 영적이고 심리적인 독소를 성령의 임재가운데 녹여서 배출해야 한다는 것입니다. 세상방법으로 몸속의 독소를 제거하는 것으로 끝나지 말고 영적이고 심리적인 독소를 배출하는 영적활동을 해야 합니다. 영적이고 심리적인 독소는 반드시 성령의 깊은 역사가 마음 속 성전에서 일어나야 합니다. 자신의 마음 속 성전에서 일어나는 성령님이 자신의 전인격을 지배와 장악을 하도록 마음과 정성을 투자해야 합니다. 필자가 지금까지 성령치유 사역을 하면서 체험한 바로는 자신 안에서 역사하는 영적존재들이 만든 독소로 인하여 고통을 당한 분들은 끝까지 인내하면서 자신을 온전하게 하나님의 전으로 만들어갑니다.

그러나 분명하게 자신 안에 영적이고 심리적인 독소가 쌓여있는 대도 지금 이상이 없고 고통을 당해본 체험이 없으면 방심하고 자신의 몸속의 독소를 녹이거나 배출하는 일을 등한히 합니다. 그런데 이런 분들이 계속적으로 문제가 없으면 다행이나 얼마가지 않아서 덤터기를 만나는 것을 종종봅니다. 기독교는 예방신앙이 참으로 중요합니다. 미리 대비하는 자가 지혜로운 성도입니다. 어떤 분들은 게을러서 대비하지 못하는 분들이 있는가하면 어떤 분들은 사람의 이론을 100% 받아들여서 대비하지 못하기도 합니다. 하나님은 "게으른 자여 개미에게 가서 그가 하는 것을 보고 지혜를 얻으라(잠6:6-11)" 말씀하고 계십니다. 게으른 자에게 악한 영들이 강도같이 오고, 곧 핍이 군사같이 이르리라고 말씀하십니다. 잠에서 깨어나 대처하라고 하십니다. 부지런해야 미리 대처하여 나이 많고 늙어서 화를 당하지 않습니다. 나아가 많아지고 늙으면 몸속의 영적이고 심리적인 독소를 녹여내고 배출하는데 젊었을 때보다 3-5배의 노력을 해야 합니다. 예방신앙은 참으로 중요합니다. 영적인 일은 게으르지 말고 미리 대처하는 신앙이 되어야 합니다.

하나님께서 분명하게 사람을 의지하지 말라고 경고 말씀하셨습니다. "여호와께서 이와 같이 말씀하시니라 무릇 사람을 믿으며 육신으로 그의 힘을 삼고 마음이 여호와에게서 떠난 그 사람은 저주를 받을 것이라(렘 17:5)" 다시 말씀하십니다. "그리스도의 사랑이 우리를 강권하시는 도다. 우리가 생각하건대 한 사람이 모든 사람을 대신하여 죽었은즉 모든 사람이 죽은 것이라. 그가 모든 사람을 대신하여 죽으심은 살아 있는 자들로 하여금 다시는 그들 자신을 위하여 살지 않고 오직 그들을 대신하여 죽었다가 다시 살아나신 이를 위하여 살게 하려 함이라(고후 5:14-15)" 분명하게 "자신을 위하여 살지 않고 오직 그들을 대신하여 죽었다가 다시 살아나신 이를 위하여 살게 하려 함이라고" 하셨습니다. 예수님을 위해서 살아가려면 자신의 생각이나 사람의 말을 듣고 행하지 말고 성령의 감동을 받아 행해야 합니다. 성경 말씀도 성령으로 깨달아야 합니다. 분명하게 성령으로 깨닫고

(고전2:13), 성령으로 기도하며 성령의 인도를 받아야 몸속의 영적이고 심리적인 독소가 녹아지고 배출되는 것입니다.

몸속에 쌓인 영적이고 심리적인 독소를 녹여서 배출하여 자유함을 찾은 집사의 간증을 들어보시기를 바랍니다. 저는 우울증으로 5년이란 세월을 고생하며 지냈습니다. 우울증이 깊어지니 불면증까지 생겨서 세상사는 것이 지겨워질 정도로 고통을 당했습니다. 세상 사람들이 왜 자살을 하는 줄 이해가 갈 정도로 심한 고통을 당하면서 삶을 살았습니다. 예수를 믿고 교회는 나갔지만, 우울증과 불면증은 조금도 나아지지 않았습니다. 목사님 설교를 들으면 우리의 질병을 예수님이 채찍에 맞을 때 나았다고 말씀하시는데 저에게는 그냥 말로 들렸습니다. 하도 우울증으로 불면증으로 고통을 당하니 교회에 나가도 오직 나의 질병을 치유하여 달라는 기도밖에 나오지를 않았습니다.

그렇게 지내는데 하루는 제가 잘 알고 지내는 권사님에게서 전화가 왔습니다. 아주 능력이 있는 교회를 발견했다는 것입니다. 제가 거기에 가면 반드시 불변증과 우울증이 치유가 될 것이라는 것입니다. 아주 듣던 중에 아주 기쁜 소식이었습니다. 그 교회에서 내적치유집회를 하고 있다는 것입니다. 내일 같이 가서 은혜를 받자고 하셨습니다. 아침에 만나서 그 교회에 갔습니다. 충만한 교회입니다. 목사님 말씀을 듣고 기도를 했습니다. 목사님이 안수를 하시는데 불덩어리가 머리에 떨어지는 것과 같았습니다. 마음속에서 서러움이 올라왔습니다. 울었습니다. 울기를 한 참했습니다. 그러자 속에서 오물이 올라왔습니다. 다 토했습니다. 목사님이 힘들게 토하지 말고 기침으로 나가라고 명령해도 아랑곳하지 않고 토했습니다. 한참을 토하고 나니 속이 시원해지는 것입니다. 이제 기침이 사정없이 나왔습니다. 그러면서 몸이 불덩어리가 되었습니다. 지금 생각하면 성령세례를 받고 나서 저의 영육을 치유하기 위한 성령의 불세례가 임하는 것이었습니다. 그렇게 세 번 집회를 참석하고 집에 돌아갔습니다. 저녁을 먹고 나니 잠이 오는 것입니다. 침대에 가서 잠을 잤습니다. 일어나니 아침 6시였습니다. 2년 만에 깊은 잠을 잤습니다. 정말로 신기 하기도 하고 아이러니 했습니다.

한주가 지났습니다. 매주 화-수-목 집회가 있어서 몇 주더 다녔습니다. 점점 머리가 맑아지고 기분이 좋아졌습니다. 함께 다니는 권사님에게 이야기를 했더니 치유 받은 것을 하나하나 일지를 쓰라고 할 정도로 은혜를 많이 받았습니다. 그러던 어느 날 입니다. 목사님에게 안수를 받고 기도하는데 막 추워지는 것입니다. 제 입에서 저절로 아이고 추워~ 아이고 추워~ 하는 것입니다. 그러면서 양손이 덜덜덜 떨리는 것입니다. 강요셉 목사님이 오셔서, 성령님 더 강하게~ 더 강하게 역사하여 주옵소서.~ 하시니까, 막 사정없이 손을 떠는 것입니다. 위로 올라갔다가 내려갔다가 하면서 덜덜덜 떠는 것입니다. 한 참을 떨다가 보니 어느 정도 안정이 되는 것 같았습니다.

강요셉 목사님이 예수 이름으로 명하노니 물속에 빠졌을 때 들어온 귀신은 떠나갈지어다. 예수 이름으로 명하노니 물속에 빠졌을 때 들어온 귀신은 떠나갈지어다. 명령을 하셨습니다. 그러자 아랫배가 칼로 자르는 것과 같이 아프면서 기침이 사정없이 나왔습니다. 강 목사님이 더 시원시원하게 기침으로 떠나가라. 명령을 하셨습니다. 기침을 한참을 했습니다. 잠잠해졌습니다. 집회가 끝나고 강 목사님이 지난날 물에 빠진 일이 있느냐는 것입니다. 물에 빠진 사람들이 성령의 임재가 되면 저와 같이 손을 떤다는 것입니다. 그래서 생각을 했습니다. 아무리 생각을 해도 생각이 나지를 않았습니다. 강 목사님에게 물속에 빠진 일이 없는 것 같다고 했습니다.

강 목사님이 분명이 물에 빠진 일이 있습니다. 집에 돌아가셔서 어른들에게 질문하여 보세요. 집에 돌아와 친정어머니에게 전화를 했습니다. 내가 물에 빠진 일이 있었느냐고 질문을 했습니다. 그러니까, 너는 물에 빠진 일이 없고, 외할머니가 우울증으로 고생을 하시다가 물에 빠져서 돌아 가셨다는 것입니다.

강 목사님에게 말씀을 드렸더니 외할머니를 우울증으로 물에 빠져 죽게 한 세대의 영이 저에게 와서 역사하여 우울증으로 불면증으로 고생하게 했다는 것입니다. 혈통에 역사하는 우울증을 일으키고 물속에 빠지게 하는 독소가 몸속에 숨어있으면서 고통을 가했다는 것입니다. 치유하지 않고 지냈더라면 영락없이 저도 물에 빠져서 죽었다는 것입니다. 그러나 성령의 역사로 정체를 폭로하고 떠나갔다는 것입니다. 저는 외할머니를 물속에 빠져 죽게 한 귀신을 축사하고 이렇게 우울증과 불면증을 치유 받았습니다. 너무너무 편안합니다. 세상 살아가는 재미를 느끼면서 살아갑니다. 하나님에게 영광을 돌립니다.

25장 불면증을 일으키는 독소들과 배출

(시127:2)"너희가 일찍이 일어나고 늦게 누우며 수고의 떡을 먹음이 헛되도다 그러므로 여호와께서 그의 사랑하시는 자에게는 잠을 주시는도다."

불면증은 잠이 쉽게 들지 못하고 잠을 자도 자주 깨며 이른 아침에 깨는 특징을 갖는 증상을 일컫는 말입니다. 불면증은 밤에 잠을 잘 이루지 못하는 불편뿐 아니라, 낮 시간의 활동에도 영향을 미쳐서 주의집중의 저하나 피로감으로 작업장에서 재해의 원인이 되기도 하고, 졸리움으로 인한 교통사고의 위험이 증대되기 때문에 이에 대한 사회적 관심이 증가되고 있는 추세입니다. 국제수면협회의 자료에 의하면, 일 년 동안 인구의 27%에서 일시적인 또는 간헐적인 불면증상을, 인구의 9%에서는 만성적인 불면증을 보인다고 하였습니다.

불면증은 편의상 6개월 이상 지속되는 만성 불면증과 4주 미만동안 지속되는 급성 또는 단기불면증으로 나누고, 임상적으로는 흔히 최소한 3-4주이상 지속적인 불면 증상을 보이는 경우 치료 대상으로 삼습니다. 만약 불면증이 6개월 이상 지속이 되는 경우는 흔히 여러 가지 소인(예 : 불안증)과 촉발인자(예: 새로운 직업), 영구화시키는 인자(예: 술 혹은 수면제 남용)를 가지고 있기 때문에 아주 복잡한 양상을 띠게 됩니다. 이때는 수면제의 지속적인 복용, 불면과 수면제에 대한 두려움, 붕괴된 수면의 각성리

듬과 아주 나빠진 수면 위생으로 치료가 더욱 어렵게 됩니다. 이러한 불면증은 반드시 원인에 대한 정확한 평가가 이루어져야 제대로 치료를 받을 수 있기 때문에 이런 경우 꼭 정신과 의사나 가정의를 찾아보길 권합니다.

첫째. 불면증 증상

1) 불면증 증상과 불면증의 심각한 증상. ① 수주 이상 거의 밤마다 잠이 들기 어려울 경우는 불면증입니다. ② 잠이 들기 어렵기 때문에 불안하여 잠자리에 들기가 무서울 경우는 불면증입니다. ③ 낮 동안 몹시 피곤하고 제대로 집중하거나 활동할 수 없을 경우는 불면증입니다. ④ 잠을 자기 위해 술이나 약물에 의존할 경우는 불면증입니다.

2) 수면의 기능에 대해. 수면의 기능은, 잠을 못 자게 했을 때 나타나는 현상을 보고 짐작할 수 있습니다. 사람에게 잠을 못 자게 하면 결국엔 자아붕괴, 환각, 망상이 나타납니다. 동물실험에서 수면박탈은 음식섭취증가, 체중감소, 체온저하, 피부장애 그리고 사망까지 초래함을 보였습니다. 꿈을 못꾸게 해도 과민성, 피로가 나타납니다.

질병, 과로, 임신, 스트레스, 정신기능 과다 등이 있을 때 수면 요구가 많아집니다. 잠이 적은 사람이 잠이 많은 사람보다 능률적이고 야심적이며, 만족해한다고 합니다.

3) 수면은 크게 5가지 기능을 갖는다. ① 낮 동안 소모되고 손상된 부분(특히 중추신경계)을 회복시켜 주는 기능이 가장 중요한 수면기능중의 하나입니다.

② 발생학적 기능인데 그래서 급속안구운동수면(REM 수면)은 특히 성장이 활발한 신생아에서 더욱 활발합니다.

③ 인성학적 기능으로 수면은 낮 동안의 생존기능과 본능적 보존 기능을 잘 할 수 있도록 준비시키고 조절 연습하도록 합니다.

④ 인지적 기능으로 특히 급속안구운동수면이 낮 동안 학습된 정보를 재정리하여 불필요한 것은 버리고 재학습 및 기억시키는 기능을 합니다. 급속 안구운동, 수면 중 단백질 합성이 증가되는 것은 학습된 정보를 기억으로 저장시키는 과정이기도 합니다.

⑤ 감정조절기능입니다. 불쾌하고 불안한 감정들이 꿈과 정보 처리를 통해 정화되어 아침에는 상쾌한 기분을 갖도록 해줍니다. 특히 흥미로운 것은 우울감정과 수면의 관계입니다. 건강한 사람에서는 충분한 수면을 취하고 나면 우울한 감정이 감소 되는 현상을 보이나 어떤 사람들에서는 수면이 우울감정을 악화시킵니다. 그래서 이런 환자들에게는 수면박탈을 통해 우울을 치료합니다.

4) 불면증은 크게 4가지 원인이 있습니다.

① 정신과적 질환과 동반된 경우인데, 이 경우는 정신과 장애와 관계된 수면장애로 분류합니다.

② 신체장애가 그 원인인 경우는 신체장애와 관계된 수면 장애로 분류합니다.

③ 스트레스, 입원과 일상의 중대한 변화 등과 같은 환경적 변화로 생긴 불면증으로 흔히 억압이 많고 완벽주의 성향이 강한 강박적 성격의 사람들이 수면이 자기 뜻대로 조절되지 않을 때 쉽게 긴장하고 불안해 질 수 있습니다. 그런데 이런 사람은 낮에

는 잘 지내다가 수면시간이 가까울수록 정신 생리학적 긴장과 각성이 높아지면서 불면증으로 이행될 수 있습니다.

④ 경추에 문제가 생긴 경우입니다. ⓐ 척추가 바르지 못하게 비틀린 변형 원인. ⓑ 비틀린 척추로 잠을 자는 자세를 만드는 베개와 침상(침대쿠션, 요 두께). ⓒ 비틀린 척추로 자세를 유지하는 습관. ⓓ 비틀린 척추로 스스로 만들어버리는 스트레칭이나 체조 운동들. ⓔ 교통사고나 추락사고 산재사고 등의 외부 충격에 의하여 골절 변형된 척추로 인하여 발생할 수가 있습니다.

한의학적으로는 불면증의 원인은 네 가지 정도가 있다고 합니다. 첫째로 생각을 너무 많이 해서 생각을 주관하는 장부인 비장을 상한 경우, 둘째로 영양 부족과 지나친 성생활로 진기를 소모해서 신장을 상한 경우, 셋째로 심장과 담이 허약한 경우, 넷째로 목 부분인 경추에 문제로 생기를 경우, 다섯째로 마지막으로 음식을 조절 못해 체해서 위가 상하게 되어 편하게 자지 못하는 경우가 있습니다.

필자가 내적치유 하다가 어려서 물에 두 번 빠져서 사경을 헤매다가 구출되었고, 불속에서 한 번 구출된 경험이 있는 60세 된 목사님을 내적치유와 축귀를 통하여 치유한 경험이 있습니다. 이 목사님이 불면증으로 2년을 고생하시다가 저의 충만한 교회 성령치유 집회에 연속적으로 참석했습니다. 여러 곳을 다니면서 치유를 받으려고 했지만 불면증을 치유 받지 못하다가 국민일보 광고를 보고 참석하기 시작했습니다. 몇 개월 동안 열심히 다니면서 능력과 치유를 받았습니다. 그런데 어느날 아마 밖의 날씨가 영하 8도 정도 내려갈 때인데 집회를 마치고 집으로 가려고 하는데 내가 보니까 땀을 비가 내리듯이 흘리면서 몸을 가누지를 못하는 것이었습니다. 그래서 내가 그냥 가시면 안 된다고 잠시 안정을 취하고 가시라고 의자에 앉게 했습니다.

그리고 머리에 손을 얹고 안수하며 기도를 했습니다. 그러니까, 성령께서 이렇게 감동을 하시는 것입니다. "어려서 심하게 놀란 일이 있다. 본인에게 한번 물어보아라." 그래서 본인보고 어렸을 때 놀란 일이 있는지 생각하여 보라고 했습니다. 그랬더니 한참을 눈을 감고 생각하더니 "목사님 이제 생각이 났습니다. 제가 물에 두 번 빠져서 죽을 뻔 했는데 하나님의 은혜로 살아나왔습니다. 그리고 불에도 한번 들어가서 타죽을 뻔 했습니다."

그래서 제가 안수를 시작했습니다. 성령이여 임하소서. 성령이여 사로잡으소서. "불속에 집어넣고, 물속에 집어넣어 죽이려고 했던 귀신아 내가 예수 이름으로 명하노니 정체를 밝히고 나와라. 정체를 밝히고 나와라." 하니까 한참을 흐느끼다가 서서히 정체를 드러내기 시작했습니다. 온몸이 부르르하고 한참을 떨었습니다. 숨을 몰아쉬더니 기침을 한동안 사정없이 하다가 떠나갔습니다. 목사님 얼굴이 아주 평안한 상태가 되었습니다. 그렇게 줄 줄 줄 흐르던 땀이 싹 멈추었습니다. 축귀를 한 후에도 계속 몇 개월 동안 다니면서 은혜를 받았습니다. 목사님이 저의 사모에게 축귀를 받고 2년 동안 고통당하던 불면증을 치유 받았다는 것입니다. 영적으로 깊어지면 마음이 평안해 지므로 잠을 잘 자게 됩니다. 깊은 영성을 유지하는 방법은 이런 것이 있습니다.

셋째, 말씀과 성령에 의한 영적치유. 불면증을 치유하는 방법 중에 제일 좋은 방법은 말씀과 성령으로 영적치유를 하는 것입니다. 저는 불면증으로 몇 년씩 고생한 사람들을 말씀과 성령으로 내적치유를 통해서 완전 치유하여 자유하게 한 체험이 많습니다. 그래서 불면증 환자는 먼저 자신의 불면증은 하나님만이 치유하실 수 있다는 강력한 믿음이 있어야 합니다. 말씀과 성령으로 영적치유를 받겠다고 찾아와야 합니다. 교회나 치유센터에 찾아 나와서 말씀을 듣고 기도하며 성령을 체험해야 합니다. 성령을 체험해야 불면증을 일으키던 어두움의 세력들이 떠나가기 시작하는 것입니다.

분명하게 불면증을 일으키는 어두움의 세력이 있습니다. 이 어두움의 세력은 초자연적으로 역사하는 성령의 역사가 일어나야 떠나가는 것입니다. 왜냐하면 성령의 역사는 불면증을 일으키는 세력보다 강하기 때문입니다. 그런데 우리가 바르게 알아야 할 것은 성령의 체험은 말이 아닙니다. 성령으로 체험하면 영적으로 육적으로 본인이 느끼게 됩니다. 성령체험을 할 때 일어나는 현상은 이렇습니다. 잘 이해하고 거부하거나 두려워하지 않도록 하시기 바랍니다. ① 호흡이 깊어지거나 빨라지고 손이 찌릿찌릿 하기도 합니다. 이는 악 영과 성령의 대립 현상이나 상처를 풀어주는 현상이기도 합니다. ② 주체 못하게 울음이 터지거나. 웃음이 터지는 경우도 있습니다. 방언이 나오게 됩니다. ③ 가슴을 찌르고 무엇이 빠져나오는 아픔을 느낄 수 있습니다. ④ 위장이나 아랫배 부근에서 어떤 뭉치 같은 것이 움직이는 것을 느낄 수도 있습니다. ⑤ 큰소리가 속에서 터져 나오기도 하고 온 몸에 불이 붙은 것 같이 뜨겁기도 합니다. ⑥ 가슴이 답답하고 기침이 나오고 손과 입에서 불이 나오는 것을 느끼기도 합니다. ⑦ 기침, 하품, 트림이 나오고, 토하기도 하고 메스꺼움을 느끼기도 합니다. ⑧ 멀미하는 것처럼 속이 울렁거리며 아랫배가 심히 아프기도 합니다. ⑨ 머리가 아프고 어지럽고 몸이 감당하지 못하게 흔들리기도 합니다. ⑩ 때로는 얼굴이나 몸 전체가 뒤틀리다가 풀어져 평안해지기도 합니다. ⑪ 때로는 상당한 시간 동안 심신의 괴로움(머리가 어지럽고, 몸이 떨리고, 몸에서 열이 나는 등)의 현상이 일어날 수 있습니다. 이것은 일종의 성령의 임재와 치유의 현상이니 두려워말고 조금 있으면 없어집니다. 많은 분들이 이런 체험이 있은 후 영안이 열리고 능력이 나타납니다.

그리고 내적치유를 해야 합니다. 말씀을 들으면서 사역자의 안수를 받으며 내적치유를 2-3개월 받게 되면 웬만한 불면증은 모두 치유됩니다. 지금까지 우리 교회에 오셔서 불면증을 치유 받지 못한 성도는 거의 없습니다. 본인이 의지를 가지고 다닌 분들은 모두 치유 받았습니다. 저는 항상 이렇게 말합니다. 불면증은 불치병이 아닙니다. 성령을 체험하고 뜨겁게 기도하면서 내면을 치유하고 귀신을 축사하면 치유가 됩니다. 믿음을 가지십시오. 인내력을 가지고 영성훈련에 참여해야 합니다. 그러면 어느날 불면증은 깨끗하게 사라지고 말 것입니다.

불면증을 치유 받았다고 성령 충만한 믿음생활을 중단하면 조금 있다가 다시 재발합니다. 그래서 지속적인 말씀과 성령 충만한 믿음생활을 하여 영성을 유지하면 절대로 재발하지 않습니다. 우리 주변에 불면증으로 고생하는 분이 있다면 잘 권면하여 치유 받게 하시기를 바랍니다.

넷째, 적당한 운동을 통한 치유. 유산소 운동이 좋습니다. 될 수 있으면 등산을 하는 것도 좋습니다. 낮에 잠을 잔다면 밤에 잠을 못자는 것은 당연한 것입니다. 낮에는 활동을 해야 합니다. 헬스장 같은 곳에 가서 지속적으로 운동을 하는 것도 불면증 치유에 도움이 될 것입니다. 좌우지간 본인이 불면증을 퇴치하려고 부단한 노력을 해야 합니다. 성령이 충만한 교회에서 하는 성령치유집회를 참석하여 근본적인 영적문제를 해결하는 방법도 좋습니다. 성령 치유를 해야 불면증을 일으키는 근원을 제거할 수가 있습니다. 그리고 불면증 환자가 금해야 하는 것은 낮잠을 자는 것입니다. 낮잠을 자면 밤에 잠이 오지 않는 것은 당연한 것입니다.

저는 한 오 년 전부터 우울증에다가 불면증으로 고생을 많이 했습니다. 한방치료를 해도 치유되지 않았습니다. 그래서 서울에 내적치유를 전문으로 하는 ○○박사가 운영하는 ○○○목회 연구원에 2년을 다녀도 치유되지를 않았습니다. 그래서 담임목사님의 권유로 신학대학원에 가게 되었습니다. 담임목사님이 하시는 말씀이 신학대학원에서 공부하면 우울증이 치유 된다는 것입니다. 그래서 우울증을 치유받기 위하여 신학대학원에 간 것입니다. 너무 잠을 자지 못하고 고통스러워 그 말을 믿고 신학대학원에 입교하게 되었습니다. 그런데 이제 더 잠이 오지 않는 것입니다. 그래서 능력이 있다는 ○○○순복음교회에도 일 년을 다녔습니다. 그래도 아무 소용이 없었습니다. 수면제를 먹어도 소용이 없는 것입니다. 너무 고통스러워 신학대학원 동료에게 이야기를 했더니 충만한 교회를 가보자는 것입니다. 충만한 교회 목사님이 말씀과 성령으로 내적치유를 하시는 데 우울증이나 불치의 질병이 잘 낫는 다는 것입니다. 그래서 함께 충만한 교회에 와서 목사님의 말씀을 듣고 안수기도를 받으니 성령의 역사가 강하게 일어났습니다. 생전처음 체험하여 보는 것 이었습니다. 그런데 몇 주를 다니니까, 잠이 잘 오고 마음이 편안해지는 것입니다. 우울한 증상이 사라져갔습니다. 그래서 너무 좋아서 계속 다니니까, 완전히 치유가 되었습니다. 우울증을 이렇게 심하게 앓다가 제가 느낀 것은 말만 가지고 치유가 되는 것이 아니라는 것을 깨달은 것입니다. 살아있는 성령의 역사가 있어야 치유된다는 것을 깨닫게 되었습니다. 좌우지간 그렇게 오랜 세월동안 고통을 당하던 우울증을 성령의 역사로 치유받으니 감사합니다. 앞으로 치유의 능력을 받아서 나와 같이 몰라서 쓸데없는 고통을 당하는 성도들을 치유하는 사역자가 되려고 합니다. 서울 박집사.

불면증은 반드시 치유가 됩니다. 성령으로 세례를 받고 내면의 상처를 치유하여 안정된 심령이 되어야 합니다. 기간을 단축하여 치유를 받으려면 매주 토요일 날 실시되는 개별집중정밀치유를 받으면 좀 더 빨리 불면증을 치유 받을 수 있습니다. 집중 치유를 받으면 불면증뿐만 아니라. 다른 질병과 독소가 배출됩니다. 독소의 배출과 함께 귀신이 축사되어 마음에 참 평안을 찾게 됩니다. 물론 성령의 은사도 받게 됩니다. 일석이조가 됩니다.

26장 우울증을 일으키는 독소들과 배출

(시 62:5)"나의 영혼아 잠잠히 하나님만 바라라 무릇
나의 소망이 그로부터 나오는 도다"

우리는 성장 과정에서 많은 어려운 일을 겪고 많은 부정적이며, 자신에게 상처 주는 말을 듣고, 보고, 경험했던 사건들이 내 안에 형성되어 있습니다. 돌, 가시덤불, 너는 못났다. 바보다. 귀찮다. 저리 가라. 쓸모가 없다. 너는 아무 것도 못할 거야. 너는 되는 일이 없어. 이번에도 실패 할 것이다. 차라리 죽어 버려라. 이러한 부정적이고 비관적인 언어가 우리의 마음에 깊이 심겨져 있습니다.

말은 단순히 말로 그치지 않고 마음에 깊이 남게 됩니다. 그리고 그 사람의 인생에 큰 영향을 주게 됩니다. 말은 자신과 가까운 상태의 사람의 말은 깊이 무의식에 심겨 집니다. 어머니, 아버지의 말은 아이는 그대로 믿고 그 말을 받아들입니다. 우울증과 그리스도인이란 두 단어는 서로가 성립되지 않는 말들이고 함께 어울릴 수 없는 말들입니다. 진정으로 성령님에 의해 거듭난 체험을 하고 확실히 성령의 충만함을 경험한 사람이라면 절대로 우울증에 빠지는 일이 있을 수 없습니다. 이 말이 맞습니까? 그렇지 않습니다. 그리스도인도 믿음이 떨어지는 순간 우울증이 찾아옵니다.

첫째, 치유를 위한 노력과 태도. 성령으로 세례를 받고 내면을 치유하여 마음의 밭을 옥토로 만들어야 합니다. 어떻게 옥토로 만듭니까? 말씀과 성령의 역사로 만듭니다. 왜 마음을 옥토로 만들어야 합니까? 마음이 넓으면 상처를 덜 받으니까? 그래서 하나님은 우리에게 항상 기뻐하라. 쉬지 말고 기도하라. 범사에 감사하라고 하시는 것입니다. 성령 충만한 믿음생활을 하면 우울증은 나타나지 않습니다. 성경 말씀은 모두 우리를 위하여 하나님이 주신 것입니다. 우리는 성령으로 충만하여 항상 기뻐해야 합니다. 항상 기뻐하면 건강에도 좋습니다. 우리가 기뻐할 때 몸에서 엔돌핀이 나옵니다. 그래서 육체에 활력을 주어서 건강을 유지하게 됩니다. 그것뿐만이 아니라 마음이 열리게 되므로 성령으로 충만하게 되는 것입니다. 그러나 반대로 혈기를 내거나 분노할 때는 아드레날린이 분비됩니다. 그래서 우리의 뼈와 뼈 사이에 들어가 뼈로 마르게 합니다.

모든 질병은 자율신경의 계통의 흐름과 부조화로 생깁니다. 모든 질병의 대부분이 자율 신경의 부조화에서 나오는 경우가 많습니다. 그렇기 때문에 내 영이 무거운 죄 짐이나, 불평이나, 원망의 무서운 독소에서 자유 함이 있어야 합니다. 자율 신경의 조화는 주로 마음의 평안과 영의 기쁨을 항상 유지하게 됩니다. 자율 신경의 교감신경은 불안, 좌절, 분노 등의 결과를 유발합니다.

부교감 신경은 주로 기쁨, 화평, 감사, 용서, 사랑, 절제, 인내, 자비와 양선과 충성과 온유함을 주관합니다. 그래서 하나님은 (빌4:4)"주 안에서 항상 기뻐하라 내가 다시 말하노니 기뻐하라." 하시는 것입니다. 포도나무의 가지가 원줄기에 붙어 있어야 하듯이, 우리의 영적 생명과 성령의 역사는 생명의 근원 되시는 예수님에게 붙어 있어야 합니다. 그래서 영적 신령한 생명이 계속 공급을 받아서 끊임없이 흘러나오거나 솟아나야 합니다. 그런데 우리가 분노하거나 혈기를 내면 육성으로 돌아가기 때문에 이런 영적 생명이 공급되지 못하는 것입니다. 그래서 우리는 자신의 건강을 위해서라도 분노하거나 혈기를 내면 안 되는 것입니다. 성도는 마음에 보복의 칼을 품어서는 안 됩니다.

이는 자신의 영성관리와 정신건강을 위해서 삼가야 합니다. 그래서 우리는 항상 마음에 평안을 유지하려고 의지적인 노력을 해야 하는 것입니다. 그래야 내 안에 계신 성령으로부터 영적생명이 흘러나오는 것입니다. 이러한 생명의 흐름이나 성령의 흐름이 성경에서는 기름부음이라는 표현으로 설명되고 있습니다. 이러한 예수의 생명이 흘러넘치는 역사가 충만하기 위해서는 속사람 (영)이 강건해야 합니다. 이 속사람은 자율신경의 부교감 신경에 주로 영향을 받게 됩니다. 자율 신경이 조화를 이루지 못하고, 분노나 불안이나 좌절 등을 일으키면 육성으로 돌아가 기도가 막히게 됩니다. 그래서 성령의 역사를 소멸하게 되는 것입니다.

성령을 소멸하게 되니 자신도 모르는 사이에 마귀가 틈을 타서 마귀가 역사하는 것입니다. 거기다가 건강에도 영향을 미쳐서 위장, 간, 심장, 폐, 등 오장육부의 혈관 정맥, 근육 등에 뻗어 있는 자율 신경에 자극을 주게 되어, 신체에 이상을 일으키고 정신적인 질병을 유발시키는 것입니다.

모든 쓰라림과 원한은 첫째 분노로부터 시작, 이것이 신체에 공급되는 아드레날린을 지나치게 분비시킵니다. 신체는 분비된 아드레날린의 초과량을 흡수할 수 없습니다. 결과적으로 그것은 신장으로 가지만 그러나 신장은 이 초과량을 수용할 수 없습니다. 그 결과로 그것은 신체의 관절에 모여 관절염을 일으킵니다. 또 근육통을 일으킵니다. 관절염을 앓는 사람은 자신의 삶을 성찰하고, 혹 다른 사람에 대한 쓴 뿌리와 용서하지 않는 마음을 품고 있는지 여부를 알아보라고 성심성의로 충고하시기 바랍니다.

그러므로 분노나 혈기는 성령을 소멸하게 됩니다. 성령을 소멸하니 자신의 영 안에서 생명이 올라오지 못하므로 자신의 영적인 생활에도 지대한 영향을 줍니다. 우리는 자신의 건강과 성령의 충만함을 위해서라도 혈기나 분노는 다스려야 합니다. 그래서 자신의 영을 자신이 지키는 것은 자신의 힘으로는 불가능하고 성령으로 충만하여 성령의 인도가 있어야 하는 것입니다.

성령으로 충만하고 성령의 인도를 받기 위해서 마음의 평안을 유지해야 합니다. 마음의 평안은 말씀과 성령으로 심령이 치유되어 안정한 심령이 될 때 가능한 것입니다. 우리 말씀과 성령으로 충만하여 마음을 평안하게 유지합시다. 그래서 항상 내 안에서 성령의 기름부음(생수)이 올라오게 해야 합니다. 제가 지금까지 성령치유 사역을 하면서 우울증이나 정신적인 문제가 있는 분들을 상담한 결과 모두 불안과 두려움으로 고생을 하고 있었습니다. 마귀는 우리가 성령의 깊은 임재 가운데 들어가지 못하게 하려고 두렵게 하는 것입니다. 그래서 성령을 소멸하게 하는 것입니다.

마귀는 어떻게 해서라도 우리가 성령으로 충만하지 못하게 하려고 기를 쓰는 것입니다. 이렇게 불안과 두려움과 우울증으로 고생하는 분들이 저의 교회에 오셔서 말씀과 성령으로 내적치유를 받으면 모두 말 못할 평안을 찾았다고 간증을 합니다. 그러므로 성령이 우리를 장악하면 평안해지는 것입니다. 성령의 속성은 평안이기 때문입니다. 반대로 불안하거나 두려움은 마귀가 주는 것입니다. 그래서 우리는 두려움을 성령의 역사로 몰아내야 합니다. 성령의 임재 가운데 두려움에게 명령해야 합니다.

둘째, 우울증의 치유 방법. 자신의 마음이 상하고 분하게 한 상처를 성령님의 은혜로 기억하시기 바랍니다. 숨겨진 감정을 드러내는 것은 치유의 접근이지 치유의 방법은 아닙니다. 기억을 통하여 나를 불안(우울)하게 하는 상황에 가까이 가서 상처의 기억이 생생하여 질수록 치유가 더 강하게 일어납니다. 기억을 위하여 성령님께 도움을 요청하면 자신의 깊은 곳에 감추어져 있던 상처의 기억과 감정이 생생하게 살아나게 됩니다. 먼저 성령으로 세례를 받는 것은 필수입니다.

성령의 임재가 깊어지면 성령님의 도우심으로 특정한(분노, 불안, 두려움, 공포, 눌림, 혈기, 스트레스, 마음의 상처, 자존심의 상처 등) 사건의 현장으로 돌아가서, 그때 받았던 묻힌 상처의 기억을 떠올리며, 상처와 함께 그때에 겪었던 당황함, 부끄러움을 회상하시기 바랍니다. 하나씩 앞으로 회상해 나가면서 떠오르는 상처를 주님에게 드려야 합니다. 주님은 항상 나와 함께하셨습니다. 주님은 내가 고통당할 때 함께 하시면서 나와 고통을 함께 하셨습니다. 지금도 그 주님은 나와 함께 하십니다. 억울함, 분노, 두려움, 상처, 눌림 등으로 내가 울 때 함께 하시면서 우신 분입니다. 특히 어린 시절의 작은 상처, 부모가 자신을 거부했다고 하는 상처가 오늘의 자신에게 많은 영향을 주게 됩니다.

자 이제 상처를 예수께 드립니다. 드러난 상처를 주님께 가져가야 합니다. 주님은 많은 상처를 입은 분이십니다. 그러기에 상처 입은 사람들의 고통의 삶을 누구보다 안타깝게 여기고 계십니다. 예수 그리스도에게 성령님의 치유의 능력을 간곡하게 부탁해야 합니다. 우리가 지울 수 없는 상처를 주님께 드려야 합니다. 주님에게 상처가 드려 질 때 보혈의 능력으로 상처가 치유받게 됩니다. 상처의 자리에 주님의 위로와 은혜와 평안으로 채워야 합니다. 이렇게 깊은 차원의 치유를 스스로 하는 것입니다. 이렇게 지속적으로 순종하면 우울증은 반드시 치유가 됩니다. 절대로 불치병이다. 난치병이다 하는 세상 소리에 귀를 기울이지 말고 예수님에게 나와서 말씀과 성령으로 깊은 차원의 치유를 하시기 바랍니다.

우울증으로 남편과의 불화가 심하다가 치유 받은 분의 간증입니다. 저는 남편과의 불화가 너무 심하여 우울증으로 고생 했습니다. 저의 남편이 평소에 술은 드시지만 술주정을 하거나 다른 실수를 하는 분도 아닙니다. 그런데 남편이 술을 드시는 모습을 보기만 하면 참지 못하고 온갖 혈기를 다 부리는 것입니다. 남편이 술을 많이 먹는 분도 아닌데 술 냄새만 났다하면 남편을 집에 들어오지 못하게 하면서 혈기를 부렸습니다. 저는 저의 혈기 때문에 남편과의 불화가 끊이지를 않았습니다. 남편도 정말 힘이 들었을 것입니다. 그래서 오랜 세월동안 울며 기도하고 금식기도도 했지만 전혀 나아지지 않았습니다. 이 문제로 인하여 오랜 세월 고통하며 지내던 중 충만한 교회 내적치유세미나에 참석하게 되었습니다. 그 세미나에서 이 모든 문제의 근원이 저에게 있음을 깨닫게 되었습니다. 기도하던 중 갑자기 나의 기억 속에 떠오르는 것이 있었습니다. 이것은 내가 초등학교 저학년 시절에 집의 마루에서 공부를 하고 있었을 때 갑자기 아버지가 술에 취해 집으로 들어오셔서 손에 삽을 들고 저를 죽이겠다고 소리치며 달려들었습니다. 놀라서 집 뒤로 도망가서 보리밭으로 달려가 그 속에 엎드려 숨어 있었습니다. 멀리서 아버지가 소리치며 악을 쓰는 소리에 오랜 시간 공포에 떨었습니다. 얼마나 이 때 큰 상처를 입었는지 모릅니다. 시간이 흐르고 점차 기억 속에서 사라져 갔습니다. 그러나 나의 삶 가운데 나타나게 된 것이 바로 남편이 술만 마시면 아무 실수를 저지르지도 않았건만, 지나치게 과민반응을 보이고 혈기를 부린 것입니다. 이것이 바로 이때의 아픈 기억 때문인 것을 비로소 깨닫게 되었습니다. 그래서 치유받고 집에 돌아가 남편하고 화해를 했습니다. 그러니 남편이 너무나 좋아했습니다. 그런데 중요한 것은 남편이 술을 마시고 들어와도 전과 같은 혈기가 나지 않는다는 것입니다. 정말 내적치유는 좋은 것입니다. 내가 왜 진작 내적치유를 알지 못했나, 후회도 됩니다. 예수님의 사랑으로 저는 내적치유 받고 그렇게 험난하던 부부생활의 문제를 회복하고 지금은 아주 평안하고 행복한 생활을 하고 있습니다. 치유하여 주신 성령 하나님에게 감사를 드립니다. 그리고 매시간 안수하여 주신 강요셉 목사님에게도 감사를 드립니다. 원주 김집사.

실어증과 우울증을 치유 받은 분의 간증입니다. 저는 실어증과 우울증이 심하고 영적인 문제에 시달리다가 충만한 교회에 오게 되었습니다. 영적인 문제는 다름이 아니고 자꾸 눈에 악한 영들이 보이고, 밤에는 아예 잠을 자지 못할 정도로 불면증과 악한영의 괴롭힘에 일 년 반을 시달렸습니다. 그리고 심한 우울증과 실어증으로 일 년을 고생 하였습니다. 이분의 아버지가 필자에게 하는 말이 "아파트 문을 열고 들어가면 아빠 여기 귀신이 있어요, 하고 놀라고, 또 저기도 귀신이 있어요, 하며 놀라고, 자다가도 귀신이 나타났다고 소리를 질렀다는 것입니다. 그러면서 나에게 하는 말이 목사님 한번 생각해 보세요. 잘 길러서 미국 유학을 7년이나 다녀와 영어를 그렇게 잘하던 딸이 연속적으로 스트레스를 많이 받다가 그만 스트레스가 쌓여서 저렇게 순간적으로 변해 버리니 아버지의 마음이 찢어집니다. 지난 일 년 반 동안 안 해본 것 없이 다 해보았습니다. 목사님 저희 딸을 예수 이름으로 치유하여 종전같이 회복 되도록 도와주세요." 그래서 내가 이렇게 대답 했습니다. "예수님은 못하시는 것이 없습니다. 의지를 가지고 제가 하라는 대로 순종하고 연속적으로 집회에 참석하여 말씀 듣고 불같은 성령을 체험하고 안수기도 받으면 정상으로 회복이 될 것입니다." 하고 안심을 시켰습니다. 본인의 말로는 무당 옷을 입은 귀신은 밤에 많이 나타나고, 흉측하게 생긴 귀신은 낮에도 아파트 문을 열면 나타나 놀라게 했다는 것입니다.

그래서 이곳저곳을 돌아다니면서 치유 받으려고 하다가 도저히 해결 받지 못하고 국민일보 광고와 어느 분의 소개를 받고 우리 교회를 알고 왔다는 것입니다. 그래서 매일 다니면서 치유를 받게 되었습니다. 우리 교회에 아버지와 어머니 모두 등록을 하고, 매주 마다 영적인 말씀을 듣고 영성 훈련을 했습니다. 이 자매가 치유를 받고 이렇게 간증했습니다. "매시간 목사님의 안수를 받으면서 악한 영들이 때로는 울면서 떠나가고, 어떤 때는 악을 쓰면서 떠나가고, 어떤 때는 얼굴과 몸이 뒤틀리다가 떠나가고, 그리고 떠나가면서 각각 형상으로 보여주면서 떠나갔습니다. 그렇게 한 달 정도 치유를 받으니까, 눈에 그렇게 보여서 나를 놀라게 하고 괴롭히던 악한 영들이 서서히 보이지 않았습니다. 영적인 깊은 말씀을 듣는 중에도 하품을 통해서 말도 못하게 떠나갔습니다. 하루에 화장지 한통이 들어갈 정도로 많은 더러운 것들과 상처들이 치유되었습니다. 한 두 달이 지나니까, 잠이 잘 오고 불면증도 서서히 사라졌습니다. 그리고 악한 것들도 보이지 않고 밤에도 조용하게 잠을 잘 수 있었습니다. 그러나 우울증의 현상은 완전히 없어지지 아니하고 여전히 남아서 저를 괴롭혔습니다. 그래서 끝까지 치유 받아 정상적인 생활을 한다고 생각하고 계속 다녔습니다. 4개월이 지나고 5개월 중간쯤 되니까, 마음이 상쾌해지고 삶에 생기가 돌고 우울증이 사라졌습니다. 그리고 목사님의 말씀이 꿀같이 달게 들려졌습니다. 성경을 읽으면 옛날에는 하나도 보이지 않았는데, 눈에 쏙쏙 들어오는 것을 보니 영안도 열린 것이 분명했습니다. 그래서 저는 이렇게 생각합니다. 하나님이 못 고칠 질병이 없고 못 떠나보낼 악한 영이 없다는 것입니다. 그리고 눈에 악한 영이 보인다고 자랑하는 사람들은 정신적으로 영적으로 조금 문제가 있는 사람입니다. 이렇게 체험적으로 알게 되었습니다. 왜냐하면 그렇게 낮이나 밤이나 눈에 보이면서 괴롭히던 귀신들이 이제 봄 햇살에 하얀 눈이 녹아 없어지듯이 없어졌기 때문입니다." 서울 김성도.

27장 부종을 일으키는 독소들과 배출

(약 5:14)"너희 중에 병든 자가 있느냐 그는 교회의 장
로들을 청할 것이요 그들은 주의 이름으로 기름을 바르
며 그를 위하여 기도할지니라."

예수를 믿고 성령으로 거듭난 성도들이 부종으로 고통하면서
천국을 만끽하지 못하는 분들이 한 두 명이 아닙니다. 많은 수의
크리스천들이 부종으로 고생을 합니다. 특별하게 스트레스를 많
이 받는 성도들이 더욱 부종으로 고통을 당하다가 필자에게 찾아
와 치유를 상담하는 분들이 다수입니다. 몸에 부종이 있으면 거
동이 불편해지고 물만 마셔도 살이 찐다고 하소연을 합니다.

부종이란 인체의 조직 사이에 있는 간질액(동물의 각 조직 세
포 사이에 있는 액체)이 비정상적으로 증가하면서 조직이 팽창
되는 상태를 말합니다. 신체의 수분 량은 체중의 약 60% 차지하
며 각종 전해질과 유기물질이 녹아 체액을 형성합니다. 체액은
크게 세포내 액과 세포외 액으로 나뉩니다. 세포외 액은 혈장과
간질 액으로 되어 있고 세포를 직접 에워싸는 환경을 이룹니다.
세포내 액은 세포대사가 일어나는 곳입니다. 영양분 광물질 호
르몬이 혈류를 따라 간질 액을 경유하여 세포내로 들어가고 세
포내 대사산물의 배설물은 이와 반대로 운반됩니다. 모세혈관
부위에서 혈액순환 과정 중 모세혈관의 압력증가를 완충시키지
못하면 간질 액의 축적으로 조직은 부어오르게 됩니다. 또한 조

직 압, 조직교질삼투압 및 임파 유통량이 변화될 수 없을 때 체
액은 복상 폐포(허파로 들어간 기관지의 끝에 포도송이처럼 달
려 있는 자루)내 등으로 흘러나와 차고 넘치게 됩니다. 이 때 자
연스럽게 부종이 생기게 됩니다.

부종은 체액이 혈관 안으로부터 밖으로 이동해 초래된 결과로
모세혈관 혈류역학의 일차적 변화에 의해 기인되는 것으로 알려
져 있습니다. 국소부종의 발생은 외상이나 감염의 경우처럼 조
직이 직접 물리적 또는 화학적인 손상을 받게 되면 모세 혈관 벽
이 파괴 혈관안의 체액이 밖으로 이동해 생깁니다. 이러한 증세
는 염증이나 과민 반응 시 흔히 관찰되고 발적(붉게 부어오르는
상태), 열감, 압통 등 다른 염증 반응을 동반할 가능성이 높습니
다. 또한 혈액순환의 장애가 있을 때 정맥이나 임파관이 막힌 경
우는 손상 받은 맥관의 분포도에 따라 국소부종이 발생하기도
합니다.

반면 울혈성 심부전의 경우처럼 전신혈액순환의 장애로 발생
하기도 합니다. 간경변이나 산증후군 처럼 혈중 알부민 농도가
매우 낮아 혈관 내 교질삼투압이 감소하는 경우는 전신부종이
발생합니다. 전신부종은 신장에서 일차 혹은 이차적으로 염분과
수분을 과도하게 축적하는 역할을 하는 역할을 하기 때문에 나
타납니다.

특히 조직압이 낮은 곳부터 발생하게 되므로 처음에는 눈 주
위가 푸석푸석해지거나 발등, 발목, 혹은 종아리 앞쪽을 엄지손
가락으로 눌렀을 때 자국이 남게 됩니다. 심할 경우 복수가 차거

나 늑막에 물이 고일수도 있기 때문에 세심한 관심을 가져볼 필요가 있습니다. 이러한 원인 외에도 육안으로 식별이 안 되는 부종도 있습니다. 소변의 양이 갑자기 적어질 때는 일단 부종을 알리는 신호로 받아들여야 하며, 또 체중이 일주일 동안 500g이상 늘어나면 부종을 의심해봐야 합니다.

부종은 수면 또는 활동 후 얼굴이나 사지 말단 부위 또는 팔다리 등이 통통하게 부어오르는 증상입니다. 부종의 발병원인은 여러 가지가 있으나 크게 보면 두 가지로 나눌 수 있습니다. 하나는 심장기능에 이상이 생긴 경우이고, 다른 하나는 신장 기능에 이상이 발생한 경우입니다. 전자의 경우 심장 기능의 이상으로 순환장애가 발생 부종이 생기는 것으로 대개 일상 활동 후 또는 운동 후에 나타나는 특징을 갖고 있으며, 발병 부위 또한 사지 말단 부분에 집중적으로 발생합니다. 반면 후자의 경우는 콩팥, 즉 신장 기능의 이상으로 대사 장애가 일어나 발생하는 것으로 대부분 수면이후에 얼굴이 붓는 특징을 가지고 있습니다. 부종의 치료는 어려운 것은 아니지만, 혹 간 기능의 장애로 인해 발생하는 부종의 경우는 치료가 쉽지 않습니다.

사람이 보통 몸이 붓는 종류가 대략 3가지가 있습니다. **첫째는 자고나면 얼굴이 붓는 경우입니다.** 이런 경우는 소장경락이 얼굴을 지배관리 하는데 소장이 허약하면 얼굴이 붓습니다. 소장과 심장은 부부관계와 같다고 합니다. 그래서 대부분 심장이 허약하면 소장도 허약해진다는 것입니다. 심장소장기능이 약한 분들이 저녁에 잠자기 전에 음식을 먹고 자면 소장이 먹은 음식

소화 시키느냐고 자신이 지배관리 해야 할 얼굴을 관리 못해서 얼굴이 붓습니다. 시험해 보면 압니다. 자기 전에 라면을 끓여먹거나 야식 등 음식을 먹고 잠을 자보면 압니다.

둘째는 신장이 나쁜 경우는 발목 위와 손목 위의 몸통만 붓습니다. 다음은 전신이 붓는 경우입니다. 이런 경우는 손가락으로 몸이 붓은 부위를 누르면 쑤욱 들어갔다가 한참 만에 나옵니다. 신장이 허약해서 그렇습니다. 신장은 한번 나빠지면 호전이 불가하다고 합니다. 현대 의학에서 말하는 만큼 호전되기가 어렵습니다. 생활도 지구력을 요하는 일은 피해서 신방 방광의 에너지를 소모시키는 일은 피해야 합니다. 특히 남녀관계도… 신장의 에너지를 많이 소모하므로 신장방광이 약해졌을 때는 삼가는 것이 신장의 건강을 위하여 유익합니다.

셋째로 신진대사 불량(정신적인 약화/스트레스) 손이나 발만 붓습니다. 아침에 자고 일어나면 손이 부어 뻑뻑하거나 주먹을 쥘 수 없는 경우 신진대사 불량하여 생기는 부종입니다. 손발이 붓는 이유는 기혈순환이 원활하지 못해서 신진대사 불량으로 손발이 붓습니다. 특히 발은 사람은 직립동물이니 아무래도 항상 기혈이 아래로 더 내려오기 마련이고 내려왔다가 다시 순환의 원리로 올라가야 되는데 우리 몸을 순환 시 힘에 해당하는 힘이 부족하면 기혈순환능력 약해져 손발이 붓게 됩니다. 이를 모터에 비유했을 때에 마력수가 부족하면 기계 전체를 움직이는 힘이 떨어지는 게 원인입니다(10마력→8마력).

위장이 나쁜 경우는 눈두덩이 붓습니다. 눈두덩이 붓는다는 표현을 쓰기는 그렇지만, 눈 밑아래가 두툼하게 살이 붙어 있어(일명 눈 밑 지방), 눈 밑 부분이 부어 있는 경우는 소화기능 이상으로 생기는 현상이거나, 심한 경우 위하수로 인한 증상일수도 있습니다. 눈 밑 다크서클은 차가운 음식을 많이 먹고 있거나 과로 혹은 인내장기관이 차가울 때 발생하게 됩니다. 다크서클은 눈 밑이 반원의 그림자처럼 검게 보이는 현상입니다. 다크서클이 생기는 원인 중 하나는 혈액순환 장애입니다. 눈 아래에는 정맥이 있어 피곤하면 혈관이 수축하고 피가 제대로 이동하지 못해 검게 보입니다. 눈 아래 피부 두께는 0.5mm 정도로 1.5mm 두께의 얼굴 피부보다 얇아 혈관이 더 잘 보입니다. 눈가의 피부에 멜라닌 색소가 과다하게 축적될 때도 다크서클이 생긴다고 합니다.

이외에도 **폐에 병이 있어 생기는 부종이 있습니다.** 폐에 기능이 허하여 수분을 전신으로 공급하지 못하면 수분이 머물러 음사가 생깁니다. 오랜 기침으로 큰 병을 앓고 난 후에 원기가 상하게 되면 폐의 기능이 허하게 되고 이로 인해 부종이 생깁니다. 머리, 얼굴, 사지가 먼저 붓는데 폐의 병을 치료하여 낫게 합니다.

간에 병이 있어 생기는 부종입니다. 간장의 기능이 상실되면 기혈 수분운행이 상실되어 이로 인해 부종이 생기게 됩니다. 간 병으로 인한 부종은 갱년기 여성에게 잘 나타나는데 간장을 따뜻하게 하여 정상적인 기능을 회복하게 합니다.

심병(마음의 병)으로 생기는 부종입니다. 기혈의 운행은 심장의 양기가 고동치게 하고 밀어주는 힘에 의해 이루어집니다. 기가 부족하고 양기가 허하면 혈액순환이 원활하지 않아 부종이 발생하게 됩니다. 심병(마음의 병)으로 인한 부종은 가슴이 두근 거리고 경동맥이 뛰며 하지와 정강이가 붓습니다. 또한 내장질 환, 결핵, 빈혈 암, 각기병 등의 질환은 영양불량을 가져와 부종 이 생기기도 합니다.

발의 부종입니다. 오랜 시간 서 있거나, 평소에 별로 걷지 않 던 사람이 갑자기 먼 거리를 걸으면 발이 붓거나 후끈거리기도 합니다. 그 이유는 심장에서 흘러나온 혈액이 심장으로 잘 되돌 아가지 못하는 울혈상태에 있기 때문인데, 종아리(무릎에서 발 목까지)에서 가장 많이 발생합니다. 말단까지 온 혈액이 심장으 로 돌아가기 위해서는 정맥 주위의 근육이 제대로 움직이지 않 으면 안 됩니다.

근육이 약해져 있거나 피로해 있으면 정액이 흐름이 나빠져 울혈상태가 일어납니다. 울혈이 되면 정맥이 팽창하고 혈행이 막혀 혈액이 심장으로 돌아가기가 더욱 어려워집니다. 울혈은 정맥이 주위의 압력을 받아 좁아지거나 정맥 안의 혈액이 굳어 막히는 것 등이 원인이 되어 장기(臟器)나 조직에 혈액이 고이 게 되는 증세를 말합니다. 혈행이란 피의 순환을 말하는 것입니 다. 이렇게 되면 혈관 속의 혈액과 세포조직의 침투압밸런스가 무너져 혈액 속의 수분이 세포조직으로 배어나와 버리는데, 그 것이 부종(浮腫)과 후끈거림의 원인입니다. 혈행 장애가 생기면 동맥의 협착, 연축(攣縮) 따위에 의해 혈류가 장애를 받아 맥박 이 약해지고, 피부 창백, 동통, 마비, 괴사 등이 일어나는 증세 가 나타납니다. 증세가 진전이 되면 동맥과 정맥, 모세 혈관의 혈류 장애를 이르게 됩니다.

울혈이 계속되면 붓거나 후끈거림뿐만 아니라, 무좀이 생기거나 심장 같은 내장기관에도 좋지 않은 영향을 미치게 됩니다. 따라서 평소 운동에 신경을 쓰고 혈액순환이 좋아지도록 노력해야 합니다. 손발의 정맥은 깊은 곳을 지나는 것과 표면을 지나는 것이 있습니다. 표면을 지나는 정맥 주위에 있는 근육의 벽은 매우 얇기 때문에 힘도 약하고, 울혈이 되기 쉽습니다.

특히 발은 온몸의 무게가 걸리는 몸의 맨 아래에 있으므로 정맥 속의 마개가 손상되면 혈액은 아래로 내려가기만 하는 상태가 됩니다. 그렇게 서 있는 자세가 지속되면 종아리에 혈액이 고이고, 정맥이 팽창하여 정맥류를 만듭니다. 이 증상은 유전적인 요인처럼 보이지만, 서서 하는 일이 많은 사람이나 걷기를 많이 하는 사람에게 나타날 수 있는 증상입니다.

한편 신발이 부종의 원인이 되는 경우도 있습니다. 샀을 때는 꼭 맞던 신발이 살이 찐 것도 아닌데 어느 날 발이 커져 도저히 신을 수 없게 되면 그 신발이 살 때부터 너무 작았다고 생각할 수 있습니다. 발에 맞지 않는 작은 신발을 무리하게 신으면 혈액의 흐름이 나빠져 울혈이 생깁니다. 이러한 부종은 원인이 되는 작은 신발을 벗으면 나올 수도 있습니다.

그러나 심장이나 콩팥 등의 기능장애로 인한 부종은 조심해야 합니다. 신발을 이것저것 바꿔 신어보아도 발이 붓거나 피로하면 서둘러 병원에 가서 진찰을 받도록 합니다. 부종의 치료수칙은 발에 꽉 끼는 신발을 신지 말고, 보기 좀 흉하다고 느껴져도

발을 높게 하고 잠을 자며, 발의 피로를 없애는 온랭교대 족욕법을 실시하는 것입니다.

림프부종입니다. 림프부종을 간단히 정의하자면 림프관이 손상되거나 막혀서 림프액이 정체돼 있는 현상을 말합니다. 림프관, 림프액… 도대체 뭐가 뭔지 도저히 이해하기 힘들 것입니다. 그렇다면 알기 쉽게 설명해 드리겠습니다. 귀하는 "백혈구"가 뭔지 아시나요? 백혈구는 우리 혈액 속에 있는 세포 중 하나로 혈액이나 조직 내에서 이물질을 제거하거나 항체를 만듭니다. 그럼으로써 감염으로부터 우리 몸을 보호하는 역할을 합니다. "림프구"는 그런 백혈구의 한 형태입니다. "림프구"는 백혈구와 마찬가지로 면역과 관련된 세포입니다.

이 림프구를 포함한 백혈구들이 모여 있는 곳이 바로 "임파"라고도 불리는 "림프액"입니다. 림프액은 림프구들을 떠다닐 수 있게 하는 체액으로 혈액으로 림프구를 공급해주는 역할을 합니다. 다음은 "림프 절"입니다. 이 림프구들을 포함한 백혈구! 즉 림프액이 돌아다니는 곳이 바로 "림프 절"입니다. 림프 절은 외부로부터 들어오는 물질이나 감염을 일으키는 바이러스, 세균, 원충으로부터 면역작용을 일으킵니다. 즉 우리 몸의 면역기관 중 하나이자 림프액이 돌아다니는 정류장 같은 존재입니다.

바로 이 면역기관인 림프 절들을 연결하는 것이 "림프관"입니다. 쉽게 말하면 림프액들이 림프관을 타고 흐를 수 있도록 설계된 것입니다. 이 림프관들은 우리 몸 전신에 퍼져있으며 서로 연결돼 있답니다. 즉 온몸 곳곳에 퍼져있는 정류장을 연결해주는 길이라고 할 수 있습니다.

정리해보면 림프구 < 림프액 < 림프 절 < 림프관 순이겠지요. 기억하기 쉬울 것입니다. 그럼 처음으로 돌아가서! 림프부종은 림프관이 손상되거나 막혀서 림프액이 머물러 있는 현상이라고 말했습니다. 그렇다면 림프액이 정상적으로 몸 곳곳으로 흐를 수 없게 됩니다. 우리 몸을 면역으로 보호해주는 림프액이 한 곳에 고여 있다면 면역이 잘 되질 않겠다고 생각되시지요? 또한 흐르지 못한 림프액은 점점 고여서 부종이 발생하게 됩니다.

그렇다면 어째서 림프부종이 발생하게 되는 것일까요? 림프부종의 발생 이유는 일차성과 이 차성 두 가지로 분류됩니다. 먼저 일 차성 림프부종은 비정상적으로 림프 기관이 형성될 때 발생합니다. 즉 태어날 때부터 잘못 형성되었거나 혹은 살아가면서 잘못 형성되었거나 선천적 혹은 후천적 두 가지 이유에서 발생하는 것입니다.

반대로 이 차성 림프부종은 림프 기관이 손상 받았을 때 발생합니다. 림프 기관이 손상 받는 원인은 감염이라든지 암, 혹은 방사선 치료나 수술에 의한 조직 상처 등 이 있습니다. 수술로 인해 림프 절을 제거했을 경우 림프액 순환이 어려워지므로 발생 요인이 될 수 있습니다. 또한 몸에 감염이 많아 많은 면역이 필요해 림프액이 증가하게 되는 것 또한 림프부종이 원인이 되기도 합니다.

그렇다면 림프부종의 증상은 어떤 것들이 있을까요? 림프부종의 초기 부종의 상태는 대게 피부를 손으로 누르면 쉽게 함몰

되는 증상을 보입니다. 초기에는 대부분 회복이 되지만 시간이 지날수록 피부가 두꺼워지고 단단해지면서 회복이 되지 않고 유지됩니다. 이 상태가 지속되면 몸이 무거워지고 불편한 느낌이 들며 운동 능력이 저하됩니다.

또한 면역기능 상실로 인해 다른 질병에 취약해집니다. 빠른 진단으로 림프부종을 확인하고 치료를 한다면 더 쉽고 빠른 치료를 할 수 있습니다. 그럼 림프부종의 증상에 대해 자세히 알아야 할 것입니다. 우선 팔과 다리가 당기는 느낌이 듭니다. 우리 몸에 없던 게 달렸으니 당연 다른 느낌이 드는 것입니다. 또한 신발이나 반지 같은 몸에 압박을 주는 의류, 장신구를 착용했을 때 전보다 더 조이는 느낌을 받습니다. 그리고 팔이나 다리에 힘이 안 들어가고 좀 약해지는 느낌을 받기도 합니다. 통증을 느끼기도 합니다. 쑤시는 느낌이 계속된다거나 몸이 무거워지는 기분이 지속됩니다.

눈에 보이는 증상으로는 피부가 붉어진다거나 부종과 염증이 올라오는 증상이 있습니다. 위와 비슷한 증세가 보이면 최대한 빨리 병원에 가서 진단을 받아보는 것이 좋습니다. 그렇다면 림프부종의 치료방법에는 어떤 것들이 있는지 알아보겠습니다. 일단 모든 병이 그렇지만 가장 좋은 치료는 예방입니다. 하지만 우리는 인간이기 때문에 모든 것에 일일이 신경 쓰면서 살 수는 없습니다. 할 수 있는 것들은 증상들을 잘 파악해두고 몸에 꼭 끼지 않는 옷을 입는 정도로도 충분하다고 생각합니다.

치료로는 도수 림프배출 법, 마사지법, 압박붕대 법, 운동요법

등이 있습니다. 이러한 치료들은 복합적으로 환자의 상황에 맞게 시행되어야 하며 치료 후에는 피부 관리나 운동관리 같은 꾸준한 관리가 필요합니다. 림프부종이 완치되는 병은 아니지만 조절은 가능한 병이랍니다. 그렇기 때문에 올바른 치료와 꾸준한 관리로 림프부종으로부터 자유로워질 수 있습니다.

부종은 심혈관질환으로 발생하는 것이 보통입니다. 필자가 지금까지 부종으로 고통당하는 분들을 종합하면 마음의 상처로 발생하는 경우가 많았습니다. 이분들이 하시는 말씀이 마음이 평안하여 몸의 기능이 좋아지면 몸에 부종이 생기지 않는 다는 것입니다. 그러다가 스트레스를 받고 몸을 무리하게 사용하면 부종이 생긴다는 것입니다. 이런 분들은 성령의 역사로 깊은 치유를 받고나면 부종이 언제 그랬느냐는 식으로 없어집니다.

성령으로 깊은 치유를 하여 몸의 부조화를 정리하여 영-혼-육의 기능이 정상이 되기 때문입니다. 그렇기 때문에 부종이 있는 분들은 의학적인 치료에 앞서 자신의 잠재의식의 상처를 정화하는 것을 우선으로 해야 합니다. 잠재의식에 쌓인 독소들이 심장이나 신장이나 소장이나 림프액의 순환을 방해하는 근본이기 때문입니다. 자신 안 잠재의식에 쌓여있는 독소를 제거하지 않고는 부종을 치유할 수가 없습니다. 부종이 있는 분들은 기도하는 방법도 바꾸어야 합니다. 성령으로 깊은 기도를 해야 합니다. 다음 장부터 제시되는 영적인 원리를 적용하면 부종에서 자유 함을 누릴 수가 있습니다.

3부 몸속의 독소를 제거 배출하는 비결

28장 실제적인 성령세례로 독소를 배출한다.

(행 11:15-16)"내가 말을 시작할 때에 성령이 저희에
게 임하시기를 우리에게 하신 것과 같이 하는지라. 내가
주의 말씀에 요한은 물로 세례를 주었으나 너희는 성령으
로 세례를 받으리라 하신 것이 생각났노라"

몸속의 독소는 스트레스와 상처로 인하여 생긴 독소로서 잠재
의식에 형성되어 있습니다. 잠재의식에 형성된 독소는 사람의 기
교나 방법이나 노력으로 배출이나 정화가 불가능합니다. 몸속에
쌓여있는 독소는 영적이면서 심리적인 독소이기 때문입니다. 스
트레스를 받아 몸속에 독소를 생기도록 역사하는 존재들은 육체
에 역사하는 영적존재들입니다. 이들은 반드시 잠재의식보다 깊
은 영의차원에서 성령의 역사가 일어나야 성령의 역사로 몸속의
독소가 현실로 들어나서 밖으로 배출이 되는 것입니다. 그렇기
때문에 성령님이 아니고는 몸속의 독소를 배출하는 다른 방법은
있을 수가 없습니다.

그리고 세상방법이 몸속의 독소를 배출하는데 최선의 방법이
될 수가 없다는 것입니다. 이유는 몸속의 독소는 스트레스에 의
하여 영·혼·육에 발생함으로 몸속의 독소 근원에는 영적이고 심
리적인 문제가 결부되어 있기 때문입니다. 영적이고 심리적인 요

소는 초인적인 존재가 결부되어 있습니다. 초인적인 존재는 사람의 기교나 방법으로 제압이 불가합니다. 반드시 초인적인 존재보다 한 차원 강한 초자연적인 성령의 역사가 일어나야 제거가 가능한 것입니다. 그래서 세상적인 독소 제거 방법으로는 부분적인 독소제거는 가능하지만 근원까지 제거하는 데는 무리가 있다는 것입니다. 반드시 성령의 깊은 역사가 일어나야 잠재의식에 형성된 독소가 현실로 드러나서 배출이 가능한 것입니다.

크리스천의 몸속에 형성된 독소를 제거하려면 관념적인 성령세례(예수를 믿을 때 받았다고 하는 성령세례)가 아니고, 체험적인 성령세례를 받아야 합니다. 체험적인 성령세례란 예수를 믿을 때 마음 안, 영에 주인으로 임재하신 성령께서 순간 전인격을 장악하는 성령폭발을 말하는 것입니다. 이는 자신도 성령으로 세례 받는 것을 전인격으로 깨달을 수가 있고, 주변에 다른 성도들도 자신이 성령으로 세례를 받는 것을 눈으로 보고 이해할 수 성령세례를 말하는 것입니다. 그 후 지속적으로 성령으로 기도하여 성령으로 충만 받으면서 전인격이 성령의 지배와 장악이 되면서 잠재의식에 쌓여있는 독소를 현제의식으로 끌고 나와서 배출하는 것입니다.

그렇기 때문에 세상방법을 사용하여 해결되지 않는 독소는 반드시 성령의 지배와 장악을 통하여 배출해야 되는 것입니다. 몸속의 독소의 완전한 배출은 성령의 역사 외에는 방법이 있을 수가 없습니다. 그래서 세상방법으로 독소를 배출한 후에 얼마가지 않아서 요요현상이 일어나는 것입니다. 몸속의 독소 뒤에 있는 근본원인을 일으키는 존재들이 배출되지 않았기 때문입니다. 세상방법으로 독소를 배출한 후에 스트레스를 받게 하여 독소를 발생하게 하는 존재들이 역사하기 때문입니다. 그렇기 때문에 반드시 성령으로 잠재의식에 형성된 독소를 배출해야 합니다. 여기서 알고 계실 것은 성령의 지배와 장악으로 독소를 배출했다고 완전하게 끝났다고 방심하면 안 됩니다. 크리스천들도 육체를 가지고 있으므로 지속적인 성령의 지배와 장악이 되지 않으면 재발할 수가 있는 것입니다. 그렇기 때문에 주일날 성령으로 충만한 예배를 통하여 지속적인 성령의 지배와 장악이 되도록 해야 합니다.

저는 18년 이란 세월이 넘도록 성령치유 사역을 했습니다. 개별집중정밀 성령치유 사역을 하다가 보니 성령의 세례를 받으면 그때부터 치유가 이루어지기 시작 했습니다. 마찬가지로 몸속의 독소도 성령으로 세례를 받은 다음부터 배출이 되는 것입니다. 성령으로 세례를 받지 않으면 몸속의 독소는 배출이 불가능합니다. 저는 성령의 세례를 이렇게 표현하기도 합니다. 성령의 세례는 예수를 영접할 때 내주하신 성령께서 순간 폭발하여 전인격을 사로잡는 것이라고 하기도 합니다. 예수를 믿으면 성령이 내주하십니다. 즉시로 죽었던 영은 살아납니다.

그러나 육체는 성령으로 지배나 장악당하지 않은 상태입니다. 육체는 구습을 따르는 옛 사람이 그대로 있다는 말입니다. 그러므로 옛 사람에게 역사하던 세상신이 여전히 주인노릇을 하고 있다는 뜻도 됩니다. 하지만 성령으로 세례를 받으면 성령께서 전인격을 사로잡으므로 옛 사람에게 역사하던 세상신이 떠나가기 시작을 하는 것입니다. 그러면서 몸속의 독소가 녹아지면서 배출이 되기 시작합니다.

하나님은 성도들이 성령으로 세례를 받아 영적으로 변하기를 소원하십니다. 성령으로 세례를 받아야 전인격이 하나님을 따를 수 있기 때문입니다. 목회자나 성도나 할 것 없이 성령의 불 받기를 사모합니다. 그러나 체험적인 성령의 세례를 받아야 성령의 불로 세례를 체험할 수가 있습니다. 저의 개인적인 견해로는 성령의 세례가 없이 성령의 불세례를 받을 수가 없습니다. 성령의 불세례를 받으려면 먼저 성령의 세례를 체험해야 합니다. 성령의 세례를 받으려면 세례를 받을 수 있는 영육의 상태가 되어야 합니다.

성령의 세례를 받으려면 먼저 성령이 역사하는 장소에 가셔야 합니다. 그리고 성령으로 세례 받고자하는 마음을 열어야 합니다. 성령은 사람의 영 안에서 역사하십니다. 영은 사람의 마음 안에 있습니다. 그래서 마음을 열어야 영 안에 계신 성령이 역사하는 것입니다. 성령이 역사해야 사람이 영적인 상태가 되는 것입니다. 영적인 상태가 되어야 하나님과 교통할 수가 있는 것입니다. 그러므로 우리는 회개의 세례인 물세례로 만족하지 않고 다음은 성령의 세례를 받아야 합니다.

세례요한은 "나는 너희로 회개하게 하기 위하여 물로 세례를 베풀거니와 내 뒤에 오시는 이는 나보다 능력이 많으시니 나는 그의 신을 들기도 감당하지 못하겠노라 그는 성령과 불로 너희에게 세례를 베푸실 것이요"(마 3:11)라고 말씀한대로 물세례를 받기 이전이든지 이후든지 체험적인 성령의 세례를 반드시 받아야 합니다.

어떤 성도들은 성령의 세례 받으면 물세례를 안 받아도 되느냐 묻는 사람이 있는데 그것은 잘못된 것입니다. 예수님께서도 세례요한에게 직접 물세례를 받았습니다. "이때에 예수께서 갈릴리로부터 요단강에 이르러 요한에게 세례를 받으려 하시니, 요한이 말려 이르되 내가 당신에게서 세례를 받아야 할 터인데 당신이 내게로 오시나이까, 예수께서 대답하여 이르시되 이제 허락하라 우리가 이와 같이 하여 모든 의를 이루는 것이 합당하니라 하시니 이에 요한이 허락하는지라"(마 3:13-15)고 했습니다.

물세례를 행하므로 하나님께 의를 이루는 것임으로 성도는 물세례를 받아야 합니다. 그렇지만 물세례로 만족하지 말고 성령의 세례를 사모해야 합니다. 사모해야 성령으로 세례를 체험할 수가 있습니다. 물세례는 예수를 믿고, 구원 받은 사람 즉 중생한 사람의 표로 받는 것이라면 성령의 세례는 구원받은 사람이 하나님의 사역을 위해 권능을 받는 것입니다. 그리고 자신의 전인격을 성령의 지배하에 들어가는 것입니다. 성령의 지배와 장악이 되면서 몸속의 독소들이 녹아지면서 배출이 되는 것입니다. 그래서 "성령이 너희에게 임하면 권능을 받고 예루살렘과 유대와 사마리아 땅끝까지 이르러 내 증인이 되리라"(행 1:18)고 말씀하셨습니다.

우리는 전도의 사명이 있는데 전도하는데 필수적인 도구는 성령의 세례를 받는 것입니다. 성령의 권능으로 전도하는 것입니다. 성령의 권능 없이 전도할 수가 없습니다. 세상은 마귀에게 처해 있기 때문입니다. 마귀의 종 되어 있는 세상 사람을 전도 하는 것은 인간의 힘만으로는 한계가 있습니다. 반드시 성령의 권능으로 전도를 해야 합니다.

성령세례의 의미에 대해서는 교단마다 또 교회마다 또 개인에 따라서 달라지기 때문에 이것이 성령세례입니다 하고 말씀드리기는 조금 어려운 단어입니다. 일반적으로 성령세례는 두 가지 의미로 쓰인다고 봅니다. 첫째가 성령의 내주하심입니다. 우리가 예수님을 믿게 되면 성령께서 우리 안에 들어오셔서 우리와 함께 동행하시게 되는데 이것을 성령이 내주하심이라고 합니다. 또한 이것을 성령 세례라고 하기도 합니다. 바로 우리가 예수님을 믿고 하나님의 자녀가 됨으로 말미암아 성령과 연합되는 것입니다. 성령으로 거듭난다는 뜻이 바로 우리가 예수님을 믿음으로 하나님의 자녀가 되는 사건을 의미하는 것입니다. 이런 경우 성령세례란 우리의 일생에 딱 한번 있는 단회적인 사건이 되는 것입니다.

두 번째가 우리가 예수님을 믿고 나서 특별한 경험을 하는 경우입니다. 성령의 특별한 역사로 말미암아 뼛속까지 회개하는 경험도 하게 됩니다. 방언을 받게 되는 경우도 있고 성령과 친밀한 교제를 하게 되는 경우도 있습니다. 하늘의 권능을 받는 것입니다. 권능 있는 삶을 살아가는 계기가 됩니다. 성령님의 지배와 장악 속에 들어갑니다. 이런 경험을 성령세례라고 칭하는 경우도 있습니다. 이런 경우 성령세례란 우리의 일생에 한번 체험할 수 있는 사건이 될 수 있습니다. 성령의 세례를 체험하고 나면 성령에 강하게 사로잡힐 때마다 성령의 역사를 체험하게 된다는 뜻입니다.

바울 사도가 한 번은 에베소 교회를 방문했습니다. 교인들에게 바울이 "너희가 믿을 때에 성령을 받았느냐 가로되 아니라 우리는 성령이 있음도 듣지 못하였노라 그러면 너희가 무슨 세례를 받았느냐 대답하되 요한의 세례로라"(행 19:2-3)고 했습니다. 이때에 "바울이 그들을 안수하매 성령이 그들에게 임하시므로 방언하고 예언도 하니 모두 열 두 사람쯤 되니라"(행 19:6)라고 해서 성령 세례의 필요성을 알게 된 것입니다.

하나님은 성령의 세례를 체험하게 하고 단련하여 하나님 마음에 합한 자를 하나님의 일에 사용하십니다. 베드로의 경우를 예로 들어봅니다. 고기를 잡는 어부였던 베드로가 예수님의 부르심으로 그물을 버리고 주님을 따랐습니다. 주님을 따라 다니면서 문둥이를 치유하고, 죽은 자를 살리고, 오병 이어의 기적을 일으키고, 귀신을 쫓아내는 이적과 기적을 보면서 3년 동안 주님을 따랐습니다. 베드로가 이렇게 주님의 능력을 인정하고 주님을 따르면서 3년 동안 훈련을 받았지만 믿었던 주님이 십자가에 죽게 되자 세 번씩이나 주님을 모른다고 부인한 겁쟁이입니다. 왜 그렇습니까? 성령으로 세례를 받지 못해서 그런 것 아니겠습니까? 성령의 세례를 체험하지 못하고 인도받지 못하니 아직 육신적인 믿음의 수준을 넘지 못한 증거입니다.

그러던 베드로가 마가의 다락방에서 120 문도와 함께 기도하다가 성령으로 세례를 받고 완전히 사람이 변했습니다. 육신적인 사람이 초자연적인 사람으로 변화되었습니다. 성령이 베드로를 장악한 것입니다. 그러자 성령의 언어를 합니다. 어떻게 변화되었습니까? 초자연적인 성령의 사람이 됩니다. 베드로는 오순절 마가의 다락방에서 완전히 변화되어 성령 충만한 사도로 능력의 삶을 보여 주기 시작하였습니다. 귀신이 떠나가고, 병자가 고쳐지고, 죽은자가 살아났습니다. 베드로가 전하는 말씀에 감동 받아 하루에 3천명이 예수님 믿고 구원받는 역사가 나타났던 것입니다.

놀라운 일이 아닐 수 없습니다. 우리도 성령의 세례를 체험하고 성령의 인도 하에 하나님의 훈련을 순종하므로 받으면 우리에게도 베드로와 같은 역사가 나타날 수 있다고 확신합니다. 영적으로 무지하던 저도 불같은 성령의 세례를 체험하고 몸속의 독소가 녹아지면서 배출이 되니 성품이 유순하게 변하고 인내할 줄 아는 사람이 되었습니다. 기도가 깊어지고 성령의 인도에 순종하며 영안이 열려서 말씀을 볼 때 말씀 속에 있는 영적인 비밀이 보입니다. 말씀 속에서 영적인 원리를 깨달으며 말씀을 적용할 때 하나님의 기적이 일어나는 것을 체험하고 있습니다. 저도 베드로와 같이 기도할 때 병자가 치유되고 귀신이 떠나가고 상한 심령의 사람들을 치유하는 권능 있는 자가 되어가고 있습니다. 필자가 체험한 바로는 크리스천이 몸속에 쌓인 영적이고 삼리적인 독소를 배출해야 하나님께서 함께 하시는 건강한 성도로 변화된다는 것입니다. 몸속의 독소가 배출되지 않으면 육성에 역사하던 세력의 방해로 영적으로 바뀌는 것도 쉽지 않고 전인적인 건강도 누릴 수가 없다는 것입니다. 당신도 성령의 세례를 받으시기를 바랍니다. 그리고 성령의 불세례도 체험하시기를 바랍니다. 먼저 성령의 세례를 체험하려면 이렇게 하시기를 바랍니다.

성령으로 세례를 받음은 하나님의 영으로 사로잡히는 것입니다. 성령의 지배와 장악 속에 들어가는 것입니다. 성령의 세례는 성도의 마음을 그리스도에 대한 이해와 사랑과 신뢰로 가득 차게 하며, 성령이 삶의 주관자가 되게 하며, 하나님의 자녀로서 하나님의 부름에 적합하도록 능력을 부여합니다. 거듭나는 것과 성령으로 세례 받은 것과는 다른 별개의 사건입니다. "누구든지 그리스도의 영이 없으면 그리스도의 사람이 아니라(롬 8:9)"

그리스도인은 성령에 의해 태어난 사람으로 성령은 그 사람 안에서 중생의 사역을 이루십니다. 그리스도인이란 그 안에 성령이 내주 하는 사람을 지칭하며 성령세례 받은 자를 의미하는 것은 아닙니다. 거듭남으로 구원을 받게 됩니다. 즉 성령으로 거듭나서 하나님의 자녀가 되는 것입니다. 그러나 사람이 성령에 의해 거듭났지만, 성령으로 세례 받지 못한 경우도 있습니다. 그러므로 중생과 성령세례는 동의어가 아니라는 뜻입니다.

그러므로 성령으로 세례를 체험하시기를 바랍니다. 체험이라는 것은 내가 하나님의 역사하심을 눈으로 보게 된다는 뜻입니다. 성령의 세례를 받음으로 비로소 성령의 인도를 받을 수가 있습니다. 그리하여 성령으로 깊은 영의 기도를 할 수 있게 되는 것입니다. 성령으로 깊은 영의기도를 하므로 성령의 불이 임하고, 심령에서 성령의 불이 올라오는 영의 기도를 할 수 있는 것입니다. 성령의 세례는 성령의 불로 사로잡히는 것이기 때문입니다. 초자연적인 성령의 지배와 장악 속에 들어갈 수가 있는 것입니다. 몸속의 독소를 녹여서 배출시킬 수가 있는 것입니다. 우리가 성령의 세례를 체험하려면 사모해야 합니다. 하나님은 사모하는 영혼에게 만족함을 주십니다. 성령의 세례도 사모해야 받는 것입니다. 사모하고 뜨겁게 기도하면서 성령의 세례가 올 때까지 구하면서 기다려야 합니다.

성령으로 세례를 받아야 그때부터 성도가 영적으로 변하기 시작 합니다. 왜냐하면 성령의 세례를 받으면 비로소 육이 영의 지배를 받기 시작하기 때문입니다. 육이 영의 지배를 받아야 비로소 영적인 사람으로 변하기 시작하는 것입니다. 초자연적인 성령의 역사로 몸속의 독소들이 녹아서 배출이 되기 때문입니다. 성령으로 세례를 받지 않으면 육은 여전이 세상신이 장악하고 있으므로 예수를 삼십 년을 믿어도 여전이 육의 지배를 받는 것입니다.

하나님의 말씀을 들어도 비밀을 깨닫지를 못하는 고로 육의 사람의 특성인 합리를 가지고 받아들이니 기적을 체험하지 못하는 것입니다. 왜냐하면 영의 능력은 약하고 육의 능력은 강하기 때문입니다. 성령으로 세례를 받음으로 성령의 지배와 장악이 되어 성령으로 진리를 깨달을 수가 있기 때문에 성도가 변화되는 것입니다. 그렇기 때문에 성령이 아니고는 아무것도 되는 것이 없는 것입니다.

저는 성도라면 모두가 예수를 영접하고 성령으로 세례를 받아야 한다고 강조합니다. 제가 말하는 성령의 세례는 성령의 내주하심이 아니라, 성령이 전인격을 장악하는 성령 폭발을 말하는 것입니다. 내주하신 성령이 폭발하여 성도의 전인격을 장악해야 육이 치유되어 영의 지배를 받는 영의 사람으로 변하는 것입니다. 성령이 전인격을 장악해야 비로소 육체에 역사하던 세상신이 떠나가기 시작하기 때문입니다. 몸속의 독소가 녹아지면서 배출이 되기 시작을 하는 것입니다.

이는 성도에 따라 성령께서 장악하는데 시간이 다르게 걸립니다. 인내해야 합니다. 그래서 하나님은 "항상 기뻐하라! 쉬지 말고 기도하라! 범사에 감사하라! 이것이 그리스도 예수 안에서 너희를 향하신 하나님의 뜻이니라"(살전5:16-18). 하시는 것입니다. 전폭적으로 성령의 인도를 받으며 맡기는 성도는 빨리 변화가 되고, 그렇지 못한 성도는 변화되는데 시간이 더 걸릴 것입니다.

성도가 성령으로 빨리 장악이 되면 그 만큼 연단의 기간도 짧아지는 것입니다. 하나님은 성도가 성령으로 전인격이 장악이 되어 하나님이 원하시는 수준이 되어야 성도에게 배당된 하나님의 복을 풀어주시는 것입니다. 그러므로 성도는 부단하게 성령으로 세례를 받고 전인격이 성령의 지배를 받으려고 의지적인 노력을 해야 합니다. 자신의 생각이나 의지를 내려놓고 전폭적으로 성령의 인도하심을 따르면 좀 더 빨리 하나님이 원하시는 영적인 수준에 도달할 수가 있는 것입니다.

성령의 세례는 성도에게 와있는 영육간의 문제를 치유하는데도 지대한 영향을 미치게 됩니다. 성령으로 세례를 받지 않으면 치유가 되지 않습니다. 몸속에 독소가 녹아지지 않습니다. 육체에 역사하는 세상신의 힘이 강하기 때문에 좀처럼 치유가 되지 않습니다. 그러다가 성령으로 세례를 받고 뜨겁게 기도하기 시작을 하면 육체가 성령의 지배를 받게 됨으로 치유가 되기 시작을 하는 것입니다.

그러므로 성도가 당하는 영육의 문제를 치유 받으려면 최우선으로 체험해야하는 것이 성령의 세례입니다. 성령의 세례가 없이는 아무리 능력이 강한 사역자라도 치유를 할 수가 없습니다. 치유는 성령께서 하시기 때문입니다.

하나님은 영이십니다. 영육의 문제는 영이신 하나님이 치유하시는 것입니다. 하나님이 치유하시게 하려면 영적인 상태가 되어야 하는 것입니다. 영적인 상태가 되려니 성령으로 세례를 받고 성령의 깊은 임재에 들어가야 합니다. 그러면 하나님의 치유의 손길이 역사하기 시작을 합니다.

하나님의 음성을 들으려고 해도 성령으로 세례를 받아야 합니다. 상처를 치유 받으려고 해도 성령으로 세례를 받아야 합니다. 귀신을 쫓아내려고 해도 성령으로 세례를 받아야 합니다. 질병을 치유 받으려고 해도 성령으로 세례를 받아야 합니다. 재정의 문제를 해결하려고 해도 성령으로 세례를 받아야 합니다. 성령의 세례가 없이는 아무것도 이루어지지 않습니다. 그러므로 성령의 세례는 모든 성도가 꼭 받아야 합니다.

한번 성령으로 세례를 받았다고 다 되는 것이 아닙니다. 지속적으로 성령 충만해야 합니다. 많은 성도들이 성령으로 세례를 받고, 방언으로 기도하면 항상 성령 충만한 줄로 생각을 합니다. 그러나 잘못된 생각입니다. 항상 성령으로 충만 하려고 의지적인 노력을 해야 합니다. 사람은 육을 가지고 있기 때문입니다.

여기서 우리가 더 알아야 할 것이 있습니다. 첫째, 성령의 세례를 이론으로 알고 스스로 성령으로 세례를 받았다고 자처하는 성도들입니다. 이런 분들이 영육으로 문제가 생겨서 치유를 받으러 옵니다. 와서 본인이 기도를 하고, 안수를 해주어도 성령의 역사가 일어나지 않습니다. 몇 주를 다니면 그때에야 반응이 있기 시작합니다. 왜냐하면 자기만의 자아가 있어서 영적인 말씀이 귀에 들리지 않기 때문입니다.

두 번째는 몇 년 전에 성령을 체험했다고 자랑하는 성도들입니다. 얼마 전에 여 집사가 2년 전에 성령을 체험했다고 하면서 치유와 능력을 받으러 왔습니다. 2일을 기도하고 안수를 하니까, 성령의 역사가 일어나 몸이 뒤틀리고 괴성을 지르는 것입니다. 한참을 안수하니 성령이 장악을 했습니다. 귀신들이 소리를 지르면서 떠나갔습니다. 지금 교회에는 몇 년 전에 성령을 체험했다고 안심하고 지내는 성도들이 있습니다.

이런 분들이 열심히 믿음 생활을 하면서도 여러 가지 문제로 고통을 당합니다. 왜냐하면 자기에게 역사하는 상처와 악한 영의 역사로 일어나는 것입니다. 그러므로 한번 성령 체험했다고 다 된 것이 아니라, 지속적으로 성령을 체험하며 깊은 영의기도를 하여 심령을 정화시켜야 합니다. 그래야 성령의 지배와 장악이 됩니다. 성령의 역사로 깊은 영성이 되어 하나님과 교통하는 기도를 할 수가 있습니다. 한번 성령을 체험했다고 자랑삼아 말하는 분들 자기 관리에 신경을 써야 할 것입니다. 우리가 육체가 있기 때문에 영성에 꾸준하게 관심을 가져야 합니다. 한번 체험했다고 멈추면 얼마 있지 않아 육으로 돌아갑니다. 성령세례를 체험하는 것으로 만족하지 말고 이제 성령으로 지배와 장악되어 성령의 인도를 받는 수준으로 발전을 해야 합니다. 성령으로 지배와 장악이 되어야 예수님을 나타내면서 살아갈 수가 있습니다. 성령체험으로 만족하지 말고 성령의 지배와 장악이 되려고 관심을 가져야 합니다.

그래서 성도는 주일날이 중요합니다. 주일날 성령 충만을 받고 뜨겁게 기도하며 영성을 유지할 수 있기 때문입니다. 지속적으로 성령의 지배와 장악 속에 들어갈 수가 있기 때문입니다. 예배를 통하여 자신의 몸속에 있는 독소를 녹이면서 배출할 수가 있는 것입니다. 저는 교회를 개척할 당시부터 주일 예배를 성령 충만한 예배로 드리고 있습니다. 오전에 40분기도, 오후 예배에 50분 기도하여 심령을 성령으로 정화하고 성령 충만을 받습니다. 이 기도 시간에 제가 일일이 안수하여 막힌 영의통로를 뚫어주고 성령이 충만하고 기도가 깊어지도록 지도합니다. 왜냐하면 세상에서 살아가기가 그리 쉽지 않기 때문에 주일 하루 밖에 교회에 오지 못하는 분들이 많기 때문입니다. 이분들이 성령의 지배와 장악 속에 들어가 몸속의 독소를 녹이고 배출할 수 있는 시간이 주일밖에 없기 때문입니다.

29장 성령으로 온몸으로 기도하여 배출한다.

(유 1:20-21)"사랑하는 자들아 너희는 너희의 지극히 거룩한 믿음 위에 자신을 세우며 성령으로 기도하며 하나님의 사랑 안에서 자신을 지키며 영생에 이르도록 우리 주 예수 그리스도의 긍휼을 기다리라."

성령으로 기도를 해야 잠재의식에 쌓인 영적이고 심리적인 독소들이 녹아서 배출이 되기 시작하는 것입니다. 기도를 성령으로 하지 않으면 절대로 잠재의식에 쌓인 영적이고 심리적인 독소들이 배출되지 않습니다. 영적이고 심리적인 독소는 반드시 강력한 성령의 역사가 자신 안에서 일어나야 녹아지면서 배출되기 때문입니다. 그래서 크리스천의 기도는 참으로 중요합니다. 기도를 통하여 모든 치유와 영성활동이 좌우되기 때문입니다. 필자가 그동안 성령사역을 하면서 체험한 바로는 크리스천들이 기도를 바르게 하지 못한다는 것입니다. 또, 기도에 대하여 관심을 갖지도 않는 것이 보통입니다. 이유는 지신은 지금 기도하고 있기 때문이라는 것이지요. 이러한 생각 때문에 기도한 만큼 전인적인 변화가 있어야 하는데 그러하지 못하다는 것입니다. 이는 이성적으로 자신만 알아주는 기도를 하기 때문입니다. 기도는 온몸으로 해야 합니다.

그럼 어떡해야 온몸으로 기도할 수 있습니까? 목으로 생각으로 말로 기도하지 말고 성령으로 기도해야 합니다. 기도할 때 주의해야 할 것은 생각이나 머리나 목에서 올라오는 소리로 기도하지 말라는 것입니다. 배꼽 아래 15센티에 의식을 두고 아랫배에다가 힘을 주고 들이쉬고 힘을 빼고 내쉬면서 기도하는 습관을 들이는 것입니다. 배에서 올라오는 소리로 기도하라는 것입니다. 이것이 제일 중요한 것입니다. 이렇게 하다가 보면 자연스럽게 온몸으로 기도하게 되어 기도하면 할수록 전인격이 치유가 되고 예수님의 성품으로 변화를 체험할 것입니다. 육적으로는 심장이 튼튼해집니다. 장이 건강해집니다. 언어가 배속에서 올라옴으로 말을 많이 해도 성대가 상하지 않습니다. 성령의 권능, 영력이 강해지는 것입니다. 온몸으로 기도하는 비결은 차차 이 책을 읽어가면서 터득하게 될 것입니다. 제일 중요한 것은 지금까지 기도하는 습관으로 기도하지 않는 것입니다. 빨리 잘못된 기도의 습관을 바꾸려고 의지적인 노력을 해야 기도한 만큼 영육의 변화를 체험하게 될 것입니다. 자신의 기도를 정확히 분별하여 하나님의 보좌와 연결되는 기도를 해야 합니다.

기도가 바뀌어야 합니다. 무조건 많이 한다고 잘하는 기도가 아닙니다. 성령으로 바르게 해야 합니다. 기도가 바르지 못하니까, 10년 동안 믿음 생활을 해도 변화되지 않는 것입니다. 성령으로 바르게 기도를 하면 변화되지 말라고 해도 변화될 수밖에 없습니다. 왜 30년 믿음생활을 열과 성의를 다하여 열심히 하고, 천일을 철야하고, 영육의 문제 해결을 받고, 내적치유와 축귀능력을 받으려고 10년 이상 30군데 이상을 다니고, 정신적이고 육적이고 영적인 질병을 치유 받으려고 성령의 역사가 강하다는 15년 동안 30군데를 교회를 다니고, 능력을 받으려고 20년을 성령 사역하는 곳을 다녀도 변화가 없고 치유되지 않고 능력이 나타나지 않는 것일까요? 기도를 바르게 하지 못하기 때문입니다.

교회나 성령 사역하는 곳에 가서 말씀 듣고 기도합시다. 하면 자신이 지금까지 하던 식으로 기도를 하기 때문입니다. 이렇게 기도하니 성령의 역사가 자신 안에서 일어나지 않기 때문에 변화가 일어나지 않는 것입니다. 성령의 역사가 자신 안에서 일어나야 치유도 되고 능력도 나타나고 문제도 해결이 되는 것입니다. 이렇게 자신이 하던 방식으로 기도하니 잠재의식에 쌓인 영적이고 심리적인 독소가 녹아질 수가 없고 배출될 수가 없는 것입니다. 자연스럽게 변화되지 않고 영-혼-육의 건강도 누릴 수가 없는 것입니다. 이를 방지하기 위하여 우리 충만한 교회같이 기도할 때 담임목사가 돌아다니면서 기도를 교정하여 성령의 역사가 성도의 마음 안에서 일어나게 해야 합니다. 성도의 마음 안에 있는 성전에서 분출되는 기도가 되도록 안수하면서 교정하여 주어야 합니다. 자기가 종전에 하던 습관적인 기도를 몇 시간씩 해도 변화되지 못합니다. 자신 안에 있는 상처가 습관적인 기도에 적응이 되어있기 때문입니다. 그렇게 하지 않으면 절대로 변화를 체험하지 못합니다. 몸속의 독소가 꼼작하지 않습니다. 그래서 모든 크리스천은 기도를 클리닉 해보아야 합니다. 이렇게 성령으로 기도하면 변화되지 말라고 해도 변화가 되고 치유가 됩니다.

몸속의 독소를 배출하는 기도는 성령으로 마음으로 예수님을 찾는 기도를 해야 합니다. 마음으로 자신 안에 성전삼고 계시는 예수님을 찾는 능력 있는 기도는 우리의 영 안에 계신 성령으로 충만하게 하는 기도 방법입니다. 마음으로 예수님을 찾는 능력기도는 다른 기도를 대치하려는 것이 아니라, 단순히 다른 기도들에게 새롭고도 충만한 시간을 갖도록 해줍니다. 기도 중에는 하나님께서 내 안에 현존하시고 활동하심에 동의해야합니다. 기도를 마치고 세상에서 살아갈 때도 언제나 마음으로 예수님을 찾는 것입니다. 우리가 세상을 살아가는 시간에는 우리의 주의가 밖으로 옮겨가서 어디에나 임재 하여 계시는 하나님의 현존을 발견하게 됩니다.

기도의 단어는 내 안에서 하나님께서 현존하시면서 활동하심에 동의한다는 나의 지향을 상징하는 거룩한 단어를 선택합니다. 편안히 앉아서 눈을 감고 자세를 취한 다음에 하나님께서 내 안에 현존하시고 활동하심에 내가 동의한다는 상징으로 그 거룩한 단어를 의식 속에 불러들입니다. 어떤 잡념이 자신의 기도를 방해한다는 것을 알아차리면, 아주 부드럽게 그 거룩한 단어로 돌아갑니다. 기도가 끝날 때에는 눈을 감고 2분 여간 침묵 속에 머뭅니다.

첫째. 마음으로 예수님을 찾는 기도문의 선택. 먼저 "하나님께서 내 안에 현존하시면서 활동하심에 동의한다는 나의 지향을 상징하는 거룩한 단어를 선택합니다." 거룩한 단어는 하나님 현존 안에 머물면서 그분의 활동에 나를 맡겨드리겠다는 우리의 마음을 나타냅니다. 거룩한 단어는 간단한 기도를 하면서 성령께 우리에게 적합한 단어를 달라고 청하여 선택합니다. (예: 주님, 예수님, 아버지, 성령님, 예수능력, 예수치유, 예수권능, 예수사랑, 예수평화, 믿음, 소망, 등). 일단, 거룩한 단어를 선택했으면, 기도 중에는 바꾸지 말아야 합니다. 그렇게 되면 또 다른 잡념을 끌어들이는 계기가 될 수 있기 때문입니다.

어떤 사람에게는 거룩한 단어보다 내면으로 단순히 하나님을 바라봄이 더 적절할 수도 있습니다. 이러한 경우에는 그분을 바라보는 것처럼, 내면으로 하나님께 향함으로써 하나님의 현존과 활동에 동의를 합니다. 거룩한 단어와 같은 지침이 여기에도 적용됩니다. 하나님은 영이십니다. 하나님의 속성은 거룩입니다. 성경에 나오는 거룩한 단어를 사용하여 하나님을 찾는 것입니다. "하나님은 반석이십니다." "하나님은 요새십니다." "하나님은 피난처이십니다." "하나님은 권능이십니다."

둘째. 마음으로 예수님을 찾는 기도에 들어가기. "편안히 앉아서 눈을 감고 자세를 취한 다음, 하나님께서 내 안에 현존하시고 활동하심에 내가 동의한다는 상징으로 그 거룩한 단어를 의식 속에 불러들입니다." "편안히 앉는다."는 말은 상대적인 편안함을 말하는데, 즉 너무 편안하여 잠이 들지 않을 정도이며, 동시에 너무 불편하여 기도 중에 몸의 불편함 때문에 신경 쓰지 않을 정도를 말합니다.

어떤 자세를 취하든 등은 곧게 세웁니다. 잠이 들었었다면, 깨어났을 때에 시간 여유가 있으면 몇 분간이라도 기도를 계속합니다. 식사를 마친 뒤에 이 기도를 하면 졸리기 쉽습니다. 식사 후에는 식사 후 한 시간 정도 기다리는 것이 좋습니다. 잠자기 직전에 이 기도를 하면 잠자는 습관을 해칠 수도 있습니다. 우리 주변과 내면에서 돌아가는 것들을 떠나보내기 위해 눈을 감습니다. 부드러운 솜 위에 새 깃털을 얹듯 아주 부드럽게 거룩한 단어를 의식 속으로 불러들입니다.

셋째, 잡념이 들어 올 때 조치방법. "잡념이 의식 속에 들어왔음을 알아차리면 아주 부드럽게 거룩한 단어로 돌아가야 합니다." '잡념'이란 감각적 지각, 감정, 영상, 기억, 사색, 과거의 나쁜 기억, 그리고 비평 등과 같은 모든 지각 내용을 다 포괄하는 용어입니다. 잡념을 몰아내는 것은 마음으로 예수님을 찾는 깊은 영의기도의 중요한 관건입니다. 잡념이 들어오면 "아주 부드럽게 거룩한 단어로 돌아간다."는 말은 최소의 노력으로 하라는 말입니다. 최소의 노력으로 성령의 역사를 불러일으켜서 잡념을 몰아내는 것입니다. 사람의 힘이 아닌 성령의 능력으로 잡념을 몰아내는 것입니다. 이것이 마음으로 예수님을 찾는 깊은 영의기도 중에 우리가 하는 유일한 행위입니다.

기도 시간 중에 거룩한 단어는 아주 희미해지거나 사라지기도 합니다. 이 말은 기도에 집중하여 몰입하다가 보면 숨을 쉬는 것조차 지각하지 못하게 됩니다. 호흡하는 것도 지각하지 못하는 깊은 경지에 이르게 됩니다.

넷째, 마음으로 예수님을 찾는 기도의 비결. "기도의 끝에 눈을 감고 1,2분간 침묵 속에 머뭅니다." 이 기도를 그룹으로 할 때에는 인도자가 2-3분 동안 마음으로 예수님을 찾는 기도 중에 예수님을 만나는 경지에 이르게 해달라고 하는 '간구기도'를 하고, 다른 사람들은 호흡을 깊게 하면서 듣습니다. 이 2-3분은 우리의 정신이 외적 감각세계로 되돌아오는 데 적응하는 시간을 줄 수 있게 하며, 또 일상생활에 이 침묵의 분위기를 가져올 수 있게 도와줍니다.

먼저 소리가 작게 나는 알람을 20분으로 맞춰놓고 편안히 앉아 눈을 감습니다. 그런 다음 몸의 모든 긴장과 내면에서 떠오르는 잡념들이 떠나가게 놓아둔다는 마음으로 두세 번 정도 깊은 심호흡을 합니다. 그리고 '성령의 임재를 요청합니다.' 성령님께서 내 안에 나와 함께 계심을 의식합니다. 의식한다는 말은 하나님의 현존을 '느끼라는 것'이 아니라, '마음으로 생각 한다.'는 의미입니다. 준비기도가 끝나면 먼저 바깥에서 들려오는 모든 소음들이 의식이 되더라도 그것들에 마음을 빼앗기지 말고 자연스럽게 떠나가도록 놓아둡니다. 떠나가도록 놓아둔다는 말은 그 어떤 것에 대해서도 '관심'과 '주의'를 기울이지 않는다는 말입니다. 그런 다음 서서히 자신의 내면으로 돌아와 내면으로부터 떠오르는 모든 생각들, 즉 모든 상상력, 기억, 느낌, 계획, 성찰, 중대한 관심사 등을 떠나보내려고 애쓰지 말고 그것들이 그저 지나가도록 놓아둡니다. 성령님이 자신을 장악하면 모두 봄에 눈이 녹는 것과 같이 사라지는것이 보통입니다.

이제 마음이 가라앉고 차분해졌으면, 자신이 선택한 거룩한 단어(예수능력. 예수치유. 예수 사랑. 예수 권세 등)를 아주 부드럽게 떠올리고, 그것을 호흡을 들이쉬고 내쉬면서 지속적으로 마음으로 암송합니다. 거룩한 단어를 정확하게 발음하거나 그 의미를 생각할 필요도 없습니다. 다만 하나님의 현존과 그분의 활동에 자신을 온전히 열어드리고 내어드리면서 시간을 보내겠다는 지향의 표현으로 거룩한 단어를 떠올립니다. 그 상태에서 아무것도 하지 말고 하나님의 현존 속에 그대로 머물러 있는 것입니다. 그러면 서서히 여러 가지 잡념들이 계속해서 떠오를 것입니다. 그러나 그 어떤 것도 억지로 몰아내려고 애쓰지 말고 그냥 놓아둡니다. 그러면 그것들은 자연스럽게 흘러가 버릴 것입니다.

그러나 초심자들은 계속해서 떠오르는 잡념에 대해 관심을 갖게 되고, 잡념에 사로잡혀 가게 됩니다. 이렇게 잡념에 빠진 것을 알아차리면, 즉시 아주 부드럽게 거룩한 단어로 돌아갑니다. 거룩한 단어로 돌아가라는 말은 그 단어를 의식 속에 떠올리거나 아니면 마음으로 천천히 암송하라는 의미입니다. 이것이 마음으로 예수님을 찾는 기도 중에 우리가 하는 유일한 활동입니다.

그 밖의 모든 것은 하나님께 맡겨드리고, 그분의 현존 속에 머무릅니다. 이렇게 정한 시간(30-60분)동안 기도한 다음, 알람이 울리면 바로 눈을 뜨지 말고 주님을 찾는 기도문을 아주 천천히 암송합니다. "예수님 사랑합니다." "예수님 도와주세요." 어느 정도 시간이 지나면 성령님께 감사기도를 드리고 기도를 마칩니다. 기도를 마쳤다고 기도를 멈추는 것이 아니고, 세상을 살아가면서도 계속 마음으로 예수님을 찾는 것입니다. 그리하여 항상 자신의 마음에 예수님의 임재를 유지합니다. 세상을 살면서도 세상에서 섭리하시는 예수님을 마음으로 느끼면서 살아가는 것입니다.

지금까지 살펴보았듯이 마음으로 예수님을 찾는 기도는 하나님과의 관계를 깊게 하는 기도로, 대화를 넘어 친교로, 능동적 기도에서 수동적이고 수용적인 기도로 옮아가게 합니다. 우리는 단지 하나님께서 현존하시는 골방(우리 내면의 깊은 곳, 마음)에서 온 마음으로 자신을 온전히 열어드리고 내어드리며 '제가 여기 있나이다.'하고 주님을 기다리면서 하나님 현존과 활동하심에 동의한다는 '원래의 지향'을 유지하는 것 이외에 아무것도 하지 않습니다. 그러나 우리는 아무것도 하지 않지만, 우리 안에 현존하시는 하나님께서는 엄청난 일을 하고 계신 것입니다.

바로 당신의 사랑으로, 영으로 우리를 영적으로 충전시켜 주시면서, 우리가 그분과 깊고 친밀한 관계를 맺는 데 방해가 되는 모든 장애물 들, 즉 우리 안에 있는 모든 상처와 아픔과 어둠을 정화시켜 우리를 변형시켜 주십니다. 지속적으로 해야 합니다. 지속적으로 하다가 보면 자신도 모르게 성품이 유순하게 변하는 것을 체험하게 됩니다.

다섯째, 마음으로 예수님을 찾는 깊은 영의기도간 나타나는 현상. 가장 많이 나타나는 증상들로부터 언급하면 이렇습니다.

1)몸이 이완됩니다. 근육이 풀리면서 나른해집니다. 주의할 점은 깊이 잠들지 않는 것이 좋습니다. 깊이 잠들면 그 다음으로 이

어지는 성령님의 은혜를 인식할 수 없게 됩니다. 그러나 초기에는 깊이 잠드는 경우가 많습니다. 나른하게 졸음이 오는데 억지로 졸음을 물리치려고 노력할 필요는 없습니다. 이는 육체를 치유하시는 은혜이므로 너무 아쉬워할 것까지는 없습니다. 다음에 다시 하면 됩니다. 우리의 몸으로 행한 죄의 찌꺼기를 배출하는 과정입니다. 우리 몸속에 있는 나쁜 영의 잔재들을 주님이 제거하시는 것입니다.

2)몸이 뜨겁거나 전류가 흐르는 것 같습니다. 깊은 호흡을 하면 10여분쯤 지나서 몸이 뜨거워지는 것을 느낍니다. 그리고 몸속으로 약한(처음에) 전류가 흐르는 듯합니다. 강하게 느껴지면 가만히 있을 수 없을 정도로 찌릿찌릿함을 느낍니다. 몸이 뜨거워짐으로써 우리 몸이 활동력을 얻게 됩니다. 영적인 능력이 임하게 되는 것입니다. 이 능력은 세상을 이기는 담대함과 마귀의 세력을 이길 수 있는 힘입니다.

3)몸이 무척 아픕니다. 근육에 통증이 옵니다. 심하면 도무지 견딜 수 없을 지경으로 온 몸에 통증이 와서 더 이상 호흡을 계속할 수 없습니다. 평소 몸이 아픈 곳이나 약한 부분이 아픕니다. 이는 몸속의 독소가 녹아고 배출되는 치유의 과정입니다. 우리 몸의 약한 곳을 성령님이 치유하시는 것입니다. 치유는 성령님의 일입니다. 성령님이 임재하시면 우리의 몸이 병들었거나 약한 부분을 주님은 고치십니다. 너무 고통이 심해서 견디기 어려우면 그곳에 손을 얹고 깊은 호흡으로 기도하십시오. 그리고 통증이 사라지면 다시 시작하십시오. 치유는 단번에 이루어지는 경우는

적습니다. 우리 몸은 서서히 치유되며 회복되는 것이기 때문에 너무 조급해 할 필요가 없습니다. 마음으로 예수님을 찾는 기도를 할 때마다 통증이 온다고 해서 중단하지 마십시오. 치유하는 데 여러 달이 걸리는 경우도 있습니다. 치유사역자의 도움을 받으십시오. 사역자의 도움을 받아 상처를 배출해야 합니다.

4)몸속에 이물감을 느낍니다. 뱃속이 더부룩해지고 몸속에 벌레가 기어가는 것 같은 느낌을 받습니다. 마음으로 예수님을 찾는 기도 전에는 아무렇지도 않던 뱃속이 갑자기 더부룩하고, 소화가 안 되는 것 같은 느낌을 받는 것은 뱃속에 악한 영이 들어있기 때문입니다. 몸에 이물감을 느끼는 것도 그렇습니다. 성령의 강한 임재로 인하여 악한 영이 피할 곳을 찾아 돌아다니는 것입니다. 속된 표현으로 마귀의 집이라고 하는 것입니다. 우리 몸속에 들어온 악한 영이 자리를 잡고 눌러 앉으려고 만들어놓은 그들의 영역이 분쇄되는 것입니다. 머리가 심하게 어지러운 현상도 마찬가지입니다. 머릿속을 점유하고 있는 악한 영이 요동치는 것입니다. 이 악한 영이 견디지 못하고 떠날 때까지 계속하십시오. 악한 영이 몸에서 나가면 그러한 현상이 사라지고 평안해집니다. 그렇지 않고 계속 심하고 구토가 나고 정신이 혼미해지는 등의 현상이 계속되면 축귀가 필요합니다.

심한 경우는 악령의 음성이 들리는데 매우 위협적이어서 겁이 납니다. 호흡을 중단하십시오. 계속하면 죽여 버릴 거야, 라고 협박합니다. 그래서 무서워 더 이상 마음으로 예수님을 찾는 기도를 하지 못하고 두려움에 사로잡힙니다. 이런 경우 자기 축귀를 하십시오. 그런데도 잘 되지 않으면 능력 있는 축귀 사역자에게 도움을 구하십시오. 그러면 좀더 빨리 몸속의 독소를 녹여서 배출 할 수가 있을 것입니다 .

5)서늘한 기운을 느낍니다. 서늘한 청량감이 온몸을 감쌉니다. 심하면 한기를 느낄 정도입니다. 여름인데도 온 몸이 서늘하고 만져보면 차가움을 느낍니다. 때로는 부분적으로 그러한 현상을 느끼기도 합니다. 악한 영이 드러나서 나타나는 증상입니다. 머리가 맑아지고 정신이 상쾌해집니다. 이는 몸이 정상으로 돌아왔음을 알려주는 것입니다.

6)평안하고 몸이 가벼워집니다. 이 현상은 사실 가장 많이 느끼는 부분입니다. 그런데 왜 나중에 언급하였느냐면, 앞의 현상들을 경험한 뒤에 오는 현상이기 때문입니다. 우리의 몸의 병과 죄와 악령의 영향 등의 불순한 것들이 성령의 은혜로 치유된 후에 찾아오는 평안함입니다. 몸속의 독소가 녹아서 배출되고 있다는 보증의 역사입니다. 마음으로 예수님을 찾는 기도는 이 평안함이 계속 유지되어야 바람직한 것입니다. 성령으로 충만하고 주의 임재가 강할수록 평안하고 고요한 기분이 계속 됩니다. 주님의 위로하심이 임하는 것입니다.

그 밖에도 개인에 따라 독특한 증상들을 경험하게 되지만 그 모든 현상은 치유와 회복이라는 과정에서 나타나는 증상입니다. 그 내용이 무엇을 의미하는지 구체적으로 알 필요는 없습니다. 그것보다 더 중요한 것은 주님과 동행하는 것이기 때문입니다. 마음으로 예수님을 찾는 기도를 통해서 얻는 유익은 이루 헤아릴 수 없이 많습니다. 어떤 분들은 시작하는 그 날로 영안이 열리기도 하고 주의 음성을 듣기도 합니다. 이제까지 그토록 원하던 하나님의 임재가 이렇게 쉽게 이루어질 줄 몰랐다고들 고백합니다. 의지를 가지고 하다가 보면 자신도 깊은 경지에 들어가는 것을 몸으로 체험하여 알게 됩니다. 성령은 평안입니다. 성령이 심령을 장악하면 말로 표현 할 수 없는 평안이 올라옵니다.

여섯째, 기도하는 장소를 바르게 해야 한다. 필자가 어느 날 새벽에 기도하니까, 성령하나님께서 이렇게 감동하시는 것입니다. "왜 무당들이 유명한 산에 올라가 장구치고 북치고 하면서 기도하는지 알고 있느냐" 잠시 생각을 해보니까, 유명한 산에 역사하는 산신령을 접신 받으려고 유명한 산을 찾아 기도한다는 생각이 떠올랐습니다. 그래서 "산에 역사하는 산귀신을 접신 받으려고 산에 가서 기도하는 것입니다." 했더니 성령께서 "그렇다. 산에 역사하는 산신령을 접신 받으려고 산에 가서 기도하는 것이다." 말씀하시는 것입니다. 그러면서 자네는 어디에서 기도를 해야 하느냐고 질문하십니다. 그래서 내 안에 하나님께서 주인으로 계시니 내 안에 관심을 집중하고 기도하면 된다고 했습니다.

맞다고 하시면서 다른 목회자들이나 성도들에게 알려주어 기도 장소의 개념을 바르게 알고 기도하도록 하라고 말씀하셨습니다. 크리스천은 기도는 하나님이 계시는 자신 안에 마음 성전에 집중하여 기도하게 하라는 것입니다. 기도는 자신 안에 계신 하나님께 기도하시기를 바랍니다. 우리 성도들의 의식이 기도하려면 "기도원가야 한다. 산에 가야한다. 교회에 가야한다." 로 고정되어 있기 때문에 자신의 심령 안에 관심이 두지 않습니다. 자신의 마음 안에 관심을 두지 않기 때문에 예수를 믿으면서도 변화되지 못하는 것입니다. 그렇다고 교회나 기도원에 가서 기도하지 말라는 말로 이해하면 안 됩니다. 교회에 가서 기도에 대하여 바르게 배우고 바르게해야 합니다. 교회에 가서 성령으로 세례도 받아야 합니다. 필자는 자신 안에 계신 하나님께 관심을 가지고 기도하라는 것입니다.

기도는 자신 안에 계신 하나님께 기도하여 자신이 하나님의 입장이 되어 하나님의 길을 제대로 따라가고 있는지, 바르게 가고 있는지, 돌아가고 있는지를 보는 것입니다. 그리고 자신 앞에 있는 문제를 하나님께 기도하여 하나님의 해결 방법을 알아내는 것입니다. 그리고 알려주신 해결방법대로 순종하기 위해서 기도하는 것입니다. 기도는 하나님께 무엇을 얻어내려고 하는 것이 절대로 아닙니다. 자신의 상처를 치유하고, 성령으로 충만하며, 하나님과 대화하기 위하여 기도하는 것입니다. 지친 영혼의 쉼을 얻기 위하여 기도하는 것입니다. 기도는 영-혼-육이 쉼을 얻는 시간이라고 생각하며 성령으로 해야 합니다. 이 중요한 기도가 잘못되면 먼저 영혼이 만족을 누리지 못하는 것입니다. 다음은 혼이 만족을 누리지 못하니 정신이 안정되지 못하고 산란한 것입니다. 더 진전이 되면 육체의 질병으로 발생합니다. 따라서 예수를 믿으면서도 세상 사람들과 똑 같은 영육간의 고통을 당하고 사는 것입니다.

세상 한의학에서는 몸에 독이 싸여있다고 합니다. 사람의 몸에 독이 싸이는 원인 제공자는 스트레스, 환경의 영향, 음식이라고 합니다. 독소가 증상별로 1단계부터 6단계까지 나눠집니다. 독소의 1~2단계에서 주로 느끼는 것이 만성피로와 어깨 결림입니다. 아마 현대인이라면 다 있을 것입니다. 해독이 필요한 가장 초기단계의 증상입니다. 독소 1~2단계를 방치해서 3~4단계로 진행되면 몸이 붓듯이 살이 찝니다. 물만 먹어도 자꾸 살이 찝니다. 그리고 배설, 소화가 잘 안 됩니다. 비오는 날에 몸이 쑤시고 아픕니다. 5~6단계의 경우 중증질환이 되는 경우가 많은데 5단계 이상에서는 각종 검사 수치상에도 이상이 나타납니다. 제일 애매한 분들이 4단계 환자들이라고 합니다. 자신이 자각적으로 느끼는 통증이나 불편은 대단히 많은데 병원에 가면 이상이 없다고 하고 일반 병원이나 한의원에 가도 부분적인 통증치료나 증상환화 치료만 받는 경우가 많습니다. 세상에서 근본적인 해독을 통해서 몸이 좀 더 한 단계 업그레이드되는 방법을 찾기가 대단히 쉽지 않습니다.

우리는 예수를 믿음으로 치유받기가 쉽습니다. 먼저 성령으로 세례를 받아야 합니다. 성령으로 세례 받고 잠재의식에 형성된 영적이고 심리적인 독소를 녹이면서 배출하는 것입니다. 마음의 상처를 치유해야 합니다. 내적인 상처를 치유하는데 이성적인 치유가 아니라 영적인 치유를 받아야 합니다. 내적치유도 기도가 바르게 되어야 성령으로 충만 되어 상처가 치유되는 것입니다. 상처는 전적으로 성령으로 되는 것입니다. 기도는 자신 안에 계신 하나님께 아무 곳에서나 해야 합니다.

30장 정기예배를 통하여 독소를 배출한다.

(요 4:20-24)"우리 조상들은 이 산에서 예배하였는데 당신들의 말은 예배할 곳이 예루살렘에 있다 하더이다. 예수께서 이르시되 여자여 내 말을 믿으라. 이 산에서도 말고 예루살렘에서도 말고 너희가 아버지께 예배할 때가 이르리라. 너희는 알지 못하는 것을 예배하고 우리는 아는 것을 예배하노니 이는 구원이 유대인에게서 남이라. 아버지께 참되게 예배하는 자들은 영과 진리로 예배할 때가 오나니 곧 이 때라. 아버지께서는 자기에게 이렇게 예배하는 자들을 찾으시느니라. 하나님은 영이시니 예배하는 자가 영과 진리로 예배할지니라."

우리 크리스천들은 정기적인 예배를 통하여 몸속의 독소를 배출해야 합니다. 예배가 성령의 역사가 일어나면 성령께서 몸속의 독소를 녹이시고 정화하시고 배출하도록 역사하십니다. 교회 예배당은 예배 때마다 성령의 역사가 일어나야 합니다. 성령의 역사가 몸속의 독소를 배출하기 때문입니다. 우리 충만한 교회는 모든 예배를 성령이 역사하는 집회로 인도합니다. 왜냐하면 성도들이 주일날 하루만 교회에 나오는 성도들이 있기 때문입니다. 그래서 주일 낮 예배도 동일하게 성령 집회 식으로 인도를 합니다. 왜냐하면 성도들에게 성령의 충만을 항상 유지하게 하기 위해서 입니다. 몸속에 독소를 배출하여 건강한 성도로 살아가도록 하기 위함입니다. 그리고 성령이 역사하는 체질을 만들기 위해서입니다. 우리교회 성도들은 아주 강퍅한 사람을 제외하고 주일날 하루만 나오더라도 모두 성령의 불세례를 체험함과 동시에 성령으로 지배와 장악이 되어 몸속에 독소가 배출됩니다. 지속적으로 예배에 참석하여 성령으로 지배와 장악이 됨으로 몸속에 독소가 쌓이지 않게 됩니다.

성도들이 성령의 불로 지배와 장악이 되면 발에 발동기를 달아준 것과 같은 효과가 납니다. 이렇게 주일날 신령한 하늘의 능력을 받아 한 주 동안 세상에 나가 마귀와 대적하며 승리하는 삶을 사는 것입니다. 정말 주일이 중요합니다. 모두 중요한 주일을 잘 활용하시기를 바랍니다. 평일 날 교회에 나와서 은혜는 받고 싶으나 먹고 살아가기 위해서 여건이 되지 못하는 분들이 많습니다. 성도는 하늘의 양식을 먹고 능력을 받아야 합니다. 하늘의 양식을 먹는 시간이 예배시간입니다. 예배를 성령이 역사하는 예배를 드려야 합니다. 그래야 성령으로 말씀을 깨달을 수가 있습니다.

영-혼-육으로 말씀이 들려야 심령이 영적으로 변합니다. 정말로 주일은 중요합니다. 우리 성도들이 주일날 이와 같이 성령의 충만함을 체험하면서 심령의 상처와 세상 것들 몸속의 독소를 몰아내야 깊은 영성을 유지할 수가 있습니다. 예배를 거룩하게 드려야 한다고 하는 분들이 있습니다. 거룩하게 드리는 것이 영과 진리로 드리는 것입니다. 성령의 지배와 장악된 가운데 예배를 드리는 것입니다. 우리는 항상 말씀을 영적으로 해석을 해야 합니다. 영과 진리로 드리려면 성령을 체험하여 임재 가운데로 들어갈 줄을 알아야 합니다. 성령의 음성과 감동에 따라 순종하는 성도와 목회자를 영적이라고 할 수가 있는 것입니다.

성령의 인도를 받아야 영혼이 건강할 수가 있습니다. 절대로 성령의 인도 없이는 영혼이 건강할 수가 없는 것입니다. 그러므로 기본이 성령의 세례이고, 성령의 인도입니다. 성령으로 영혼이 치유가 되어 강건하게 되는 것입니다. 영혼이 성령으로 장악이 되어야 육체가 성령의 지배를 받아 건강해지는 것입니다. 이러한 영적인 법칙을 체험하고 이해한 목회자를 만난다는 것은 복중에 복입니다. 이런 교회를 다니면 매 주일 성령을 체험하고 영혼이 강건하여 영-혼-육이 건강하게 지낼 수가 있습니다. 교회는 이런 일을 하는 곳이기 때문에 교회를 잘 정해야 영-혼-육이 건강하게 지낼 수가 있습니다.

◎**교회는 영과 진리로 예배드리는 곳입니다.** 예배를 어떻게 드려야 하는지를 밝히 알고 행해야 합니다. 하나님은 이렇게 말씀을 하십니다. "아버지께 참되게 예배하는 자들은 영과 진리로 예배할 때가 오나니 곧 이 때라 아버지께서는 자기에게 이렇게 예배하는 자들을 찾으시느니라. 하나님은 영이시니 예배하는 자가 영과 진리로 예배할지니라"(요 4:23-24). 하나님만을 주목하는 예배, 하나님께 참되게 예배하는 것은 무엇을 의미합니까? 어떻게 드리는 예배를 가리켜 아버지께 참되게 예배하는 것입니까?

하나님께 참되게 예배하는 자는 영으로 예배합니다. 영으로 드리는 예배가 무엇입니까? 우리가 이를 바르게 알기 위해서는 먼저 성경말씀을 바르게 알아야 합니다. 원래 헬라어 성경을 보면 24절에서 "하나님은 영이시니… 영으로 예배하라." 하는 구절의 '영'을 가리켜 '성령'(pneuma)으로 표기했습니다. 복잡하게 설명하지 않겠습니다. "하나님은 영이시니." 즉 하나님은 성령 하나님이십니다. 그러므로 "영으로 예배할지니라." 즉 성령 하나님으로 예배하라는 말씀입니다. 더 쉽게 설명을 드리면 '성령의 인도함 가운데, 성령님 안에서 예배하라.'는 것입니다.

◎**교회는 성령으로 세례 받게 하는 곳입니다.** 성도들은 물세례 받은 것으로 만족하면 안 됩니다. 반드시 성령으로 세례를 받아야 합니다. 교회는 성도들을 성령으로 세례를 받게 하는 곳입니다. 성령세례는 성령세례 받은 사람(담임목사)을 통하여 전이됩니다. 성령세례를 받은 사람은 자기가 성령세례 받았다는 것을 압니다. 성령세례는 우리가 의식할 수 있는 의식적 체험입니다. 오순절 성령강림이 있을 때 성령이 제자들 각 사람 위에 임하였습니다. 그리고 제자들은 나가서 복음을 증언하기 시작했습니다. 제자들에게 '여러분들은 언제 성령세례를 받았습니까?' 라고 물으면 '오순절입니다' 라고 분명히 대답할 것입니다. 사도바울이 갈라디아교회에 편지를 씁니다. "너희가 성령을 받은 것이 율법의 행위로냐 혹은 듣고 믿음으로냐?"(갈 3:2). 사도 바울이 이 질문을 하는 것은 갈라디아교회가 성령 받은 것을 알고 있었다는 것입니다.

성경은 성령 받은 것에 대해서 많은 기록을 남기고 있습니다. 빌립이 전도했던 사마리아교회, 고넬료의 가정, 에베소교회 등 성령 받은 교회나 가정들은 성령을 받은 것을 정확히 알고 있습니다. 성령세례는 우리가 알 수 있는 분명한 체험입니다. "당신은 성령을 받았습니까?"라는 질문에 대해서 딱 부러지게 "예" "아니오"로 대답할 수 있는 체험입니다. 아울러 성령세례는 하나님과 그리스도에 대한 감사와 사랑을 불러일으킵니다.

성령세례는 예수를 믿을 때 영 안에 임재하신 성령께서 순간 전인격을 장악하는 것입니다. 성령으로 세례를 받을 때 하나님의 영광과 그분의 존재의 실상을 전인격이 자각하는 것을 의미합니다. 살아계신 성령의 역사를 몸으로 느끼고 눈으로 볼 수 있는 현상이 일어나는 것입니다. 물론 다른 사람도 자신이 성령으로 세례를 받는 것을 눈으로 볼 수가 있는 것입니다. 그래서 성령세례 받은 사람들은 이렇게 말합니다. "(벧전 1:8)예수를 너희가 보지 못하였으나 사랑하는 도다. 이제도 보지 못하나 믿고 말할 수 없는 영광스러운 즐거움으로 기뻐하니" 교회는 성도들이 성령으로 세례 받아 권능 있는 삶을 살게 하는 곳입니다. 성령으로 세례를 받아야 성도가 진정한 하늘의 사람으로 변화되기 시작합니다. 성령세례는 참으로 중요한 체험입니다.

◎**교회는 성령으로 기도하는 곳입니다.** 하나님의 나라에서 하는 기도는 땅에서 하는 기도와 완전하게 다릅니다. 영이신 하나님께 기도하기 때문입니다. 영이신 하나님께 기도하는 것이기 때

문에 반드시 성령으로 기도해야 합니다. 교회에 들어오면 먼저 담임목사님으로부터 기도를 어떻게 하는지 바르게 배우고 해야 합니다. 세상에서 하던 기도방식으로 기도하면 하나님이 들으실 수가 없기 때문입니다. 기도는 참으로 중요합니다. 반드시 기도 는 성령으로 해야 합니다. 기도하는 법을 배우고 해야 하는 중요 한 영적 행동입니다.

◎**교회는 영이신 하나님을 만나게 하는 곳입니다.** 영이신 하나 님은 우리 안에 임재 하여 계십니다. 영이신 하나님을 만나려면 인간적인 방법으로는 만날 수가 없습니다. 예배의식에 참석한다 고 자동적으로 하나님을 만나지는 것은 아닙니다. 하나님은 시공 을 초월해 계시는 영이시기 때문에 어디든 계시며, 자신을 부르 면 우리 마음속을 성령으로 채우시는 분입니다. 그러므로 시간과 장소가 중요하지 않습니다. 그렇다면 하나님을 어떻게 만날 수 있겠습니까? 마음 안에 임재하신 하나님을 간절히 찾으면 만날 수 있습니다. '만일 마음을 다하고 뜻을 다하여 그를 찾으면 만나 리라'(신4:29), '너희가 온 마음으로 나를 구하면 나를 찾을 것이 요 나를 만나리라'(렘 29:13), '나를 간절히 찾는 자가 나를 만날 것이니라'(잠 8:17) '구하라. 그러면 너희에게 주실 것이요, 찾으 라. 그러면 찾아낼 것이요, 문을 두드리라. 그러면 너희에게 열릴 것이니… 너희 하늘 아버지께서 구하는 자에게 성령을 주시지 않 겠느냐 하시니라'(눅 11:9~13). 이렇게 예수님도 말씀하셨습니 다. 우리가 하나님을 만나지 못하는 이유는 하나님을 간절히 찾

지 않기 때문이요, 하나님을 찾지 않는 이유는 믿음이 없기 때문입니다. 하나님은 찾아야 응답하시는 분입니다.

◎**교회는 상한 마음을 치유하는 곳입니다.** 교회에 들어와 성령으로 세례를 받으면 성령께서 마음의 상처를 치유하십니다. 마음의 상처가 치유되어야 진정한 영의 사람으로 바뀌기 시작하기 때문입니다. 자아를 부수십니다. 자아가 남아있으면 성령의 역사를 방해하고 말씀의 비밀을 깨닫지 못하도록 방해합니다. 혈통의 문제를 해결하십니다. 세상 신을 몰아내십니다. 이 모든 영적활동이 성령하나님께서 우리들의 마음에 성전을 만드시는 일입니다. 우리는 우리 안에 거하시는 하나님과 함께 새로운 삶을 만들어야 합니다. 수평적 삶을 만들고, 수평적 사회, 사랑의 사회를 만들 수 있습니다. 그럴 수 있는 능력이 있습니다.

크리스천이 되고, 풍성한 삶을 누린다는 것은 이러한 관계를 새롭게 창조해나가는 삶을 살아간다는 것입니다. 나를 변화시키고, 이웃을 변화시키는 것입니다. 이것이 내적치유입니다. 사람들은 많은 칭찬은 쉽게 잊어버리는 반면에 단 한마디의 상처를 주는 비평은 잊지 않고 기억합니다. 자신이 행한 일보다는 자신의 인간성에 대한 긍정적, 또는 부정적 말을 훨씬 더 깊게 받아드립니다. 인간성을 깎아 내리는 말은 자존감에 심각한 영향을 줍니다.

사람들은 상처를 당할 때에 자기의 감정을 억누르고 상처를 빨리 싸매어 버리기 때문에 아무도 눈치 채지 못합니다. 그러나 그 상처는 소독을 하지 않았기 때문에 곪게 되고, 시간이 흐르면 싸맨 곳을 통하여 고름이 새어나오기 시작합니다. 이것이 오래 전의 상처가 현재 삶에 영향을 미치는 것입니다. 상처를 받지 않고 살 수는 없지만, 치유는 하면서 살 수 있습니다. 상처는 일단 받으면 다른 사람에게 상처를 주게 되어있습니다. 상처의 악순환, 빈곤한 삶의 악순환입니다.

상처를 받지 않을 수는 없지만, 상처를 치유할 수는 있습니다. 상처를 치유해야 이 악순환에서 벗어날 수 있게 됩니다. 상처 권에서 벗어날 수 있게 됩니다. 드디어 풍성한 삶으로 나아갈 수 있게 됩니다. 상처가 별로 나에게 영향을 주지 않게 되고, 남에게도 상처를 주지 않는 부드러운 성품이 되며, 상처가 주는 감정에 휩쓸리지 않는 든든한 삶을 살게 됩니다. 말씀과 성령으로 자신의 무의식과 잠재의식에 있는 상처를 찾아서 의식수준으로 가지고 나와서 치유하여 배출해야 합니다. 자꾸 심령에서 성령의 역사를 일으키면 상처는 치유되게 되어 있습니다. 그러므로 상처치유에만 치중하지 말고 성령으로 충만한 임재 상태에 들어가도록 노력해야 합니다. 우리 안에 성전을 성령께서 만드시기 위하여 마음의 상처를 치유하십니다. 자아를 부수십니다. 혈통에 역사하는 귀신을 축귀하십니다. 마음을 열고 받아들여야 합니다.

◎**교회는 성도들의 몸속의 독소를 배출하는 곳입니다.** 몸속에 독소가 쌓여서 영-혼-육에 문제가 생기고, 환경에 현실문제가 있을 때 하나님의 해결방법을 알아내라고 주신 것이 바로 기도입

니다. 하나님께서는 예수 그리스도를 믿는 자녀들에게 주신 것이 바로 기도입니다. 기도는 하나님의 뜻을 알아내는 중요한 수단입니다. 크리스천이 속에 독소가 쌓여서 영-혼-육에 문제가 생기고, 환경에 현실문제가 발생했을 때 하나님의 해결방법으로 문제를 해결해야 합니다. 기도는 하나님의 해결방법을 알아내는 중요한 수단입니다. 기도는 하나님의 지혜와 권능을 받는 적극적인 수단입니다. 예수를 믿는 크리스천은 모든 문제를 하나님의 방법으로 해결해야 합니다. 하나님께 기도하여 알려주시는 방법으로 순종하면 문제가 기적같이 해결이 됩니다. 문제가 있을 때 성령으로 기도하십시오. 어려움을 당할 때 성령으로 기도하십시오. 몸이 아플 때 성령으로 기도하십시오. 기도는 하나님께 문제해결방법을 알아내는 것입니다. 현실 문제란 어떤 것일까요? 부부불화가 있다. 어깨통증이 있다. 등과 허리에 통증이 있다. 머리가 아프다. 어지럽다. 불면증이 있다. 불감증이 있다. 우울증이 있다. 꿈이 많아 깊은 잠을 자지 못한다. 위궤양이 있다. 잘 놀란다. 교통사고, 사고, 수술 후유증이 있다. 불안과 두려움이 심하다. 온몸에 근육통증이 있다. 허리와 목 디스크로 고생한다. 요통이 있다. 골반 통증이 있다. 가슴이 답답하다. 기도가 안 된다. 늘 피곤하다. 늘 졸린다. 아랫배에 통증이 있다. 이해하지 못할 사고를 잘당한다. 생각하지 못한 일로 물질이 손해가 난다. 역류성 식도염이 있다. 공황장애가 있다. 불안장애가 있다. 서러움이 많다. 짜증과 혈기가 심하다. 부모님이 중풍이 있다. 부모님이 치매가 있다. 자녀가 정신문제로 고생한다. 자녀가 학교에서 왕따 당한다. 귀신역사로 고생한다. 신 끼로 고생한다. 식탐으로 먹고 토한다. 이런 모든 것이 현실 문제입니다. 크리스천들이 바르게 알아야 할 것은 하나님은 성도들의 몸속의 독소나 현실의 문제를 성령으로 인도하시면서 해결하게 하십니다. 신구약 성경을 자세히 보면 믿음의 사람들은 모두 현실의 문제를 하나님께 문의하여 해결하며 믿음의 사람이 되었습니다.

◎**교회는 영육의 병을 고치는 곳입니다.** 성도들은 질병이 생기면 하나님께 기도하여 하나님의 방법으로 질병을 치유해야 합니다. 세상 의술도 이용해야 합니다. 인간의 힘으로 안 될 때, 성령의 권능이 역사하는 교회에 와서 우리가 기도하면 하나님의 기적이 나타나는 것입니다. 하나님이 원하시는 것은 치료에 있지 '병원에 가서 치료를 받아서 나았느냐, 주님이 안수기도를 해서 나았느냐' 그것을 따지지 않습니다. 크리스천이 치료해서 건강해지기를 하나님이 원하시는 것입니다. 그러므로 질병이 있을 때 하나님께 기도하면 병원에 보내서 병원의 도움을 받게 하기도 하시고, 그렇지 않으면 주님이 주님의 일꾼을 통해서 직접 안수해서 고쳐주기도 하시는 것입니다.

그러므로 방법에 대해선 걱정하지 말고, 구원의 치료를 받는다는 그 목적을 주님께서 관심을 가지고 계시다는 것을 잊지 마시기 바랍니다. 사도행전 10장 38절에 보면 "하나님이 나사렛 예수에게 성령과 능력을 기름 붓듯 하셨으매 그가 두루 다니시며 선한 일을 행하시고 마귀에게 눌린 모든 사람을 고치셨으니 이는 하나님이 함께 하셨음이라" 모든 사람을 고쳤습니다. 특별한 사람만 고친 것이 아닙니다.

하나님께서 예수님을 보내시매 그가 두루 다니시며 모든 사람을 고쳐주셨습니다. 크리스천 한사람 한 사람이 예수님의 몸이니깐, 유형교회 와서 기도를 통해서 예수 그리스도의 음성을 듣고 순종하면 불치병도 낫는 것입니다. 교회에 나와 예배를 통하여 예수님을 만나면 그 만남은 은혜 속에서 주님이 고쳐주시는 것입니다. 고치는 것이 하나님의 뜻이요, 안 고치는 것은 마귀의 뜻인 것입니다. "도적이 오는 것은 도적질하고 죽이고 멸망시키는 것뿐이요 인자가 오는 것은 양으로 생명을 얻게 하되 더 풍성히 얻게 하려고 오노라" 죽이는 사망의 역사는 마귀가 가져오고 생명의 역사는 하나님의 아들이 가지고 오시는 것입니다. 축복을 받는 것은 하나님의 아들이 주시는 것이요, 패망케 하는 것은 원수 마귀가 하는 것입니다.

◎교회는 땅의 사람을 하늘에 속한 사람으로 바꾸는 곳입니다.
그래서 하늘의 말로 바꾸기 위하여 사도행전 2장 1-4절에 보면 "오순절 날이 이미 이르매 그들이 다같이 한 곳에 모였더니, 홀연히 하늘로부터 급하고 강한 바람 같은 소리가 있어 그들이 앉은 온 집에 가득하며, 마치 불의 혀처럼 갈라지는 것들이 그들에게 보여 각 사람 위에 하나씩 임하여 있더니, 그들이 다 성령의 충만함을 받고 성령이 말하게 하심을 따라 다른 언어들로 말하기를 시작하니라." 성령이 오셔서 언어를 먼저 바꾸셨습니다. 교회는 말과 행동과 사고와 생각 등등이 하나님의 나라에 맞도록 바꾸는 곳입니다. 그래서 하나님의 나라에 적응하는 시간동안 고통이 있을 수도 있습니다. 왜냐하면 성령의 역사가 일어나야 천국인으로 바뀌기 때문입니다. 성령으로 세례를 받을 때 이해하지 못하는 현상이 일어날 수가 있기 때문입니다. 이는 학생들이 전학을 가면 적응하는 기간이 있어야 하는 것과 같은 것입니다. 잠시 고통이 있을 수가 있다는 것입니다. 참고 인내해야 합니다. 그래야 하나님의 나라 자녀로서 복과 행복을 받아 누릴 수가 있습니다.

◎교회를 통하여 진리의 말씀을 주시며 기적을 베풀어 주십니다. 오직 예수님만이 진리이십니다. 성령으로 진리를 깨달은 만큼 믿음도 강해집니다. 권능도 강해집니다. 진리는 혼자 성경을 만 독을 한다고 깨달아 지는 것이 아닙니다. 교회에 와서 진리를 삶에 적용하여 깨달은 담임목사님으로부터 설교를 들으면서 깨닫는 것입니다. 많은 사람들은 세상이나 거짓이 진리인양 살고 있지만, 그것은 어둠의 권세가 장난치기 때문입니다. 하지만 오직 예수님만이 우리를 자유하게 하고 우리에게 소망을 주시며 예수님만이 우리를 구원의 길로 인도하십니다.

예수를 구주로 받아들인 사람은 진리를 알게 됩니다. 진리란 무엇입니까? 주의 법이 곧 진리입니다(시119:142). 하나님의 말씀이 바로 진리입니다. 예수를 믿는 성도는 교회에 들어와 진리를 바르게 듣고 깨달아야 하나님의 복과 기쁨과 행복을 누리면서 살아갈 수가 있습니다. 성도들은 바른 진리를 듣고 깨달아야 신앙이 자라고 하나님과 관계를 바르게 할 수가 있습니다.

◎**교회는 마음에 행복을 주는 곳입니다.** 성령이 충만하면 영의 만족을 누리게 됩니다. 영의 만족을 누리면 혼과 육의 모든 것이 정상적으로 작동을 합니다. 정상적인 활동을 하여 행복한 나날을 영위할 수 있습니다.

◎**교회는 성도들의 신앙을 자라게 하는 곳입니다.** 교회는 그냥 텅 빈 모임을 위한 공간이 아니라, 예수님의 이름을 붙인 성령님의 전인 것입니다. 교회 오는 사람들이 반드시 알아야 할 사항은 성령께서 교회를 세우셨고, 예수님은 어제나 오늘이나 영원토록 동일하시고, 우리와 함께 임재 하여 계심으로 우리는 교회의 살아있는 역사 속에 예배드려야 되는 것입니다. 목회자의 신앙지도를 받으면서 믿음이 자라게 해야 합니다. 거기다가 성령의 역사로 문제를 해결 받고, 상처를 치유하며, 병을 고치고, 스트레스나 몸속의 독소를 성령의 역사로 몰아내는 것입니다. 성령으로 귀신을 몰아내는 곳입니다. 예수 그리스도는 어제나 오늘이나 영원토록 동일하시고, 성령도 동일하시니 교회에 나와서 예수님을 만나고 성령 충만해지고 죄 사함을 받고, 마귀를 쫓아내고, 저주에서 해방되어 축복을 받고, 은혜를 받아 천국을 선물로 가슴에 품고 매일매일 성령의 도우심을 받아 죄악을 씻고 주님 나라를 앙망하는 그곳이 교회인 것입니다.

◎**교회는 우리에게 믿음을 줍니다.** 믿음이 없이는 하나님을 기쁘시게 할 수 없습니다. 믿음은 환경을 바라보는 것이 아닙니다. 하나님께서는 우리가 바라보고 선포하며 하나님을 의지하며 나가면 그대로 이루어주십니다. 지금 환경을 바라보고 좌절하면 안 됩니다. 믿음은 바랄 수 없는 중에서도 바라는 것임을 알아야 합니다. 힘들고 어려울 때도 좋은 것을 바라보고 될 것을 기대해야 합니다. 바랄 수 없는 중에 바라보는 것이 바로 믿음입니다. 교회는 바로 믿음을 주는 곳입니다. 믿는 자에게는 능치 못함이 없습니다. 믿음으로 간구한 것은 받은 줄로 아십시오. 우리가 간구하고 받지 못하는 것은 의심하기 때문입니다. 내가 할 수 있는 것은 하나님을 신뢰하고 하나님을 믿는 것입니다. 우리 자신들에게는 한계가 있을 수밖에 없지만 하나님을 의지할 때 불가능이 가능으로 바뀌게 됩니다.

◎**교회는 하나님의 음성을 듣는 방법을 배우는 곳입니다.** 하나님의 음성을 들어야 살 수 있기 때문입니다. 하나님의 음성을 들으려면 모든 통로를 열고 들으려고 노력해야합니다. 하나님의 자녀가 하나님의 음성을 듣는 것은 생사 간에 문제입니다. 자세한 것은 "하나님의 음성을 쉽게 듣는 법" 책을 참고하면 됩니다.

◎**성령님과 동행하는 방법을 배우는 곳입니다.** 성령님과 동행하는 삶을 살아가야 합니다. 하나님은 우리가 푸른 초장 맑은 시냇물 가에 있을 때에나, 사망의 음침한 골짜기를 지날 때에나 항

상 함께 계십니다. 우리가 세상에서 어렵고 힘들고, 병들어 고통스러운 환난을 당하고 있다 할지라도 여전히 성령 하나님께서는 우리와 함께 동행 하십니다. 다윗은 "내가 사망의 음침한 골짜기로 다닐지라도 해를 두려워하지 않을 것은 주께서 나와 함께 하심이라."(시 23:4)고 노래했습니다.

성도는 주일날이 중요합니다. 주일날 성령 충만을 받고 뜨겁게 기도하며 영성을 유지할 수 있기 때문입니다. 지속적으로 성령의 지배와 장악 속에 들어갈 수가 있기 때문입니다. 예배를 통하여 자신의 몸속에 있는 독소를 녹이면서 배출할 수가 있는 것입니다. 저는 교회를 개척할 당시부터 주일 예배를 성령 충만한 예배로 드리고 있습니다. 오전에 40분기도, 오후 예배에 50분 기도하여 심령을 성령으로 정화하고 성령 충만을 받습니다. 이 기도 시간에 제가 일일이 안수하여 막힌 영의통로를 뚫어주고 성령이 충만하고 기도가 깊어지도록 지도합니다. 왜냐하면 세상에서 살아가기가 그리 쉽지 않기 때문에 주일 하루 밖에 교회에 오지 못하는 분들이 많기 때문입니다. 이분들이 성령의 지배와 장악 속에 들어가 몸속의 독소를 녹이고 배출할 수 있는 시간이 주일밖에 없기 때문입니다.

31장 성령으로 개별 정밀치유로 정화한다.

(시 38:8)"내가 피곤하고 심히 상하였으매 마음이 불안
하여 신음하나이다."

몸속에 독소가 강하게 뭉쳐서 스스로 예배나 기도를 통하여
배출할 수 없는 경우에 개별정밀집중치유를 하는 것입니다. 충
만한 교회는 매주 화-수-목요일 정기적인 성령치유 집회가 있
습니다. 많은 분들이 이 집회에 참석하여 몸속의 독소를 배출하
고 있습니다. 그런데 앞에 설명된 부분들을 읽어보시면서 깨달
은 분들이 계시겠지만 몸속의 독소가 쌓인 기간이 길고 독소가
강하게 뭉쳐서 도저히 해결이 40-50분 기도하여 배출이 되지
않는 분들이 계십니다. 이런 분들이 사전에 예약하여 개별정밀
집중치유를 받습니다. 기도하는 시간이 길어서 성령의 지배와
장악이 수월하여 깊은 곳까지 독소를 녹이면서 배출합니다. 아주
강력한 성령의 역사가 장악하니 몇 십년간 숨어서 고통을 가하던
독소들이 정체를 폭로하고 녹아지면서 배출이 됩니다.

첫째, 개별집중정밀치유를 받는 분들이다. ◎ 기존 화-수-목
집회에 참석해도 몸속의 독소가 시원하게 배출되지 않는 분. ◎
영의 만족을 누리지 못하여 방황하는 분. ◎ 기도할 때뿐이고 마
음이 답답한 분. ◎ 가슴이 답답하고 기도하기가 힘이 드는 분. ◎
강 목사가 가진 성령의 은사를 전이 받고 싶은 분. ◎ 삶에서 하나
님을 누리는 축복의 통로를 뚫고 싶은 분. ◎ 성령사역을 하실 분

으로 최단 단기간에 능력 받아 사역하실 분. ◎ 부모가 자녀들의 상처를 치유해주고 싶은 분. ◎ 성령의 불세례를 체험하고 지배와 장악되고 싶은 분. ◎ 불치병, 귀신 역사로 고통이 심하여 해결 받고 싶은 분. ◎ 직장과 학업, 생업으로 평일 날 시간 없어 집회에 참석하지 못해 치유 받지 못하는 분. ◎ 마음의 참 평안을 체험하고 느끼고 싶은 분으로 세상 사람들이 맞는 프로포폴 효과보다 더 오래가고 더 깊은 평안을 누릴 수가 있습니다. ◎ 목 디스크, 허리디스크, 어깨통증, 허리통증, 근육통, 온몸이 아프고 무거워 생활하기 어려움을 순간치유 받고 싶은 분. ◎ 난치병, 영적인 문제로 고통당하고 계시는 분. ◎ 우울증, 공황장애, 조울증, 불면증으로 고생하시는 분 등입니다.

둘째, 몸속 독소로 나타나는 영적인 고통. 스트레스를 받다가 해소하지 못하고 몸속에 독소가 쌓이면 영적으로 변화를 체험적으로 느낄 수가 있습니다. 스트레스는 영적인 생활에도 지대한 영향을 미칩니다. 그래서 스트레스를 만 가지 문제의 근원이라고 하는 것입니다.

◎ **기도하기가 힘들어 집니다.** 스트레스로 무기력과 탈진에 빠져서 영혼이 자유 함을 누리지 못하면 기도의 문이 막혀서 기도하기가 힘듭니다. 기도하지 못하여 영육의 기능이 비정상적으로 되기 때문에 분노와 혈기와 찌증이 심해집니다. 가장 신뢰하고 사랑해야 할 부부 사이에 불화가 생깁니다. 자기의 잘못을 인정하기보다 다른 사람에게 책임 전가를 하는 이기주의자가 됩니다. 하는 일마다 잘 되지 않아 경제적인 고통이 찾아옵니다. 살아가

는 것이 짐으로 느껴집니다. 거짓말을 스스럼없이 하고 삽니다. 하나님보다 사람의 눈치를 보며 삽니다.

습관적인 죄에 빠지며 삶의 변화가 없는 입술의 고백만을 하고 삽니다. 마음이 불안하고 답답하며, 심각한 정신 질환인 우울증, 조울증, 공황장애, 불안장애, 치매 등으로 고통을 당하기도 합니다. 시기 질투가 강하여 다른 사람을 죽이고 싶은 충동까지도 종종 느끼게 됩니다. 약을 사용해도 아무 효력이 없는 원인 모를 육신의 질병으로 고생하기도 합니다. 이곳저곳에 뼈와 신경의 질병과 근육통이 생깁니다. 영적인 질병으로 발전이 되어 가위눌림을 당하기도 합니다. 필자도 스트레스로 영육이 정상이지 못할 때 가위눌림을 당하여 죽는 줄만 알았습니다. 귀신들림으로 고통을 당할 수도 있습니다. 육신이 병든 증거로 고통이 극심함과 같이, 영혼이 병들은 증거도 이와 같이 영적 고통이 임하는 것입니다. 영에서 병이 드니 정신으로 육체로 병이 진전되는 것입니다. 그래서 크리스천이 영혼의 만족은 참으로 중요합니다.

◎ **말씀이 들리지 않고 보이지 않습니다.** 필자역시 교회를 개척하고 부흥되지 않아 스트레스를 받다가 스트레스에 걸려 영적인 무기력과 탈진에 빠지니까, 무엇보다도 괴로운 것은 말씀이 들리지 않고 보이지 않는 것입니다. 은혜를 받겠다고 성령집회에 찾아가면 말씀을 들을 수가 없었습니다. 잡념과 졸음으로 집중을 하지 못하였습니다. 그렇게 6개월여를 고통을 하다가 하나님께 지혜를 구했습니다. 그랬더니 이렇게 감동하시는 것입니다. 말씀을 받아쓰기를 하라는 것입니다. 그리고 녹음을 하라는 것입니다. 이유는

이렇습니다. 받아쓰기를 하면 집중할 수가 있기 때문입니다. 녹음을 하는 이유는 받아쓰기를 못한 부분은 교회에 돌아와 저녁에 녹음한 것을 들으면서 보강하라는 것입니다. 그러면서 서서히 집중력이 생기고 말씀이 들리기 시작했습니다. 본인이 노력을 하여 극복하려고 해야 좀 더 빨리 해방이 될 수가 있습니다.

◎ **영육으로 무기력해 집니다.** 스트레스를 받다가 스트레스에 걸려 무기력과 탈진에 빠져서 영혼이 불만족한 사람은 방향감각이 없습니다. 필자가 교회를 개척하고 부흥되지 않아 스트레스를 받을 때 항상 머리가 묵직하고 멍했습니다. 생각이 떠오르지 않는 것입니다. 육체는 망가져서 속은 쓰리고 아프고 조그마한 소리에도 참지 못하고 분을 발했습니다. 금방 굶어서 죽는 것과 같았습니다. 믿음이 아예 없었던 것입니다.

하나님을 믿지를 못하는 것입니다. 모든 것을 필자가 해야 하는 것으로 생각하니 매사가 불안하고 두려움이 떠나가지를 않는 것입니다. 정신이 흐리멍덩하며 자신이 지금 어디로 향하고 있는지 위치 파악이 안 되는 것처럼, 스트레스로 인하여 탈진에 빠진 사람은 지금 자신이 가고 있는 방향이 어디인지를 모릅니다. 목표와 방향이 없기 때문에 왜 신앙생활을 해야 하는지를 모릅니다. 무엇 때문에 목회를 했는지 모릅니다. 무엇 때문에 말씀을 전해야 하는지도 모르고 전합니다. 아무리 앉아서 기도하려고 해도 기도가 되지를 않습니다. 죽고 싶은 생각만 났습니다. 사당역에서 몇 번이나 전철에 뛰어들려고 생각했다가 어린 자식들과 사모가 살아가려면 얼마나 고생할까, 내가 자살하는 것은 무책임한 일이다고 생각하고 접었습니다.

◎ **영적 의지를 발휘하지 못합니다.** 정상적인 신앙생활을 하던 크리스천이라도 스트레스를 지속적으로 받아 탈진 상태에 빠지면 혈통이나 육체에 역사하던 귀신이 현재의식을 장악하여 정상적인 의지를 하지 못하게 합니다. 마음이 어두워지고 평안과 기쁨과 감사를 잃어버립니다. 귀신이 사람의 의지를 잡으니까, 일어나는 현상입니다. 미운 생각, 세속적 생각, 교만한 생각, 부정적 생각의 사람이 됩니다. 항상 생각이 부정적이 되어서 정상적인 사람들과의 대화가 되지를 않습니다. 은혜가 소멸되어 기도와 교회가 멀어지고 말씀을 불순종하며 거역합니다.

귀신에게 영이 눌려서 잠을 자니 생명의 말씀이 깨달아지지 않기 때문입니다. 차가운 사람, 불순종의 사람, 거짓을 말하고 증오를 합니다. 좋은 이야기를 해도 의심하며 받아들이지 않기 때문에 정상적인 사람들이 대화하기를 꺼려합니다. 양심이 마귀의 화인을 맞아 죄책을 느끼지 못합니다. 스트레스로 인하여 귀신이 마음을 억압하면 자신을 학대하게 되는데 의욕상실, 우울증, 불면, 패배감, 자포자기, 환각, 환청, 자살충동, 정신이상 등 자신의 본래 모습을 상실하고 맙니다. 옛사람이 나타나서 유혹의 욕심을 따라서 정욕으로 행합니다. 우상을 좇습니다.

허영을 좇습니다. 음욕이 불타서 성적인 범죄를 저지릅니다. 환경에 지기 때문에 심령이 병드는 것입니다. 스트레스로 환경과 자신을 이기지 못하면 마치 막 5장의 군대 귀신들린 자의 모습(막 5:1-20)이 됩니다. 자기 몸에 상처를 내며 사람들에게 공포를 조성하는 사람이 됩니다. 이 모든 일들이 스트레스를 제때 해소하지 않고 잠재의식에 독소가 쌓여서 일어나는 영적인 현상입니다.

셋째, 몸속의 독소로 인한 건강 적신호. 적당한 스트레스는 삶의 활력소가 되지만 현재 세상에서 살아가는 대다수 사람들은 지나친 스트레스를 받고 있습니다. 스트레스를 해소하지 못하여 몸속에 독소가 쌓이면 건강에 문제가 생기기 시작을 합니다. 스트레스로 인하여 몸속의 독소가 쌓여서 일어나는 건강적신호는 이렇습니다. 바르게 알고 예방하는 것이 좋습니다.

◎ **이유 없는 피로감.** 평소의 생활하는 대로 변화 없이 살아가는데 갑자기 극심한 피로감이 느껴지고 지속적으로 그렇다면 스트레스에 의한 간장 쪽에 이상이 생겼을 때 흔히 나타나는 증상이라고 합니다. 우리 몸에 필요한 해독기능을 담당하는 간장에 이상이 생기면 스트레스, 과로 등으로 생긴 유해물질, 독소 등을 제대로 분해하지 못합니다. 그렇게 되니 항상 만성 피로에 절어서 살게 됩니다. 잠을 충분히 자도 피곤이 풀리지 않는 것은 잠재의식에 스트레스가 쌓여 건강에 이상이 생긴 것입니다. 극심한 피로는 스트레스로 인해서 갑상선에 문제가 생겼을 때 벌어집니다. 부신은 아드레날린과 다른 호르몬이 분비되는 기관인데 이곳에 이상이 생기면 피로가 잘 풀리지 않게 됩니다. 실제로 갑상선에 질환이 생긴 사람들은 만성 피로를 호소합니다. 장기에 문제가 없더라도 스트레스가 심하면 낮에는 병든 닭과 같이 꾸벅꾸벅 졸기 일쑤입니다. 영적치유를 겸하여 받아야 해방될 수가 있습니다.

◎ **두통과 가슴통증**. 많은 분들이 필자에게 찾아와 가슴이 답답하고 소화도 잘되지 않는다고 호소합니다. 특별하게 명치끝이 아프고 답답하다고 합니다. 그러나가 기도하면서 안수 받고 얼마 있지 않아서 답답함이 사라졌다고 합니다. 스트레스로 발생한 것입니다. 평소에 두통이 없던 사람이 갑자기 심한 두통을 호소하면 뇌종양의 가능성이 있어서 진단받아 봐야 합니다. 물론 스트레스로 인해 그럴 수도 있으니 진단을 바르게 하고 평소에 관리를 잘 해야 할 것입니다. 폐암 환자의 30%정도는 가슴에 통증을 느낀다고 합니다. 그래서 이유 없이 가슴이나 복부 상단에 통증이 있다면 검사를 받아보는 것이 좋습니다.

◎ **기침과 쉰 목소리**. 스트레스가 심하면 목소리가 변합니다. 아마 많이 경험해 보았을 것입니다. 잦은 기침을 하면서 목소리가 쉰 소리가 나온다면 역류성 식도염일 수도 있습니다. 역류성 식도염역시 스트레스로 발생하는 경우가 있습니다. 이는 위장 속 내용물이 식도 쪽으로 역류하는 질환입니다. 위에는 위산으로 부터 보호하는 점막이 있는데 식도에는 보호막이 없어서 쉽게 염증이 생길 수 있어서 만성 기침 증상이 있는 것입니다. 자연스럽게 성대가 망가지니 쉰 목소리가 나오는 것입니다. 마른기침이 계속되고 신물이 올라오거나 목소리가 자꾸 쉰다면 역류성 식도염일 수 있습니다. 스트레스로 심장이 자기 기능을 하지 못하여 생기는 현상입니다.

◎ **배변습관의 변화와 혈뇨**. 스트레스를 해소하지 못하고 쌓이면 항문출혈이나 변비와 설사를 할 수가 있습니다. 소변에 피가

섞여 나올 수가 있습니다. 항문 출혈이나 변비, 설사 등 갑자기 배변습관이 바뀌었다면 대장암 쪽일 수도 있습니다. 반복적으로 눈에 띄는 피가 소변에 섞여 나오고 배뇨 통이 있다면 스트레스로 인해서 발생할 수 있습니다. 필자가 군대에서 전역하기 전에 스트레스가 과하여 소변에 피가 나오고 소변볼 때 아프고 힘이 들었습니다. 일주일 입원하여 치유한 경험이 있습니다. 여성이라면 요로감염증일 수 있습니다.

◎ **뒷목 당김과 두통.** 많은 분들이 필자에게 찾아와 뒷목이 당기고 머리가 아프다고 호소합니다. 모두 스트레스에 의해서 발생한 것입니다. 과도한 스트레스는 근육 수축의 원인이 되며, 허리의 경우 근육의 빈번한 팽팽함은 근육의 정렬을 무너뜨릴 수 있고, 허리 쪽으로 산소와 영양을 공급하는 혈관들을 수축시킬 수 있으며, 이로 인해 요통을 유발할 수 있습니다. 그리고 긴장된 근육이 목뼈를 잡아당기게 되면 목의 형태를 변화시키고, 목뼈 사이에 있는 디스크가 변형된 형태의 목뼈에 눌려서 압박을 받으면 목 디스크가 생길 수 있습니다.

오랜 시간 앉아서 일하는 직장인들, 책상을 떠날 수 없는 학생들 사이에서 목통증을 호소하는 사람들이 급격하게 증가했습니다. 피로하거나 스트레스를 많이 받으면 뒷목이 뻣뻣한 것을 느끼며, 뒷목에 피가 몰려있는 것 같이 당기고, 목을 원활하게 돌릴 수 없을 때가 있는데, 이런 경우 역시 스트레스 때문에 생리작용이 원활하게 이루어지지 않기 때문입니다. 스트레스로 인한 목통증을 가벼운 피로 누적으로 쉽게 생각할 수 있는데 이러한 증상이 지속될 경우 목 디스크 부위에 질환이 생길 확률이 높아지니 주의해야 합니다.

◎ **체중감소**. 딱히 체중관리를 하지 않았는데도 체중감소가 일어난다면 건강에 문제가 생겼을 수 있습니다. 식욕은 많은데 체중은 줄어든다면 당뇨병일 수 있습니다. 그 외에도 다른 질병일 수도 있습니다. 중년이상의 연령층에서 일반적으로 증상이 나타나는데 암의 초기 증상일 수도 있기 때문에 정확한 진단을 받아봐야 합니다. 반대로 식욕이 줄고 체중도 빠진다면 스트레스로 인한 것이니 관리가 필요합니다. 불려서 상상해서 생각 말고 정확한 진단이 필수입니다.

◎ **평소처럼 잠을 이루지 못한다**. 평소에 잠을 자던 패턴과 크게 달라졌다면 건강에 이상이 생긴 것일 수 있습니다. 적어도 불면증이 생겼다면 꼭 건강을 체크해야 합니다. 불면증의 가장 큰 이유는 스트레스라고 합니다. 이러한 수면 장애가 문제가 되는 것은 우리 몸이 잠을 자는 동안 놀라운 일들을 하기 때문입니다. 인간은 수면 상태에 빠지면 몸에서 코르티솔(cortisol) 양이 줄어듭니다. 코르티솔은 스트레스를 주관하는 호르몬으로 우리 몸에서 중요한 역할을 담당합니다. 그런데 잠을 자는 동안 신체가 제 기능을 발휘하지 못하고 코르티솔 분비량이 줄어들지 않으면 건강에 이상이 생기는 전조인 것입니다. 잠을 자는 동안 우리 몸에는 다양한 호르몬이 분비돼 다양한 기관을 회복시키고 신체의 에너지를 재충전 시켜줍니다. 스트레스를 받으면 불면증이 생기는 경우가 많다는 통계가 있습니다.

◎ **밤새 기분 나쁜 꿈에 시달린다.** 꿈은 수면 중에 점차적으로 긍정적으로 변하는 경향이 있기 때문에 사람들은 잠자리에 들 때보다 일어났을 때 기분이 더 좋다고 합니다. 하지만 스트레스를 받아 수면 중 자주 깨게 되면 꿈이 긍정적으로 변하기 전에 중단되어 밤새도록 기분 나쁜 꿈만 계속해서 꾸게 된다고 합니다. 가위눌림을 당하기도 합니다. 건강한 수면을 위해 하루 7~8시간 수면을 취하고 취침 전 카페인과 알코올 섭취를 피하는 것이 좋습니다.

◎ **단 음식이 자꾸만 당긴다.** 스트레스가 단 것에 대한 욕망을 더 유발할 수 있습니다. 여성에게 단 것에 대한 욕망을 자극하는 것은 호르몬보다는 스트레스와 같은 다른 요인인 것 같다고 미국 필라델피아 병원 의학연구팀은 밝혔습니다.

◎ **피부 가려움증에 시달린다.** 성인 남녀 2000명을 대상으로 한 최근 연구결과에 따르면 소양증(pruritis)이라 알려진, 만성 가려움을 가진 사람들은 그렇지 않은 사람에 비해 스트레스를 받을 확률이 2배 높은 것으로 나타났습니다. 가려움은 스트레스를 유발하지만 스트레스 또한 가려움을 유발하고, 피부염, 건선, 아토피, 습진과 같은 피부 질환을 악화시킬 수 있다고 합니다. 전문의는 "스트레스는 신경섬유를 활성화하여 가려움을 유발할 수 있다"고 말했습니다.

◎ **복통이 생긴다.** 스트레스는 두통, 요통, 불면뿐 아니라, 위경련이나 복통을 야기할 수 있습니다. 많은 분들이 저에게 찾아와 배가 아프다고 호소합니다. 얼마간 기도하게 하고 안수하면 통증이 없어졌다고 합니다. 심장이 스트레스로 인하여 정상 기능

을 하지 못하여 발생하는 것입니다. 1953명의 성인 남녀를 대상으로 한 실험에서 가장 스트레스를 많이 받는 사람이 복통을 겪을 확률이 3배 이상 높았습니다. 뇌가 정신적 스트레스를 받을 때, 같은 신경경로를 이용하는 내장도 동일한 신호를 받는 것입니다. 이런 분들이 사전에 예약하고 오셔서 견고하게 뭉쳐진 몸속의 독소를 배출하고 영육의 건강을 회복하여 생기 있는 삶을 살아가고 있습니다.

넷째, 개별 집중정밀치유 간 몸속독소가 배출되며 일어나는 현상. 몇 년 전 추석연휴 기간 동안 성령께서 감동을 하셔서 처음 사역을 시작했습니다. 결과 말로 표현할 수 없는 역사가 일어났습니다. 지금도 매주 정밀치유 시 동일한 현상이 일어나면서 강한 몸속의 독소들이 녹아지고 배출이 됩니다. 상황을 요약해서 정리하면 이렇습니다. 안수기도를 하고 상당한 시간이 흐른 다음에는 상처가 치유되었습니다. 악~악~악~ 하면서 분노가 터져 나왔습니다. 40대 중반의 여성은 손가락을 입어 넣고 빨면서 엄마를 찾았습니다. 야~ 이 새끼야~ 그래 잘났다. 잘 났어! 하면서 욕을 해대는 여성도 있었습니다. 으흐응~ 으흐응~ 으흐응~ 하면서 앓는 소리를 하는 70대 여성도 있었습니다. 이렇게 상처가 치유가 되었습니다.

상처가 치유되고 조금 더 시간이 흐르니, 이제 세대의 영들이 축사되었습니다. 아이고~ 아이고~ 아이고~ 곡을 하면서 떠나는 귀신도 있었습니다. 나갈게 나가면 되잖아~ 하면서 떠나는 귀신도 있었습니다. 손발이 오그라들면서(중풍) 떠나가는 귀신도 있었습니다. 야! 내가 이년을 관절염에 걸리게 해서 걷지 못하게 하려고 했는데 이제 틀렸다. 내가 나가야 하다니 원통하다. 하면서 나가기도 했습니다. 이 집사님은 무릎관절로 고생을 하던 분입니다. 다른 분에게서는 아이고~ 아이고~ 내가 지금까지 여기에서 살았는데 어디로 가라는 거야! 하소연을 한동안 하다가 떠나가기도 했습니다. 어떤 성도는 괴롭히는 귀신은 예수 이름으로 명령하니 떠나가라. 했더니, 그래 간다. 이 자식아~ 가면 되잖아 하면서 떠나기도 했습니다.

오십견을 일으키던 귀신은 악~ 악~ 하면서 어깨통증을 일으키며 떠나갔습니다. 현장에서 오십견, 허리디스크, 근육통 복부통증 등등이 치유가 되었습니다. 허리와 근육에 강한 통증을 유발하며 떠나갔습니다. 시간이 많이 흐른 다음에는 세대의 영들이 별별 희한한 행동과 소리를 하면서 떠나갔습니다. 늦은 분들은 아주 많이 시간이 흐른 다음에 악한 영들이 떠나갔습니다. 정말로 유익한 시간을 보냈습니다. 그래서 매주 토요일 날 희망하는 분들을 대상으로 사역을 하려고 하는 것입니다. 제가 이 사역을 하면서 깨달은 것은 나름대로 성령이 충만하다고 자부하는 사람들에게도 몸속에 독소가 있고 귀신이 역사하고 있었다는 것입니다. 이 독소가 녹아져서 배출되고 귀신들이 떠나가는데 상당히 오랜 시간이 걸린다는 것입니다. 성령께서 완전하게 지배하고 장악이 되어야 독소가 녹아져서 배출되고 귀신들이 떠나가기 때문입니다. 사람마다 성령께서 환자를 지배하고 장악하는 시간이 많이 걸립니다. 집중 정밀치유를 해야 된다는 것입니다. 그래서 성령께서 필자에게 감동하여 알려주신 시간이 맞아떨어진다는 것입니다.

32장 해지기 전에 분을 풀며 해독한다.

(엡 4:26)"분을 내어도 죄를 짓지 말며 해가 지도록 분
을 품지 말고"

하나님은 "분을 내어도 죄를 짓지 말며 해가 지도록 분을 품지 말고, 마귀에게 틈을 주지 말라(엡 4:26-27)" 말씀하셨습니다. 이유는 이렇습니다. 해가지도록 분을 해소하지 않고 잠을 자는 경우에 잠재의식에 스트레스와 독소가 쌓이기 때문입니다. 독소가 잠재의식에 쌓이다가 보면 결국 영육에 밸런스를 깨뜨려서 영적인 탈진이나 심인성 질환이 발생할 수가 있기 때문입니다. 하나님은 크리스천들을 특별하게 사랑하십니다. 사랑하시기 때문에 해가 지도록 분을 품지 말라고 말씀하시는 것입니다. 필자가 평소에 생각하고 있는 것은 하나님의 말씀대로 살아가지를 않기 때문에 영육의 질병이 발생한다고 믿고 있습니다. 성령의 인도를 받지 않고 자신의 욕심을 따라 살기 때문에 스트레스에 의하여 영육의 질병이 발생하는 것입니다. "분을 내어도 죄를 짓지 말아야"합니다.

분은 불꽃과 같습니다. 화를 내거나 심히 노를 발한 후에 그 남은 분노가 불꽃같이 마음에 분을 뿜습니다. 분을 삭이지 못해서 계속 품고 있으면 그 영향으로 죄를 짓게 되며 해가 지도록 분을 품고 있으면 그 기회를 쫓아 마귀가 들어와서 집을 짓게 되고 도적질하고 죽이고 멸망시키는 큰 해를 끼치게 되는 것입니다.

첫째, 분을 내면 죄를 짓게 된다고 한다. 요사이 무시무시한 범죄가 많이 일어나는데 그 배후에 보면 분노가 꼭 자리 잡고 있는 것입니다. 최근 세상에 큰 문제를 일으킨 땅콩 회항 사건은 참지 못한 분노가 큰 사고를 저지른 것입니다. 마음에 스트레스가 쌓여서 분노를 조절하지 못하여 발생한 사건입니다. 스트레스는 만 가지 문제의 원인이라고 하는 것입니다. 하나님은 이를 아시기 때문에 "분을 내어도 죄를 짓지 말며 해가 지도록 분을 품지 말고, 마귀에게 틈을 주지 말라(엡 4:26-27)" 말씀으로 강조하시는 것입니다.

하버드대 보건대학원에서 발표한 바에 의하면 분노는 뇌졸중, 심장마비 등의 위험을 높인다고 합니다. 하루에 다섯 번 이상, 화를 내면 건강상 위험 상태에 이른다고 말합니다. 화를 낸 상태에서 잠을 자면 깨어났을 때 마음에 불행도가 높아지고 부정적인 감정이 더 악화된다고 합니다. 잠재의식에 분노가 집을 지었기 때문입니다. 분노 뒤에 귀신이 역사하니 더 악화되는 것입니다.

분을 품고 잠을 잘 수 없지 않습니까? 그러나 분을 품고 잠을 자면 치료를 받을 것 같은데 잠을 잘 때에 잠재의식에 스트레스가 쌓이게 됩니다. 잠재의식에 스트레스가 쌓이니 귀신의 거처 독소가 되는 것입니다. 잠재의식에 스트레스가 쌓여서 귀신의 거처가 되니 아침에 일어나도 개운하지 못하고 마음에 불행한 느낌이 더 크다는 것입니다. 하나님은 크리스천들을 사랑하시기 때문에 에베소서 4장 26절로 27절에 "분을 내어도 죄를 짓지 말며 해가 지도록 분을 품지 말고 마귀에게 틈을 주지 말라"고 경고하시는 것입니다. 잠언 12장 16절에 "미련한 자는 당장 분노를 나타내거니와 슬기로운 자는 수욕을 참느니라" 잠언 29장 11절에 "어리석은 자는 자기의 노를 다 드러내어도 지혜로운 자는 그것을 억제하느니라" 그런데 분노를 억제하려면 마음에 여유가 있어야 가능한 것입니다. 마음에 여유는 하루하루 해가 지기 전에 생명의 말씀과 성령으로 스트레스를 정화해야 가능합니다. 성령으로 충만할 때 분노를 억제할 수 있는 여력이 생기는 것입니다.

성경에 보면 제일 먼저 사람을 죽인 사람이 가인입니다. 가인은 논농사, 밭농사 이런 것을 지었고 아벨은 양을 쳤습니다. 하나님께서 그 두 사람에게 분명히 1년에 한 번씩 하나님 만나러 올때 제사를 드리되 어린 양을 잡아 피를 쏟고 향기로운 제사로 불을 태워 하나님께 올리라고 말씀을 했을 것입니다. 그런데 1년간 농사를 짓고 난 다음에 가인은 역시 내가 손으로 지은 열매를 가지고 하나님께 드려야지. "하나님께서 내 손의 열매를 받으십시오." 하고 열매 맺은 곡식단을 들고 와서 하나님께 드렸습니다. 그런데 하나님은 그것을 보시고 고개를 흔들었습니다. 왜, 하나님이 원하는 제사를 지내야지 하나님이 원치 않는 제물을 가인이 자기 원하는 것으로 드렸던 것입니다.

그러나 아벨은 양 한 마리를 잡아서 피를 뿌리고 불을 붙여서 향기로운 냄새가 나는 제사를 드렸습니다. 피를 흘려서 속죄 제사를 드린 것입니다. 하나님이 아벨의 피의 제사를 기쁘게 받았습니다. "가인과 그의 제물은 받지 아니하신지라. 가인이 몹시 분하여 안색이 변하니 여호와께서 가인에게 이르시되 네가 분하여

함은 어찌 됨이며 안색이 변함은 어찌 됨이냐 네가 선을 행하면 어찌 낯을 들지 못하겠느냐 선을 행하지 아니하면 죄가 문에 엎드려 있느니라 죄가 너를 원하나 너는 죄를 다스릴지니라 가인이 그의 아우 아벨에게 말하고 그들이 들에 있을 때에 가인이 그의 아우 아벨을 쳐죽이니라"(창 4:5~8). 제일 첫 살인 사건이 에덴동산에서 일어난 것입니다.

시편 37편 8절에 "분을 그치고 노를 버리며 불평하지 말라 오히려 악을 만들 뿐이라" 분이 곧 삭여지지 아니하면 악을 행하게 되는 것입니다. 분의 결과로 악을 행하여 살인도 하게 되고 파괴하고 무서운 일들이 생겨날 수 있는 것입니다.

미국 하버드대 보건대학원의 연구 결과는 분노가 우리의 건강과도 밀접한 관련이 있다는 것을 보여 줍니다. 분노가 폭발하고 난 뒤 2시간 이내에는 심장마비, 부정맥, 뇌졸중의 위험도가 무려 4-5배 이상 증가한다는 것입니다. 분노 횟수가 축적되면 심장마비 위험률이 높아지는데, 하루에 다섯 번 이상 분노를 발하면 위험한 상태에 이른다고 경고합니다. 빈번한 분노는 결국 자신의 건강과 정신을 망가지게 하는 행위라는 것입니다. 그러므로 자신에게 화를 끼치지 않도록 분노를 발하면 안 됩니다. 매일 해가 지기 전에 분노를 정화해야 자신이 행복합니다.

둘째, 화는 고통스러운 결과를 초래한다. 분노를 통해서 화를 내면 시야가 좁아져서 자동차 운전을 할 때 사고를 낼 확률이 높습니다. 그리고 분을 낸 사람에게 사연을 설명해도 이해를 하지 않습니다. 사고가 좁아지기 때문인 것입니다. 화를 낸 상태에서 식사를 하면 소화기능이 떨어져 설사나 변비가 오며 고당 분 음식을 선호하게 됨으로 혈당이 높아지고 건강에 지장이 다가오는 것입니다. 욥기 5장 2절에 "분노가 미련한 자를 죽이고 시기가 어리석은 자를 멸하느니라"고 말한 것입니다.

2005년 "최장수 부부"로 기네스북에 올랐던 부부가 있습니다. 남편인 퍼시 애로스미스와 아내인 플로렌스 애로스미스인데, 남편이 105세이고, 아내가 100세입니다. 그들이 기네스북에 올랐을 때 한 기자가 금슬이 좋고 장수한 비결을 묻자, 아내가 이렇게 대답했습니다. "우리라고 해서 남들처럼 다투지 않겠어요? 우리도 종종 다투는데 그러나 화가 난 채로 잠자리에 들어가지 않습니다. 항상 화가 나면 그 화를 서로 대화하여 다 풀고 난 다음에 잠자리에 들어가서 등을 서로 대고 자지 않습니다." 한평생을 안고 잤다는 것입니다. 표창 받을 만하지요? 하나님이 그렇게 인정 있게 사는 부부에게 장수의 은혜를 주신 것입니다. 잠들 때는 언제나 친구처럼 포옹한 채로 잠이 들었다는 것입니다. 이 부부가 평생 실천했던 말씀은 에베소서 4장 26~27절, "분을 내어도 죄를 짓지 말며 해가 지도록 분을 품지 말고 마귀에게 틈을 주지 말라" 하는 말씀이었습니다. 화가 난 상태에서 잠을 자면, 자는 동안 부정적인 감정들이 잠재의식에 집을 짓기 때문에, 하나님의 말씀에 순종하여 화를 풀고 잠자리에 들어가야 부정적인 감정이 사라지는 것입니다.

셋째, 분을 품거나 화를 내지 않기 위하여. 김이라는 목사님이 충남 면소재지에 있는 교회에 부임하셨습니다. 교회의 실정을 파악하면서 성도들에게 이 교회에서 부부 금슬이 제일 좋은 부부가 누구냐고 질문했답니다. 교인들이 하는 말이, 저 앞 산 밑 사시는 70대 집사님 부부가 제일로 금슬이 좋은 잉꼬부부라고 대단한 칭찬을 하는 것입니다. 그래서 대관절 어떻게 살고 계시기에 노부부가 잉꼬부부로 정평이 날 정도로 잉꼬부부인가 직접 확인을 하고 배워서 목사님 부부도 그렇게 살기로 하셨습니다. 아침 일찍 집사님 댁에 방문하여 부부가 행동하는 일거수일투족을 보셨습니다. 그런데 아침부터 부부가 말다툼을 하면서 일을 하는 것입니다. 그렇게 말다툼을 하다가 오후에는 여 집사님이 속이 상해서 방안으로 들어가 버리는 것입니다.

목사님이 생각하기를 저렇게 아침부터 다투는데 무슨 소문난 잉꼬부부인가 과장된 것이라 생각하면서 인내를 가지고 하루 종일 부부의 행동을 관찰기로 했습니다. 어느덧 해가 뒷동산에 걸쳤습니다. 그러자 남편 집사님이 이렇게 말하는 것입니다. 여보! 해가 넘어갑니다. 그러니까, 부인 집사님이 방안에서 나와서 서로 손을 잡고 기도를 하더니 다정하게 대화하며 방안으로 들어가 저녁을 드시는 것입니다.

그때 목사님이 깨달았습니다. 부부가 낮에 다투다가 해가지기 전에 기도하며 화해하고 잠자리에 들어간다는 것입니다. 아~ 그래서 부부간에 의가 상하지 않고 응어리가 생기지 않고 잉꼬부부로 살아가는 구나하면서 낮에 단면만 보고 판단한 것을 회개했다는 것입니다. 목사님도 해가지도록 분을 가지고 살지 않기로 했답니다. 분명하게 이 부부는 하나님의 말씀과 같이 "분을 내어도 죄를 짓지 말며 해가 지도록 분을 품지 말고, 마귀에게 틈을 주지 말라(엡 4:26-27)"는 말씀을 지키면서 살아가기 때문에 잉꼬부부로 살아갈 수가 있었던 것입니다.

우리가 살아가는 동안에 많은 시련과 환난을 당하는데 시련을 당할 때 좋으신 하나님이 우리들을 버리지 않기 때문에 모든 것이 합력하여 유익을 이루어서 나중에 좋게 만들어 주는 것입니다. 하나님께서 무조건 누구나 좋게 만들어 주시는 것이 아니고, 하나님께서 자신 안에 성전삼고 주인으로 계실 때 가능한 것입니다. 요셉이 형들에게 말하기를 "형들은 나에게 해를 주려고 애굽의 종으로 팔았지만 하나님은 오히려 이것을 돌이켜 선이 되게 해서 오늘날 수많은 사람을 굶주림에서 건지는 아버지 노릇을 하게 하셨다"고 했습니다. 하나님을 사랑하는 자 곧 그 뜻대로 부르심을 입은 자들에게는 모든 것이 합력하여 선을 이루느니라. 이 말은 참 맞는 말입니다. 어려운 일을 당할 때 분을 내거나 화를 내지 말고 하나님께 엎드려서 성령의 임재가운데 모든 일을 하나님께 고백하면 하나님께서 자신을 붙들어서 모든 것이 합력하여 선을 이루게 되는 것입니다. 놀라운 일이 일어나게 되는 것입니다.

바울도 분 냄을 새로운 피조물이 된 사람들이 버려야 할 죄악의 목록에 포함시키고 있는 것입니다. 에베소서 4장 31절로 32절에 "너희는 모든 악독과 노함과 분냄과 떠드는 것과 비방하는 것을 모든 악의와 함께 버리고 서로 친절하게 하며 불쌍히 여기며 서로 용서하기를 하나님이 그리스도 안에서 너희를 용서하심과 같이 하라" 하나님은 예수 그리스도 안에서 우리들을 철저히 용서해 주신 것입니다. 예수 그리스도는 영원한 하나님 아닙니까? 육신을 쓰고 영원한 하나님이 오셨는데 예수님이 우리 대신하여 재물이 되고 심판을 받았는데 영원한 예수님이 우리 위하여 심판을 받았기 때문에 영원히 심판을 받았습니다. 영원한 예수님이 우리 재물이 되어서 제사를 드렸으니까 다시는 드릴 제사가 필요 없습니다. 한 제사로써 모든 것이 다 이루어진 것입니다. 우리는 죄를 짓고 불의하고 추악하고 버림을 받아야 마땅한 존재임에도 불구하고 죄지은 그대로 못난 그대로 빈 손 든 그대로 주님께 나와서 주님을 구주로 모시면 그 보혈이 우리 보고 이 제사로써는 너는 영원히 사함을 받았다 그렇게 말하는 것입니다.

그러므로 그리스도의 구원이 얼마나 철저한지 이루 말로 다할 수 없습니다. 우리들이 주님 앞에 나와서 영원히 용서를 받아 버렸으니 다음에 용서받을 죄가 없습니다. 주님은 우리들을 영원히 용서하시고 그 다음에는 성령을 보내 주셔서 보혜사 성령이 우리 안에 거하면서 거룩하게 살게 되도록 가르쳐주시는 것입니다. 우리 예수 믿는 사람들은 하나님께서 우리를 위해서 구원의 터를 다 닦아 놓으시고 우리에게 구원을 주시는 것을 알아야 되는 것입니다.

마음의 즐거움은 양약이라도 심령의 근심은 뼈를 마르게 하느니라. 마음의 즐거움은 아주 좋은 약입니다. 요사이 저는 암에 걸려서 죽어가는 사람이 주님 안에서 기뻐하고 즐거워하고 웃고 그래서 암이 나았다는 간증을 많이 듣고 있습니다. 몸이 약한 사람은 집에서 자꾸 웃어야 됩니다. 남편은 아내를 웃기십시오. 웃기면 양약이 되는 것입니다. 아주 좋은 약을 대접하게 되는 것입니다. 야고보서 1장 19절로 20절에 "내 사랑하는 형제들아 너희가 알지니 사람마다 듣기는 속히 하고 말하기는 더디 하며 성내기도 더디 하라. 사람이 성내는 것이 하나님의 의를 이루지 못함이라" 로마서 12장 17절로 19절에 "아무에게도 악을 악으로 갚지 말고 모든 사람 앞에서 선한 일을 도모하라 할 수 있거든 너희로서는 모든 사람과 더불어 화목하라. 내 사랑하는 자들아 너희가 친히 원수를 갚지 말고 하나님의 진노하심에 맡기라 기록되었으되 원수 갚는 것이 내게 있으니 내가 갚으리라고 주께서 말씀하시니라"

하나님께서는 우리가 직접 원수 갚기를 원하지 아니하시고 원수는 주님이 갚아 줄 테니까 주님께 다 맡기라 하는 것입니다. 주님께 맡겨 놓으면 주님이 안 갚을 때가 많습니다. 주님은 우리를 불쌍히 여기기 때문에 내게 맡겨라. 내가 대신 갚아 줄 테니까 맡기라고 말씀하십니다. 예수님께 맡기라는 말은 마음에 맺힌 것을 마음 안에 주인으로 계신 예수님에게 다 이야기해서 예수님이 해결하게 하라는 말입니다.

빌립보 감옥에서 바울과 실라가 분노를 기도와 찬송으로 삭인 것을 기억해 보십시오. 그들이 빌립보에서 복음을 증거 하다가 귀신 쫓아내고 나니까 더 이상 점을 치지 못하므로 그 주인이 돈벌이가 없어져서 온 아는 사람을 다 충동해서 바울과 실라를 고소, 고발했습니다. 감옥에 갇혔는데 밤중에 그 사람들이 배도 고프고 몸에 맞은 데가 피가 흐르고 쓰라리기도 한데 불평이나 원한이나 분을 내지 않고 찬송을 불렀습니다. 둘이가 쇠고랑에 묶여 있으니까 박수는 못 치고 서로 아마 부딪치면서 찬송을 불렀습니다. 바울과 실라가 성령으로 충만한 상태에서 부르는 그 찬송소리에 빌립보 교도소가 천국이 된 것입니다. 천국에는 교도소가 없으니 하나님이 지진을 보냈습니다. 찬송소리에 맞춰서 지진으로 박자를 쳤습니다. 온 빌립보 시가 지진에 울렁거리고 죄수들이 갇혀있는 방문들이 다 열리고 차꼬가 다 풀리고 자유와 해방이 다가온 것입니다. 우리가 마음에 기쁨과 감사를 가지면 자유와 해방을 체험하게 되는 것입니다. 우리 주님의 역사에는 언제나 자유와 해방이 있습니다.

예수 믿는 사람이 그저 기독교라는 의식만 가지고 율법주의자로 살아가는 것은 기독교 신앙이 아닙니다. 예수님께서 자기 고향땅 나사렛에 돌아와서 이 세상에서 왜 왔느냐 말씀하실 때 주의 성령이 내게 임하셨으니 이는 나로 하여금 가난한 자에게 복된 소식을 전하게 하려고 기름을 부으시고 그러니 예수님은 복음을 전할 때 가난한 사람들에게 복된 소식을 전하는 것이 제일 첫째 사명입니다. 가난을 원치 않습니다. 에덴에서 주님은 아담과 하와를 위해서 얼마나 준비를 잘해 놓았는데 결국 반역하고 쫓겨났기 때문에 가시와 엉겅퀴가 나고 축복을 빼앗겼지 하나님은 우리들을 아브라함의 복과 형통을 받도록 하는 것입니다.

그래서 우리 주님이 계신 곳에는 언제나 해방과 자유가 있는데 어떤 해방이냐, 가난에서 해방인 것입니다. 가난을 생각하지 말고 생각을 언제나 부요를 생각하십시오. "아브라함의 복이 내게 있다. 아브라함의 형통이 내게 있다." 그것을 늘 생각하십시오. 그 다음에는 "가난한 자에게 복된 소식을 전할 뿐 아니라 포로된 자에게는 자유를 마음에 염려, 근심, 불안, 초조, 절망, 우울증 같이 포로된 자에게 해방을 주시는 일을 하신다. 그리고 병든 자는 고쳐주는 것은 눌린 자를 자유하게 하신다."는 것입니다. 마귀는 사람을 눌러서 병들게 하는 것입니다. 사도행전에 보면 하나님께서 나사렛 예수에게 성령과 능력을 기름 붓듯 주시며 저가 두루 다니며 착한 일을 행하시고 마귀에게 눌린 모든 자를 고치셨으니…. 마귀가 누르니까, 병이 드는 것입니다. 마귀가 압박하고 있습니다. 그것을 주님께서 자유롭게 해주시는 것입니다. 그리고 은혜의 해를 전파함이라. 우리가 율법을 지키므로 고행을 하므로 구원을 받는 것이 아니라, 하나님의 은혜로, 은혜는 선물입니다. 예수님은 가난한 자에게 복된 소식을 전하시지요. 포로 된 자에게 자유를 주시지요. 눈먼 자에게 보게 해주시지요. 눌린 자에게 자유를 주시지요. 은혜의 해를 전하시지요. 우리에게 오면 엄청나게 좋은 일을 하기 위해서 오신 것입니다. 오늘 이 시간 생명의 말씀을 들으면 생애 속에 가난 귀신이 물러가고 축복과 형통의 생각이 들어오게 될 것입니다. 그러면 "네 믿음대로 될지어다." 하시며 이루어지게 하십니다. 그리고 성령이 오셔서 영안을 여셔서 하늘나라를 바라보게 해주시고 마음에 포로된 자, 육체에 포로된 자, 생활에 포로된 자, 자유와 해방을 얻게 되는 것입니다.

상처와 스트레스로 고난스러운 것을 주님께서는 갖고 살기를 원치 않습니다.

예수 이야기만 하면 해방과 자유입니다. 눈에 보이지 않는 원수 마귀에게 해방과 마귀가 가져온 모든 고통에서 자유를 얻게 되니 그 기쁨은 말로 다할 수 없습니다. 그런데 항상 알아야 될 것은 마음에서 먼저 일어난 일이 밖에서 일어나는 것입니다. 예수님의 십자가 보혈로 죄 사함을 받은 것을 마음속에 확실히 알아야 죄에서 이길 수 있는 것입니다.

허물에서 씻음 받은 것을 담대하게 믿을 때 성결한 사람이 되는 것입니다. 저가 채찍에 맞음으로 나음을 입었느니라, 마음속에 생각이 병에서 놓여남을 받은 생각을 하게 되면 바깥에 체험의 치료가 다가오게 되는 것입니다. 마음속에서 내가 축복을 받아서 형통하고 아브라함의 부요함이 들어온 것을 능력으로 믿으면 환경에서 그런 일이 일어나게 되는 것입니다. 마음으로 천국 고향이 가득하고 죽음이 겁나지 않는 사람은 죽으면 낙원에 가는 것입니다. 해가 지기 전에 분을 풀면서 사는 습관을 들이시기를 바랍니다. "분을 내어도 죄를 짓지 말며 해가 지도록 분을 품지 말고, 마귀에게 틈을 주지 말라(엡 4:26-27)"란 이렇게 이해하시면 쉽습니다. 크리스천이 악함이 판을 치는 세상에서 살아가는 것이 스트레스입니다. 이 스트레스를 잠자기 전에 마음으로 하나님을 찾으면서 기도하면 5차원의 초자연적인 영적인 상태가 되는 것입니다. 영적인 상태에서 생각나는 일들을 영상으로 보면서 회개하고 용서하는 것입니다. 회개하고 용서하지 않아도 5차원의 초자연적인 상태가 됨으로 세상에서 받은 스트레스난 상처가 밖으로 밀려나가면서 정화되는 것입니다. 절대로 말로 머리로 해서는 스트레스나 상처가 정화되지 않습니다. 반드시 성령의 임재 가운데 스트레스나 상처가 정화되는 것입니다. 그렇기 때문에 성령으로 세례 받고 성령으로 충만한 믿음생활이 되어야 해가 지기 전에 분을 풀면서 살수가 있는 것입니다. 전적으로 성령께서 분을 풀도록 하시기 때문입니다.

해가 지기 전에 분을 푸는 방법은 사람과 관계에 얽혔으면 성령의 임재가운데 영상으로 그리면서 화해하십시오. 마음에 상처를 받았다면 침소에 들어가 기도하세요. 호흡을 들이쉬고 내쉬면서 기도하십시오. 이렇게 하면 됩니다. 배꼽아래에 의식을 두고 "호흡을 들이쉬면서 예수님! 내쉬면서 도와주세요." "다시 호흡을 들이쉬면서 예수님! 내쉬면서 사랑합니다." 이렇게 지속적으로 하다가 보면 성령의 깊은 임재가운데 들어가게 됩니다. 임재가운데 들어가 스트레스와 상처받는 현장을 보면서 풀어냅니다. 그러다가 자기도 모르는 순간에 깊은 잠에 들어가는 것입니다. 이렇게 매일 깊은 영의기도를 습관적으로 하면 주간동안 마음에 쌓인 스트레스와 상처가 마음 안에 집을 짓지 못하게 됩니다. 본인의 의지와 노력과 습관이 되어야 합니다.

33장 영적검진 받고 해독하는 습관으로

(요삼 1:2)"사랑하는 자여 네 영혼이 잘됨 같이 네가 범
사에 잘되고 강건하기를 내가 간구하노라"

하나님은 예수를 믿고 성령으로 거듭난 크리스천들이 영육으
로 건강한 삶을 살아가기를 소원하십니다. 건강하게 살기 위해서
주기적으로 건강진단을 받아야 하는 것처럼, 건강한 영적 삶을
살기 위해서는 주기적으로 영적 진단을 받을 필요가 있습니다.
필자는 주기적인 영적진단을 아주 많이 강조합니다. 예방신앙이
되어야 하기 때문입니다. 몸속의 독소가 쌓이지 않게 하기 위해
서입니다. 성령의 역사가 강한 장소에 가서 자신의 영적인 상태
를 주기적으로 진단하는 것입니다.

암은 조기에 진단하면 100% 치유가 되지만, 검진을 하지 않으
면 말기가 될 때까지 우리 몸은 암을 느끼지 못합니다. 그래서 의
사들이 하는 말이 암을 발견하는 것은 주기적인 검진 밖에 없습
니다. 라고 합니다. 영적인 병도 이렇습니다. 병의 바이러스인 마
귀나 귀신이 들어왔는데도 우리의 몸이 느끼지 못하는 경우가 많
습니다. 영은 신호를 보내는데도 무지해서 그 신호를 놓치는 경
우가 많습니다. 그러므로 주기적으로 자신의 영적인 상태를 점검
할 필요가 있습니다. 주기적인 영적 상태 점검은 무엇보다 중요
합니다. 세대에 역사하는 영적인 존재들은 태중에서 들어옵니다.
이것들이 평소에는 잠복하여 있다가 스트레스를 받고 몸속에 독

소가 쌓여서 취약한 시기가 되면 고개를 들고 일어나 문제를 일으키는 것입니다. 이를 예방하기 위하여 주기적인 영적 검진이 필요한 것입니다. 저는 평소에 이렇게 말합니다. 예수를 믿고 교회에 들어오면 먼저 성령으로 세례를 받아야 합니다. 성령으로 세례를 받은 다음에 말씀과 성령으로 내면의 상처를 치유하는 것입니다. 상처를 치유 받으면서 병행하여 자아를 십자가에 매다는 것입니다. 몸속의 독소를 녹여서 배출하는 것입니다. 성령의 역사가 자신 안에서 일어나면 성령께서 몸속의 독소를 배출하십니다. 어려울 것이 없습니다. 문제는 자신이 다니는 교회에 성령의 역사가 일어나느냐 일어나지 않느냐가 문제입니다. 성령의 역사가 일어나면 성령께서 몸속의 독소를 배출하십니다. 성령님은 우리 개인의 심령의사로 오셔서 주인으로 계시기 때문입니다. 자신의 마음 안에서 성령의 역사만 일어나면 몸속의 독소는 녹아지고 배출이 됩니다. 성령께서 성도들의 몸속에 독소가 쌓이는 것을 불허하기 때문입니다.

교회에 나와서 예배드리면서 자신의 영적 상태를 진단받는 것입니다. 자신이 마음만 열면 성령께서 하십니다. 물로 처음 성령을 체험하는 분은 거북스러울 수가 있습니다. 초자연적인 성령님이 자신을 지배하고 장악할 때 일시적으로 일어나는 현상입니다. 이는 누구나 필연적으로 체험하는 것입니다. 자신이 영이시고 권능이신 하나님께서 지배하고 다스리게 됨으로 일어나는 현상입니다. 이런 살아계신 초자연적인 성령의 역사가 일어나야 몸속의 독소가 녹아지고 배출되는 것입니다.

교회에 나와서 졸기나 하고 예배드리지 않으면 문제가 생길 지도 모르기 때문에 의무로 생각하고 예배에 참석하면 안 됩니다. 교회에 나와서 예배를 드리는 것은 담임목회자에게 얼굴 도장 찍기 위해서 교회에 나오면 안 됩니다. 이런 의식을 가지고 있으면 예배시간에 졸음이 오고 졸다가 예배 끝내는 것입니다. 예배는 자신을 살리는 것입니다. 자신을 위하여 드리는 것입니다. 예배를 통하여 모든 것이 이루어집니다. 마음을 열고 영과 진리로 예배를 드리면서 잠자는 영혼을 깨우기도 합니다. 설교말씀을 들으면서 영이 자립니다. 기도하면서 몸속의 독소를 녹이기도 하고 배출하기도 합니다. 기도하면서 영적진단을 받는 것입니다. 예배는 참으로 중요한 시간입니다.

그래서 교회는 참으로 중요한 곳입니다. 교회를 잘 찾아가야 합니다. 교회마다 성령의 나타남이 각각 다르기 때문입니다. 이유는 무엇입니까? 그것은 한마디로 교회의 담임목회자가 추구하는 방향에 따라 성령의 역사가 다르게 나타나는 것입니다. 많은 성도들이 성령의 다양한 은사들을 사모함에도 불구하고 자신의 교회 안에서는 잘 일어나지 않는데, 기도원이나 치유센터나 부흥회와 같은 특별한 성격의 집회에서 잘 일어나는 까닭이 무엇인지 궁금해 하는 분들이 많을 것입니다. 그토록 사모했고 기도도 많이 했는데 혼자 할 때나 교회 안의 집회에서는 전혀 받을 수 없던 은사가 특별한 모임에서는 흔히 나타나는 것을 누구나 알고 있을 것입니다.

그래서 은사를 사모하는 사람들은 그런 집회를 찾아가게 되는 것입니다. 오랜 신앙생활을 했음에도 불구하고 방언조차 하지 못하던 목회자들이 특별한 집회에 참석했다가 뜻하지 않게 방언을 받는 경우가 흔히 있습니다. 우리가 알아야 할 것은 혼자 기도하여 방언의 은사조차 받기가 쉽지 않습니다. 어쨌든 교회 안에서 열리는 모임에서는 그토록 사모하건만 잘 되지 않던 영적 경험이 영성집회에서는 쉽게 경험할 수 있는데, 은혜를 경험하고 다시 교회로 돌아오면 얼마 가지 못해서 다시 냉랭해지는 것입니다. 일종의 영적 '요요현상'인 것입니다. 이는 자기 교회에서는 영성집회와 같은 성령의 역사가 일어나지 않기 때문에 나타나는 현상입니다. 사람은 육이 있기 때문에 항상 성령으로 충만한 곳에서 말씀을 듣고 기도하지 않으면 육으로 돌아가기가 쉬운 것입니다. 목회자들도 자신의 교회 안에서 뜨거운 성령의 역사가 일어나기를 간절히 사모함에도 불구하고 좀처럼 역사가 일어나지 않기 때문에 갈등이 심합니다.

　이런 영적 경험이 교회 안에서 나타나지 않는 이유는 개 교회마다 다를 수 있겠으나 원칙적으로 성령의 역사를 사모하느냐 아니냐에 따라서 성령께서 역사하시고 나타나는 것입니다. 현대교회는 보수성이 강한 편이고 다양한 영적 현상들을 적절히 다룰 수 있는 수준에 이르지 못한 것이 가장 큰 이유입니다. 그렇기에 성령께서 사모하지 않고 관심을 두지 않는 보수적인 교회 안에서 강력하게 역사할 수 없는 것입니다. 성령님은 인격이시기 때문에 관심을 가지고 사모하고 받아들일 때 역사하십니다. 앞에서도 말씀드렸지만 목회자의 영성과 추구하는 목회방향에 따라 성령의 역사가 다른 것입니다. 목회자가 성령의 역사를 사모하고 관심을 가지고 목회하면 나타나지 않을 수가 없는 것입니다. 성령은 성령의 사람을 통하여 나타나기 때문입니다.

목회자로부터 성도에 이르기까지 신령한 은사에 관한 이해가 부족한 현실에서 교회 안에서 성령의 역사가 광범위하게 일어나게 되면 고린도교회와 같은 오류를 범할 수 있습니다. 교회 안에는 성숙한 성도와 미숙한 성도가 섞여 있을 뿐만 아니라 다양한 형태의 믿음을 소유한 사람들이 모여 있습니다. 목회자가 성도들의 수준을 어느 정도 높여서 그 차이를 좁혀놓아야 할 뿐만 아니라 성향도 일정한 형태로 변화시켜주어야 합니다. 그런데 목회자가 성령의 역사와 은사에 대하여 박식하지 못해서 성령의 깊은 것까지 이해하지 못한 연고입니다. 그래서 목회자가 성령과 은사에 대하여 알고 체험하고 이해하는 수준에서 성령의 역사가 일어나는 것입니다.

목회자가 큰 은사가 있는 경우에 그 교회에 모이는 성도들은 그와 같은 은사를 사모하는 사람들이 대부분입니다. 우리 충만한 교회의 경우가 그러한데, 성령의 세례와 내적치유, 몸속의 독소를 배출하는 일, 성령의 은사를 비롯해서 그 밖의 은사를 사모하는 사람들이 모입니다. 경건하고 거룩한 예배를 지향하는 사람들은 우리 충만한 교회에 오지 않습니다. 일정한 성향을 지닌 사람들이 모이는 교회에서는 성령은 역사할 수 있는 바탕이 마련되기 때문에 강하게 역사가 일어나는 것입니다. 우리 충만한 교회의 경우 주일 예배에도 성령의 강한 역사가 일어납니다. 충만한 교회에 오시는 분들이 성령의 역사를 사모하고 예배에 참석하기 때문입니다. 예배에 참석한 모든 사람들이 성령을 체험하고 영육을 치유하며, 귀신을 떠나보내고 몸속의 독소가 배출됩니다. 정말 대단한 성령의 역사가 일어납니다.

성령의 은혜를 경험하게 되면 자신도 모르게 고린도 교인들과 같은 생각을 하게 됩니다. 대체로 감성적인 사람은 지성이 딸리는 법이기에 제 멋대로 생각하고 판단하는 경향이 강합니다. 즉 은혜를 받는 사람은 하나님이 더 사랑하고, 그렇지 못한 사람은 바리세인들처럼 형식적인 신앙생활을 하거나 아니면 죄가 있을 것이라는 생각을 하게 됩니다. 따라서 교회가 은혜 받은 사람들과 받지 못한 사람들로 나뉠 가능성이 많습니다. 이것은 바람직하지 못할 뿐만 아니라 위험하기까지 합니다. 이러한 현상을 담임 목회자가 하나로 만들어야 합니다. 하나를 만드는 제일 좋은 수단이 말씀과 성령의 역사입니다. 목회자가 성령의 강력한 역사가 모든 성도들을 장악하여 뜨겁게 기도하게 해야 합니다.

그 다음 이유는 교회 안의 영적 분위기에 기인합니다. 성령의 역사는 다양한 영적 주체들의 작용에 의해서 일어납니다. 즉 수많은 천사들이 주의 명령에 따라서 역사를 수행하게 되는데, 기도원이나 치유센터와 같은 장소는 그곳에 이미 성령으로부터 보내심을 받은 일정한 기능을 담당하는 천사들이 있습니다. 이들은 기도원이나 치유센터의 전임 사역자에게 부여된 직임과 연관되어 있기 때문에 보다 더 강력하게 역사하게 됩니다.

기도원이나 치유센터의 사역자는 자신에게 이미 주어진 은사를 통해서 능력을 행하게 되지만 교회는 그렇지 못합니다. 교회는 능력을 행하는 것이 우선이 아니라 가르치고 양육하는 것이 우선이기 때문에 그 속성이 다를 수밖에 없습니다. 치유센터와 기도원은 능력을 행하는 천사들이 많은 반면 교회는 지혜의 영들이 많은 것입니다. 따라서 보편적인 교회 안에서는 능력 행하는 역사가 일어나지 않는 것입니다.

목회자들의 수준을 높여야 교회마다 강력한 성령의 역사가 일어날 것입니다. 성도들 역시 성령의 역사와 지배와 장악과 인도를 사모해야 합니다. 안타까운 일이지만 개인적 영적 경험은 경험으로만 머무는 수준에 그치고 있습니다. 경험으로부터 출발해서 그 다음 주께 헌신하되 어떤 방향으로 헌신할 것인지 그리고 그런 경험이 자신을 새로운 출발점에 서게 하고, 주신 은사와 능력으로 어떤 위치에서 섬김으로 나갈 것인지를 고민하면서 풀어나가야 합니다. 그런 구조가 아직 교회 안에는 제대로 되어 있지 않기 때문에 교회 안에서의 성령의 나타나심은 아직은 소극적일 수밖에 없는 것입니다.

성령의 역사하심은 이미 설명한 것이지만 영적 분위기가 무척 중요합니다. 성령은 모성성이기 때문에 분위기를 무척 타는 분입니다. 즉 여성은 분위기를 좋아하는 것처럼, 성령의 역사는 반드시 영적 분위기가 되어야 합니다. 그런데 개인이나 교회는 남성적인 사고구조로 오랫동안 내려왔기 때문에 분위기에 어색합니다. 무뚝뚝한 남자들처럼 삭막한 것이 우리 교회 현실이 아닙니까? 분위기를 잘 타는 여성들에게 숨이 막힐 지경입니다. 그러니 성령 또한 숨이 막히는 것입니다. 그러니까 영적인 것을 아는 성도들은 이곳저곳을 돌아다니면서 부족한 영성을 채우려고 하는 것입니다.

청춘 남녀가 사랑을 고백하기 위해서는 분위가 좋은 장소로 가야 합니다. 그리고 그윽한 조명 아래에서 사랑을 고백한다면 성공할 것입니다. 그런데 이런 분위기를 모르고 시장 한 복판 분식점에서 고백한다면 뺨을 맞을 것입니다. 성경의 아가서가 무엇을 의미하는 줄 아시지 않습니까? 하나님과 사랑의 고백이 아닙니까? 우리는 그런 그윽한 분위기를 좋아하시는 성령님의 취향을 이해해야 합니다.

교회는 그윽한 분위기를 잡기에는 다소 모자라는 곳입니다. 그렇기 때문에 분위기를 바꿀 필요가 있습니다. 목회자부터 고답적이고 권위적인 분위기에서 벗어나야 합니다. 목회자가 성령으로 변화되어야 합니다. 그래야 교회 전체에 흐르는 영적 분위기가 바뀌게 됩니다. 목회자가 변하지 않으면 절대로 교회가 성령으로 충만 할 수가 없습니다. 교회는 목회자의 영적 성향으로 인해서 성도들이 자신도 모르게 솔타이(영의얽힘)가 되어 있습니다. 이것이 성령의 역사를 가로막는 중요한 장애가 되기도 합니다.

자신이 다니는 교회 안에서는 부흥회 때 단회적으로 밖에 일어날 수 없는 성령의 역사가 교회 밖, 치유센터나 기도원 등 다른 곳에서는 흔히 일어나는 것을 조금 이해가 되었을 것입니다. 성령의 역사하심이 얼마나 신앙생활에 중요한 것인지는 말하지 않아도 잘 알 것입니다. 결혼한 사람은 정서적으로 안정을 갖는 까닭은 사랑하는 사람이 있기 때문입니다. 그 가족의 사랑이 힘들고 어려운 세상을 이기게 하고 인간다운 삶을 살게 해줍니다. 그러나 가족을 이루지 못한 사람은 자신들은 잘 몰라도 어딘가 부족함을 주변 사람들은 느낍니다. 주님의 사랑은 성령을 통해서 경험하게 됩니다. 그 사랑이 날마다 확인되고 넘쳐 난다면 영적 삶은 분명히 다르게 될 것입니다. 영적 경험은 혼자 하기란 쉽지 않습니다. 그래서 경건한 사람들이 여럿이 모여서 기도회를 한다면 보다 쉽게 경험하게 될 것입니다.

성령의 역사는 장작불의 원리입니다. 성령으로 충만한 성도들이 모인 장소에 성령의 역사가 강하게 나타나는 것입니다. 성령은 자신 안에 계십니다. 그리고 우리 안에 계십니다. 성령의 임재 하에 전하는 말씀 안에 성령님이 계십니다. 그러므로 성령으로 충만한 사람들이 모인 장소에 성령이 강하게 역사하는 것입니다. 일반 교회에서 영적현상이 나타나는 것이 미약한 것은 성령의 역사를 거부하는 사람들이 있기 때문에 영적 현상이 약하게 일어나는 것입니다. 이는 마가복음 6장 4-5절을 보면 알 수가 있습니다. "예수께서 그들에게 이르시되 선지자가 자기 고향과 자기 친척과 자기 집 외에서는 존경을 받지 못함이 없느니라 하시며, 거기서는 아무 권능도 행하실 수 없어 다만 소수의 병자에게 안수하여 고치실뿐이었고" 알고 대비하시어 항상 성령의 영적현상이 일어나는 교회가 되도록 하기를 바랍니다. 이를 위하여 담임 목회자부터 성령의 역사의 중요성을 깨닫고 성령의 지배와 장악이 되고 성령의 인도를 받는 사람으로 변해야 할 것입니다. 목회자가 변하지 않고는 절대로 교회에서 성령의 역사가 일어날 수가 없습니다. 그래서 담임 목회자의 추구하는 목회 방향과 영성이 중요한 것입니다. 성령의 역사를 예배마다 체험하고 싶은 분은 우리 교회에 성령의 역사가 일어나지 않는 다고 불평하지 말고, 그런 성향의 교회를 선택하여 믿음 생활을 하면 쉽게 해결이 될 것입니다.

교회에 나와서 예배를 드리면서 성령의 역사로 몸속에 쌓인 독소를 녹이고 배출하며 혈통에 대물림되는 악한 영을 축귀하는 것입니다. 그리하여 영적체질을 만드는 것입니다. 이는 어려서부터 적용해야 되는 것입니다. 세대에 역사하는 악한 영을 성령의 역사로 들어내어 미리 축귀하는 것입니다. 그래서 저는 우리 충만한 교회에 다니고 있는 성도들의 자녀를 매주 안수를 해서 영적으로 맑은 상태를 유지하게 합니다. 이렇게 주기적으로 안수를 받으니 영적으로 깨끗해지는 것은 물론이고 육적으로도 건강하게 지냅니다.

기존 성도들은 주일날 영적점검을 받는 것입니다. 성령의 역사가 강하게 나타나니 세대에 대물림 되던 악한 영이 더 이상 숨어있지 못하고 정체를 폭로하는 것입니다. 폭로되어 떠나가게 하고 매 주일 성령의 역사를 체험하며 영적 상태를 유지하는 것입니다. 저는 항상 이렇게 말합니다. 성도들은 주일날이 아주 중요하다고 말입니다. 요즈음 세상 살아가는 것이 힘이 들어 주일 하루밖에 교회를 나오지 못하는 분들이 많습니다. 이 중요한 주일을 성령으로 충만하게 예배를 드려서 영성을 유지하는 것입니다.

이렇게 신앙생활을 하지 못하니 세대에 역사하던 악한 영들이 예수를 믿어도 꼼짝하지 않고 숨어 있다가 영육으로 취약한 시기에 고개를 들고 나와 문제를 일으키는 것입니다. 제가 지금까지 성령치유 사역을 하면서 체험한 바로는 세대에 역사하던 악한 영이 장로가 된 다음에도 영육으로 이해 못하는 고통을 가하는 것입니다.

우리 충만한 교회 성령치유 집회와 주일 예배에 참석하여 성령의 강한 역사를 체험하고 자신 안에 도사리고 있던 중풍의 영들이 정체를 폭로하여 떠나보낸 분들이 부지기수입니다. 또 무속의 영들이 숨어 있다가 정체를 폭로하여 떠나보낸 성도 목회자가 많습니다. 이는 현재 진행형입니다. 지금도 역사가 일어난다는 것입니다. 오늘도 일어날 것입니다. 이렇게 사전에 성령의 역사로 정체를 폭로하여 떠나보내지 않고 취약한 시기에 드러나서 고통을 당하다가 찾아오는 분들 또한 부지기수입니다.

고통을 당하다가 이렇게 해도 안 되고, 저렇게 해도 안 되니, 할 수 없이 저희 교회 같은 곳에 치유를 받는 것입니다. 그런데 때는 이미 늦은 것입니다. 이미 정체를 드러냈기 때문에 치유하려면 시간이 많이 걸리는 것입니다. 세대에 역사하는 악한 영은 태중에서 침입을 합니다. 침입하여 정체를 드러내는 시기는 두 가지가 있습니다. 첫째로 성령의 역사에 의하여 정체를 드러냅니다. 이것이 제일로 좋은 현상입니다. 두 번째는 여러 가지 상황이 좋지 못하여 스트레스를 당하여 영육으로 취약한 시기에 드러내는 것입니다. 이 상황이 제일로 나쁜 것입니다. 이런 취약한 시기에 드러나는 것을 방지하기 위하여 주기적인 영적 점검을 하여 악한 영들을 드러내는 것입니다. 그래서 성도는 교회를 잘 정해야 합니다. 그리고 주일을 효과적으로 보내면서 주기적인 영적 점검을 받아야 합니다. 많은 성도들이 이렇게 주기적인 영적 점검을 받지 않음으로 인하여 불필요한 고통을 당하고 있습니다.

어떤 분은 목사가 된 다음에 악한 영들이 드러나 고생을 합니다. 어떤 분은 안수 집사가 된 다음에 악한 영이 드러나 말로 표현 못하는 고통을 당하기도 합니다. 저는 하나님의 은혜로 성령 치유 사역을 하고 있습니다. 사역을 하다가 보면 영적으로 무지하여 예수를 잘 믿으면서 불필요한 고통을 당하면서 사는 분들을 볼 때 참으로 안타깝기 짝이 없습니다.

참으로 안타까운 일입니다. 필자는 참으로 안타까운 전화를 많이 받습니다. 목사님! 저희 어머니는 젊었을 때 노방전도도 열심히 하셨고, 교회에서 기도도 봉사도 열심히 하셨습니다. 그런데 갱년기에 들어서니 점점 영적인 상태가 좋지 못하시다가 지금 치매가 와서 요양원에 계십니다. 목사님! 저의 어머니를 치유할 수 있을 까요? 다른 사정은 우리 딸이 어려서부터 믿음이 좋아서 교회를 그렇게 잘 다녔습니다. 그런데 고등학교에 들어가더니 시름시름 아프다가 지금 영적이고 정신적인 문제가 발생하여 학교를 다니지 못합니다. 어찌해야 하겠습니까? 모두가 정기적인 영적검진을 받지 않아생긴 일입니다. 영적검진을 받았으면 사전에 예방이 가능한 질병입니다. 예방신앙이 정말로 중요합니다.

기독교 신앙은 예방 신앙입니다. 주기적인 영적검진이 필요한 것입니다. 다시 한 번 강조합니다. 우상 숭배가 혈통에 대물림되는 성도는 반드시 들어납니다. 어떤 사람은 17세에 발생합니다. 어떤 사람은 20세에 발생합니다. 어떤 분은 26세에 발생하기도 합니다. 어떤 분은 34세에 발생할 수도 있습니다. 어떤 분은 43세에 발생할 수도 있습니다. 드러나는 시기는 스트레스를 받고, 충격을 받다가 독소로 변하여 혼이 감당하지 못할 때 정체를 드러냅니다. 거의 태중에서 들어온 존재들이 영혼육의 상태가 정상일 때는 숨어있다고 상황이 악화되면 정체를 폭로하는 것입니다. 대략 이런 증상이 발생하는 사람의 유형을 보니 집안에 우상의 숭배가 심한 집안의 내력이 있는 가문에서 발생을 합니다. 그리고 태중에서나 유아시절에 상처를 많이 발생한 분들이 많이 발생이 됩니다. 대개 심장이 약하여 잘 발생합니다. 그러므로 제가 강조하는 것과 같이 불같은 성령을 체험하고 내적치유를 미리 받아야 합니다. 그러면 성령의 임재로 사전에 상처가 드러나서 치유가 됩니다. 정기적인 영적 진단이 아주 중요합니다.

그리고 병이 들었을 때 주변에서 안다고 해서 그 사람이 고치지 못하듯이 영적 질환도 같은 이치입니다. 병이 들면 전문의의 도움이 필요하듯이 영적 질병 역시 전문 사역자의 도움이 필요한 것입니다. 목회자는 부분적으로 고칠 수는 있습니다. 그러나 전문가가 접근하는 방식과는 다릅니다. 전문가는 총체적으로 접근하며 병의 뿌리를 제거합니다. 그래서 전문가가 있는 것입니다. 영적 진단은 주기적으로 받아볼 필요가 있습니다. 병의 근원을 조기에 발견하면 치유가 쉽습니다. 그러나 그 시기를 잃게 되면 거의 치유가 되지 않습니다. 치유가 된다하더라도 시간과 노력이 많이 듭니다.

조기 검진 이것이야말로 효과적인 치유의 지름길입니다.

주기적인 영적진단을 하여 영육의 문제가 발생하기 전에 치유를 받는 것입니다. 그러면 불필요한 고생을 방지 할 수가 있습니다. 저는 군에서 지휘관을 했습니다. 군대는 정말로 예방활동이 중요한 곳입니다. 그런데 목사가 되어 영적인 면을 깨닫고 보니 교회가 예방 신앙을 철저하게 해야 한다는 것입니다. 그런데 일부 성도들이나 성도들이 예방신앙을 잘 이해하지 못합니다. 그래서 방심하고 지내다가 영육의 문제가 발생한 다음에 해결을 하려고 하니 힘이 듭니다. 우리 주기적으로 영적인 진단을 받아 예방 신앙을 생활화 합시다. 그래서 귀중한 생명과 재산을 보호 합시다. 영육의 문제가 발생한 다음에 물 필요한 곳에 에너지를 투자하지 말고 예방하여 시간과 물질을 절약하여 하나님의 나라에 투자합시다.

결론적으로 예비하고 우리가 마음을 다스려서 예방신앙을 가지면 큰 시험과 환난을 피할 수가 있는 것입니다. 건강을 미리 예방하는 것처럼, 신앙도 예방신앙을 가져야 되는 것입니다. 우리가 일주일에 엿새 동안 부지런히 하루에 한 시간씩만 운동하면 몸이 건강해지지요. 아주 쓰레기 같은 음식들 자꾸 먹지 말고, 소식하고, 채소를 먹고, 육체의 건강을 도모해야 되고, 그 다음 마음에 평안을 가지면 건강히 살 수 있는 것처럼, 우리 영혼도 우리가 하나님 앞에 올바른 신앙의 대책을 세우면 큰 시험과 환난을 피하고 하나님이 축복 중에 영혼이 잘됨같이 범사에 잘되며 강건하고 생명을 얻되 넘치게 얻으며 평안하게 잘 살 수 있게 되는 것입니다.

34장 성령의 지배와 장악으로 배출한다.

(갈 5:25)"만일 우리가 성령으로 살면 또한 성령으로
행할지니"

하나님은 크리스천들의 전인격이 성령의 지배와 장악이 되어
성령의 인도를 받는 사람이 되기를 원하십니다. 하나님은 모든
성도들이 성령의 지배와 장악이 되기를 소원하십니다. 왜 예수를
믿으면서 몸속에 독소로 인하여 영-혼-육에 고통을 당하면서 살
아갈까요? 성령으로 세례만 받고 성령체험만 하면 다되는 것으로
알고 행했기 때문입니다. 쉽게 말해서 자신의 전인격이 성령의
지배와 장악이 되지 못하기 때문입니다. 한마디로 세상 것이 섞
여있기 때문입니다. 세상 것이 섞여서 방해함으로 강력한 능력을
이끌어내지 못하는 것입니다. 이것은 아주 심각하게 받아드려야
합니다. 그래야 성령의 역사에 관심을 가져서 성령의 지배와 장
악이 되어 성령이 인도를 받는 성도가 될 수 있기 때문입니다. 전
인격이 성령의 지배와 장악이 되지 않고는 몸속의 독소로 인하여
능력을 나타내지 못하여 권능 있는 삶을 살수가 없기 때문입니
다. 우리 예수 믿는 사람들의, 삶의 특징이 있다면, 그것이 무엇이
라고 생각하십니까? 입으로만 예수를 믿는다고 시인하는 그런 보
통의 신앙의 삶이 아니라, 예수를 믿고 난 다음에 변화된 삶을 살
아가는 성도들의 특징을 말하는 것입니다. 이러한 성도들의 삶의
특징이 무엇이겠습니까? 그것은, "영-혼-육 전인격이 성령의 지

배와 장악을 받아 성령의 인도를 받는 삶"이라, 그렇게 말 할 수 있습니다. 예수님을 나타내면서 살아간다고 말할 수 있습니다.

그러면, 성령의 지배와 장악이 받는 삶이란, 또 무엇을 말하는 것입니까? 전인격이 성령께 사로잡혀 사는 것을 말하는 것입니다. 성령을 주인으로 모시고 세상을 살아가는 것입니다. 매사를 성령님과 의논하고 성령의 뜻을 따라 사는 것을 성령의 지배와 장악이 된 삶이라고 말할 수 있습니다. 성령의 인도함을 받아, 성령의 능력에 의해서 살아가는 삶을 말하는 것인 줄로 믿습니다. 성령님이 나를 지배하고 다스리는 삶, 이전에 우리의 삶이, 육체의 본능이 지배하는 삶이었고, 죄가 지배하는 삶이었다면, 이제 예수를 믿고, 변화를 받고 난 다음에 나타나는 삶은, 성령에 의해서 지배와 장악을 받는 삶이 되어야 합니다.

에베소서 5장 14절 말씀을 보게 되면, "그러므로 이르시기를, 잠자는 자여 깨어서 죽은 자들 가운데서 일어나라. 그리스도께서 네게 비춰시리라 하셨느니라." 말씀하고 있습니다. 지금 우리의 신분은 어떤 신분입니까? 이제 예수 안에서, 새로운 생명을 소유하고 태어난, 하나님의 자녀들입니다. 그러므로 이제는, 과거의 세상 적이고, 육신적인 삶의 방식은 벗어버리고, 하나님의 자녀로서 살아가야 하는 삶의 방식을 따라야 한다는 것입니다. 그 하나님의 방식을 따르는 삶, 이것이 바로 성령의 지배와 장악이 된 삶이라는 것입니다.

그러나 오늘 우리 성도들의 삶은 어떻습니까? 아직도 우리는 많은 부분이 주님의 방식을 따르지를 못하고 있습니다. 아직도 내 자아가, 내 속에 살아 쉼 쉬고 있고, 아직도 내 뜻이 내 인생의 대부분을 결정하고 있습니다. 어둠의 권세에 속해 있는 죽음의 자리에서 이제는 벗어나, 나의 삶을 주장하시고, 온전히 이끌어 주시기를 원하시는, 빛 되신 예수 그리스도를 향해, 걸어가야 하는데도 불구하고, 우리는 여전히 그 빛을 외면하고, 고개를 어둠의 세상을 향해, 돌리고 있다는 것입니다. 우리의 삶에 빛이 크게 비춰면, 어두움은 작아지게 되고, 결국에는 그 어둠이 흔적 없이 물러가게 됩니다. 그러나 반대로, 우리의 삶에 어두움이 크면 어떻습니까? 빛이 작게 느껴지게 됩니다. 그리고 이 상태로 계속 있게 되면, 나중에는 그 어두움이, 빛을 완전히 삼켜 버리게 된다는 것입니다.

그래서 예수를 믿어도, 예전과 비교해 별로 변화된 것이 없는 여전히 세상 흑암 속에서 헤매며, 오히려 더 무능력한 가운데, 오히려 더 고통스런 가운데, 삶을 살아가게 된다는 것입니다. 왜냐하면 성령의 역사가 일어나지 않으니 스트레스를 받게 하여 몸속에 독소를 만들고 마귀와 귀신들이 자꾸 장악하기 때문입니다. 그래서 오만가지 문제가 발생하는 것입니다. 빨리 알아차리고 성령의 지배와 장악을 받아야 합니다. 가슴에 손을 얹고 생각해 보세요. 주님이 우리에게 요구하시는 삶의 모습이, 과연 이러한 것이겠습니까? 주님이 우리에게 요구하시는 삶은, 결코 이러한 모습의 삶은 아닐 것입니다. 주님은 우리에게, 변화된 삶을 요구하십니다. 그것도 어정쩡한 변화가 아니라, 확실히 변화된 삶을 요구하십니다. "아니 저 사람 예수 믿고 나더니, 완전히 달라졌네!" 이런 평가와 칭찬을 듣는 그러한 삶을 원하신다는 것입니다. 그런데 이렇게 변화되기 위해서는 반드시 성령의 역사가 있어야 가능한 것입니다. 성령의 지배와 장악을 받아야 변화되는 것입니다. 예수를 믿으면서도 변화되지 않는 것은 성령의 역사 없이 이론으로 지식으로 전통으로 관념적인 믿음 생활을 하기 때문입니다.

그래서 이런 찬송이 있지요? "내 죄 사함 받고서 예수를 안 뒤, 나의 모든 것 다 변했네. 지금 나의 가는 길 천국 길이요, 주의 피로 내 죄 씻었네." 할렐루야! 예수를 믿고 나서, 자신의 모든 것이 변화되어 지는 것, 바로 이러한 놀라운 삶의 변화의 역사를, 하나님은 우리 모두에게 기대하고 계신다는 것입니다.

우리의 신앙의 출발은, 하나님의 권능을 믿는 믿음에서 출발하는 것입니다. "하나님은 나의 모든 것을 아시는 가운데, 나의 모든 것을 주의 권능으로 채워주시며, 온전케 하시는 하나님이시다." 이것은 모두 성령으로 되는 것입니다. 우리가 이것을 믿어야, 하나님을 평생에 주인으로 모시며 따를 수 있는 것입니다. "내가 사망의 음침한 골짜기로 다닐지라도 해를 두려워하지 않을 것은, 주께서 나와 함께 하심이라." 다윗은 담대하게 신앙의 고백을 했습니다. 그리고는 선언하지요. "나의 평생에 선하심과 인자하심이 정녕 나를 따르리니 내가 여호와의 집에 영원히 거하리로다." 할렐루야!

세상 사람들이 우리를 향해, 너는 못한다고 말할지라도, 우리 예수 믿는 성도들은 예수 안에서 할 수 있다고, 얼마든지 가능하다고 말하며, 믿음으로 밀고 나가 행해야 기적을 체험하는 것입니다. 삶에 자신감과 담대함이 있어야 한다는 것입니다. 왜입니까? 하나님의 권능이 오늘도 나와 함께 하시기 때문에…. 성령의 역사가 오늘도 나의 삶에 나타나기 때문에…. "너 가는 길을 누가 비웃거든, 확실한 증거를 보여 주어라. 성령이 친히 감화하여 주사, 저들도 참 길을 얻으리…" 지금 우리 모두가, 성령의 다스림 속에서, 성령의 인도함 속에서, 이런 확실히 변화된 인생을 살아갈 수 있기를, 주님의 이름으로 축원 드립니다.

그러면, 오늘 우리가 어떻게 하면 이런 성령의 지배와 장악을 받는 능력 있는 삶을 살아갈 수 있겠는가? 여기에 대한 고민이 있어야 진정한 성도일 것입니다. 그래야 바른 길을 찾아서 성령의 인도를 받으며 성령의 지배와 장악을 당한 성도가 될 수 있기 때문입니다. 그런데 이에 대한 해답이 바로 에베소서 5장 18절에 나타나 있다는 것입니다. "술 취하지 말라. 이는 방탕한 것이니, 오직 성령의 충만을 받으라."했습니다. 우리가 성령의 지배와 장악된 삶을 살아가는 방법, 뭐 다른 게 있겠습니까? 내 속에 성령의 크기를, 내 자아보다 더 크게 만들면 되는 것입니다. 성령이 자신을 지배하게 하면 됩니다. 성령님을 주인으로 모시고 살면 되는 것입니다. 성령이 내 속에 끊임없이 임하게 만들어서, 그 성령이 나의 삶을 온전히 주장할 수 있도록, 자신의 신앙을 가꾸어 나가면 되는 것입니다. 그렇잖아요? 그 외에 무슨 방법이 있겠습니까? 성령의 지배를 받으며 살아가는 것 알고 보면 너무나 쉽습니다. 습관이 되지 않기 때문에 어려운 것입니다.

그러면, 우리가 생각해 볼 것은 무엇입니까? 성령의 지배와 장악된 삶을 살아가려면 먼저 성령으로 세례를 받아야 합니다. 이 성령이 최초에 언제 어느 때에, 우리에게 임하고 장악하게 되는가? 하는 것입니다. 직장에서 일할 때 성령이 임합니까? 가정에서 설거지 하고, 청소할 때 성령이 임합니까? 학교에서 공부할 때 성령이 임합니까? 언제 우리에게 성령이 임하게 되어 집니까? 물론 성령으로 세례 받고 충만 받은 크리스천은 아무 곳에서나 기도할 때 성령이 임하십니다. 그러나 최초 성령이 임하시는 것은 성전에서, 성령이 역사하는 교회에서 우리가 말씀 듣고, 기도하고, 찬송할 때, 성령이 임하고 장악이 되는 것입니다. 그래서 성도들에게 유형교회는 아주 중요합니다. 성령은 반드시 성령의 역사가 일어나는 장소에서 체험할 수가 있기 때문입니다. 성령의 역사가 강하게 일어나는 교회에서 성령으로 세례를 받고 성령으로 장악이 되어 삶의 현장에서 기도할 때 성령의 지배를 받을 수 있습니다.

성경을 보세요. 초대 교회의 성도들이 언제 성령을 체험하고 받았습니까? 각 가정마다 모여 예배하고 말씀 들을 때, 또 마가의 다락방 같은 곳에 모여, 그들이 기도하고, 찬송할 때, 하늘로부터 급하고 강한 바람 같은 성령이, 홀연히 그들 가운데 임하게 되어 졌다는 것입니다. 그렇다고 가정에서만 성경보고, 기도하라는 얘기는 아닙니다. 그때는 그 가정이 곧 교회였습니다. 초대 교회는 곧 가정 교회였습니다. 하나님은 언제나 교회 가운데, 좌정하여 계시는 줄 믿습니다. 교회는 유형교회와 무형교회를 모두 망라하는 것입니다. 그래서 지금도, 언제나 성령의 역사가 일어나는 교회에 모여 성경보고, 말씀 듣고, 기도하고, 찬양할 때, 성령이 임하게 된다는 것입니다. 그런데 홀연히 라는 말이 무슨 말입니까?

갑자기라는 말이지요. 오로지 하나님만을 생각하며 몰입 집중하여 기도할 때 홀연히 성령이 장악하시는 것입니다.

성령이 임하시는 것은 전적으로 성령님의 뜻이지만 분명한 것은 적당히 말씀보고, 적당히 기도하고, 적당히 찬송할 때 임하는 것이 아니라, 마음 중심으로 예배하고, 말씀을 깊이 묵상하고, 전심으로 기도하고, 뜨겁게 찬송할 때, 성령은 우리 가운데 분명 임하게 된다는 사실입니다. 그러므로 내 삶 속에 말씀 보는 시간을 늘리고, 기도하는 시간을 늘리고, 찬송하는 시간을 늘리면, 그 때에 우리도 성령이 충만하게 될 가능성이 더 많아진다는 것입니다.

에베소서 5장 15절-16절 말씀에, "그런즉 너희가 어떻게 행할 것을 자세히 주의하여 지혜 없는 자같이 말고, 오직 지혜 있는 자같이 하여 세월을 아끼라. 때가 악하니라." 했습니다. 무슨 뜻입니까? 세상에 취하여, 하나님의 주신 시간들을 자기 임의로 사용하여, 허송세월을 보내지 말고, 우리의 시간들을 영적인 부분들에 할애해서, 말씀과 기도와 찬양의 시간들을 통하여, 하나님의 뜻을 온전히 분변한 가운데, 그 뜻대로 살아가는 신앙의 모습이, 필요하다는 것입니다. 항상 하나님을 생각하고 집중하는 자세가 중요합니다. 그래서 결과적으로 우리의 삶이, 성령이 원하시는 대로, 성령이 이끄시는 대로, 성령의 지배함을 받아, 살아가게 된다는 것입니다.

우리가 이렇게 성령의 지배를 받게 되면, 우리의 삶에 어떤 역사가 나타나겠습니까? 먼저 우리는 하늘의 신령한 지혜와 강력한 능력을 이끌어낼 수가 있습니다. 몸속의 독소가 녹아져서 배출이 됨으로 영-혼-육이 건강한 삶을 살아가는 것입니다. 그리고 세상에 능력을 행사하게 됩니다. 그래서 세상을 살아가도 힘 있게, 당당하게 살아가게 된다는 것입니다. 사단의 권세가 지배하는 이 세상에서, 사단의 올무에 걸려 허우적거리는 인생을 살아가는 것이 아니라, 하나님의 자녀답게 하나님의 권능을 힘입어, 사단의 권세를 깨뜨리며, 귀신을 지배하며 주의 이름으로 날마다 승리하며 살아가는 삶, 이런 역사들이 우리의 삶에 나타나게 된다는 것입니다.

더 나아가 마음에 천국을 이루어 항상 하나님과 교통하면서 살아갈 수가 있는 것입니다. 성도는 무엇보다도 하나님과 관계를 열어 친밀하게 지내야 합니다. 하나님과 친밀하게 지내려고 성령의 지배를 받는 것입니다. 성령의 지배와 장악을 받게 되니 몸속에 독소가 생기지 않고 성령으로 녹아지고 배출이 됩니다. 마귀와 귀신이 감히 넘보지 못하는 성도가 되는 것입니다. 그래서 무시로 하나님을 찾는 것입니다. 항상 성령으로 충만하여 성령의 지배와 장악을 받는 삶을 살기위해서 하나님을 찾는 것입니다. 많은 성도들이 성령이 충만 하면은 교회에 나가서 기도할 때 손을 흔들고 벌벌 떨면서 기도하면 성령으로 충만한 줄로 착각합니다.

그러나 성령으로 충만하다는 것은 항상 하나님을 생각하면서 하나님을 찾는 상태가 성령으로 충만한 상태인 것입니다. 이렇게 될 때 전인격이 성령의 지배를 받게 되는 것입니다. 성도들은 성령의 권능으로 살아가야 합니다. 성도들에게서 성령의 능력이 빠진 인간의 힘이나, 경험으로는 하나님을 기쁘시게 하지 못합니다. 성령의 도우심이 빠진 인간의 재주나 재능으로 세상을 이길 수가 없습니다. 성령의 지배를 받지 않는 성도는 잎만 무성한 무화과나무로 자라게 만들 뿐이라는 겁니다. 열매가 없이 잎만 무성한 무화과나무, 그 나무는 인간의 눈으로 볼 때는 멋있게 자란 나무이고, 가지도 무성하고, 잎도 너무나도 푸른 나무이지만, 결국 어떻게 되었습니까? 주님의 저주로 인해 말라 죽고 말았다는 것입니다. 이러한 사실을 우리는 유념해야 할 줄로 압니다. 전인격이 성령의 지배를 받아야 합니다. 그러면, 성령의 지배와 장악을 받아 성령의 인도를 받는 사람들에게 나타나는 삶의 변화는 무엇일까요?

첫째, 예수님의 인생을 살게 된다. 크리스천이 바르게 알아야 할 것은 하나님께서 부르신 것은 하나님을 위해서 부르신 것입니다. 분명하게 사무엘상 16장 3절에 "이새를 제사에 청하라. 내가 네게 행할 일을 가르치리니 내가 네게 알게 하는 자에게 나를 위하여 기름을 부을지니라." 하나님을 위하여 다윗에게 기름을 부으라고 하셨습니다. 하나님께서 우리를 부르시고 성령의 인도를 받게 하신 것은 훈련시켜서 종으로 부려먹기 위해서 부르신 것이 아닙니다. 우리의 영-혼-육을 건강하게 하여 하나님을 나타내면서 살아가게 하려고 부르신 것입니다.

그래서 우리가 예수를 믿는 순간에 죽고, 다시 예수님으로 태어나는 것입니다. 하나님께서 분명하게 말씀하셨습니다. "그리스도의 사랑이 우리를 강권하시는도다. 우리가 생각하건대 한 사람이 모든 사람을 대신하여 죽었은즉 모든 사람이 죽은 것이라. 그가 모든 사람을 대신하여 죽으심은 살아 있는 자들로 하여금 다시는 그들 자신을 위하여 살지 않고 오직 그들을 대신하여 죽었다가 다시 살아나신 이를 위하여 살게 하려 함이라(고후 5:14-15)" 분명하게 "자신을 위하여 살지 않고 오직 그들을 대신하여 죽었다가 다시 살아나신 이를 위하여 살게 하려 함이라고" 하셨습니다. 예수님을 위하여 살게 하려고 부르신 것입니다. 예수님께서 하신 일을 하게 하려고 부르신 것입니다. 하나님을 위하여 다윗을 기름부었습니다. 다윗이 자기 마음대로 했습니까? 하나님께서 하라는 대로 했습니다. 마찬가지로 우리도 예수님을 위하여 살아야 합니다. 다윗과 같이 예수님의 말씀에 순종하면서 살아야 합니다. 예수님께서 하라는 대로 순종하면서 살아야 합니다.

영-혼-육이 건강해야 예수님을 위하여 살아갈 수가 있는 것입니다. 이제 자신의 인간적인 생각이나 지혜나 열심으로 살지 말아야 합니다. 성령의 인도를 받아야 합니다. 성령으로 깨닫고 성령으로 행하고 성령으로 기도하면서 하나님의 말씀대로 살아가는 것이 몸에 배여야 하나님을 삶에서 누리면서 살아갈 수가 있기 때문입니다. 하나님은 분명하게 말씀하셨습니다. "이르시되 너희가 너희 하나님 나 여호와의 말을 들어 순종하고 내가 보기에 의를 행하며 내 계명에 귀를 기울이며 내 모든 규례를 지키면 내가 애굽 사람에게 내린 모든 질병 중 하나도 너희에게 내리지 아니하리니 나는 너희를 치료하는 여호와임이라(출 15:26)" 크리스천들도 건강하게 살아가면서 하나님께서 주신 것들을 누리면서 하나님을 나타내면서 살아가도록 성령으로 훈련하시는 것입니다. 크리스천의 영-혼-육의 건강은 하나님의 뜻입니다.

필자는 어떡하면 예수님을 믿는 사람답게 지금 천국을 누리면서 살아가도록 할 것인가에 두고 목회를 하고 치유집회를 인도합니다. 항상 생각하고 기도하는 것이 이 땅에서 예수님을 누리면서 건강하게 지내면서 하나님의 도구로 쓰임을 받다가 영원한 천국에 입성하는 것입니다.

성경 말씀 데살로니가전서 5장 23절을 보겠습니다. "평강의 하나님이 친히 너희를 온전히 거룩하게 하시고 또 너희의 온 영과 혼과 몸이 우리 주 예수 그리스도께서 강림하실 때에 흠 없게 보전되기를 원하노라." 하나님은 오늘 우리들이 어떻게 살기를 원하실까요? 이 말씀에는 건강한 삶의 3가지 내용을 소개합니다. 하나님의 평강을 누리면서 살라(평강의 삶). 너희의 삶이 거룩한 삶, 구별된 삶을 살기를 원한다(거룩한 삶). 세상사는 동안 영과 혼과 몸이 흠 없이 병 없이 건강하기를 원한다(건강한 삶). 하나님은 예수를 믿고 성령으로 거듭난 성도들이 평강의 삶, 거룩한 삶, 건강한 삶을 살아가면서 예수님을 누리며 하나님을 자랑하기를 원하십니다.

둘째, 거룩한 삶을 산다. 거룩이 무엇입니까? 거룩이란, 구별된 삶, 분리된 삶, 정결한 삶을 말합니다. 성경에 거룩이란 말이 최초로 나오는 곳은 (창2:3)입니다. 창세기 2장 3절을 보겠습니다. "하나님이 그 일곱째 날을 복되게 하사 거룩하게 하셨으니 이는 하나님이 그 창조하시며 만드시던 모든 일을 마치시고 그 날에 안식하셨음이니라." 거룩은 히브리어로 '카다쉬'라고 하며, 그 말의 뜻은 성별, 구별, 분리, 봉헌, 성화, 성결을 말합니다. 주일을 거룩하게 지키는 삶을 말합니다. 이론으로 말로 몸으로 거룩하게 지키는 것이 아니고, 성령의 지배와 인도를 받으면서 주인을 지키는 삶입니다. 성령의 지배와 인도를 받는 삶으로 걸어 다니는 성전의식을 가지고 하나님과 집중하여 기도하는 삶입니다. 성령의 인도가운데 안식을 누리는 삶입니다. 하나님과 성령으로 교통하는 삶입니다. 하나님의 음성에 집중하며 사는 삶을 거룩한 삶이라고 할 수가 있습니다.

우리는 세속에 더럽혀지고, 세상 속에서 죄에 빠지기 쉬운 존재인데 어떻게 거룩할 수 있습니까? 어떻게 구별된 삶, 정결한 삶, 의로운 삶을 살 수 있습니까? 성령의 지배와 인도를 받는 삶을 살아가는 것입니다. 예수님을 믿는 다는 것은, 또 교회에 다닌다는 것은 우리가 더 이상 예전처럼 세속에 빠져서 죄를 짓는 삶을 사는 것이 아니라, 이제는 나쁜 습관과 행동을 모두 버리고 예수님처럼 깨끗하고 정결하게 살아가는 것을 의미합니다. 우리는 예수님을 닮아가는 사람이 되어야 합니다. 예수님을 믿는 것은 이 땅에서 천국을 누리며 살다가 주님이 오라고 부르시면 영원한 천국 가는 티켓으로만 생각하는 사람들도 있습니다. 그래서 "나는 하나님을 믿으니까 이제 영원한 천국에 갈 수 있어. 그러니 이제부터는 아무렇게나 살아도 되겠지." 라는 생각을 하면 안 됩니다. 물론 우리는 예수님을 믿음으로 구원을 약속받았습니다. 그런데 이제 구원 받았으니까 아무렇게나 살아도 될까요? 하나님은 이렇게 말씀하십니다. "나는 너희의 하나님이 되려고 너희를 애굽 땅에서 인도하여 낸 여호와라 내가 거룩하니 너희도 거룩할지어다(레위기11:45)" 구별된 삶을 살아가라고 하십니다. 자신의 힘이나 의지로 거룩하게 되지 못합니다. 반드시 성령의 지배와 인도로 되는 것입니다. 성령이 아니고서는 거룩하게 될 장사가 하나도 없습니다. 거룩은 하나님의 속성으로 반드시 성령으로 되는 것입니다. "기록되었으되 내가 거룩하니 너희도 거룩할지어다 하셨느니라(벧전1:16)" 이 말씀에 의하면 거룩하지 못한 우리가 죄로 더럽혀진 세상에서 거룩하게 살 수 있는 길이 무엇이겠습니까? 성령으로 세례를 받고 성령의 인도를 받으면서 걸어 다니는 성전의식을 가지고 자신 안에 주인으로 계신 하나님께 집중하여 하나님을 찾고 하나님의 말씀을 주야로 묵상하며 성령의 인도를 따르면 거룩하신 하나님처럼 거룩하게 살게 됩니다.

셋째, 평강의 삶을 산다. 예수님은 이렇게 답을 주십니다. "너희는 마음에 근심하지 말라 하나님을 믿으니 또 나를 믿으라(요 14:1)" 근심과 두려움을 이길 수 있는 유일한 길은 하나님과 하나님의 말씀을 믿는 믿음의 삶에 있습니다. 하나님께서 함께하고 계신다는 것을 믿는 것입니다. 항상 "나는 걸어 다니는 성전이다. 내안에 하나님께서 성전삼고 주인으로 계신다." 마음으로 믿고 입술로 시인하는 것입니다.

분명하게 하나님은 이렇게 말씀하십니다. "무릇 하나님께로부터 난 자마다 세상을 이기느니라. 세상을 이기는 승리는 이것이니 우리의 믿음이니라(요한1서 5:4)" 예수를 믿고 성령을 다시 태어난 사람마다 자신의 주인을 하나님이시다. 믿는 믿음이 세상을 이기게 합니다. 항상 입술로 "믿음이 이기네. 믿음이 이기네. 주 예수를 믿음이 온 세상 이기네."를 선포하여 사시기를 바랍니다.

"주님께서 함께 하심을 믿습니다. 이 상황에서도 무슨 일을 만나든지 주님을 믿습니다. 주님께서 주시는 레마대로 순종하면 문제가 해결될 것을 믿습니다." 믿음이란 헬라어로는 '피스티스'라고 합니다. 하나님의 말씀을 믿고, 의지하고(하나님께서 하라는 대로 순종하고), 내 뜻을 포기하고 맡기고 순종하는 삶입니다. 예수님께서 자신을 통하여 하실 것을 믿고 순종하는 것입니다.

성령이 충만하여, 성령에 지배함을 받는 삶을 살아가면, 어떤 어려운 환경도, 능히 극복하며 성공할 수 있게 되는 것입니다. 그래서 성령 충만한 분들의 얼굴을 보면, 늘 웃음이 가득합니다. 활기가 있습니다. 오늘 죽도록 일했는데, 내일이면 금방 회복됩니다. 하나님으로부터 공급받는 힘으로 일을 하기 때문에, 성령 충만한 사람들은 일하고도 지지치 않습니다. 이것이 성령의 지배함을 받는 사람들의 특징이라는 것입니다.

오늘 인생을 살아감에 있어, 직장 생활을 함에 있어, 또는 교회에서 맡은 사역을 감당함에 있어, 자꾸만 힘이 들고, 자꾸만 내가 피곤하게 느껴지는 때가 있습니까? 인생에, 사역에 나타나는 열매는 없고, 자신의 힘만 고갈되는 그런 경험을 하신 적이 있습니까? 그래서 모든 것 그냥 포기하고 싶은 그런 생각이 드십니까? 혹 이런 가운데 지내는 분들은 없으십니까? 곰곰이 생각 해 보시기 바랍니다. 일이 많아 힘든 것이 아닙니다. 환경이 어려워 힘든 것이 아닙니다. 무엇 때문입니까? 내가 성령에 충만하지 못하기 때문에 힘이 든 것입니다. 내가 성령의 지배를 받지 않고, 내 힘과 내 뜻으로 살아가려고, 그 일을 감당하려고 했기 때문에 힘이 든 것입니다. 자신의 힘으로 하나님의 일을 하려고 하기 때문에 힘이 드는 것입니다. 우리가 바르게 알아야 할 것은 성도가 하는 모든 일은 하나님의 일입니다. 그렇기 때문에 성도는 성령이 지배하여 성령의 힘으로 인생을 살아가고, 직장 생활을 해야 됩니다. 사람의 힘으로 하나님의 일을 하려니 얼마나 힘이 들겠습니까? 상상에 맡깁니다.

19세기의 사역자, D.L 무디가 이런 말을 했습니다. "사역자들을 망가뜨리는 것은 과도한 사역이 아니라 성령 없이 일하는 것이다" 참 멋진 얘기 아닙니까? 우리가 과도한 사역을 해서 무너지는 게 아니라는 겁니다. 성령 없이 일하기 때문에 무너지는 것입니다. 기계가 망가지는 게 기계를 많이 돌려서 망가지는 것입니까? 아닙니다. 윤활유 없이 돌리기 때문에 망가지는 것입니다. 오늘 우리가 하나님 앞에 성령의 충만을 위해 기도해야 하는 이유가 여기 있는 것입니다.

하나님 앞에서 기도하는 가운데 성령의 은혜를 받고, 성령의 능력으로 사명을 감당하는 하나님의 거룩한 자녀들이 다 되시기를 바랍니다. 우리는 사명을 꼭 교회에서 사역하는 것으로 한정하면 안 됩니다. 성도들이 하는 모든 일은 하나님께서 주신 사명입니다. 직장 생활도 사명입니다. 사업을 하는 것도 사명입니다. 예수를 믿고 성령으로 거듭난 성도가 하는 모든 일은 사명입니다. 사명을 거창하게 생각하지 마시기를 바랍니다. 다 같이 한 번 따라합시다. "주여! 성령 없이는, 아무 일도 하지 않게 하옵소서." "주여! 성령에 사로잡힌 인생이 되게 하옵소서."

이 책을 통해 예수님이 땅끝까지 전파 되기를 소원합니다.
(출판으로 인한 이익금은 문서선교와 개척교회 선교에 사용합니다.)

몸속 독소 배출하면 천국된다.

발 행 일 l 2017. 8. 01초판 1쇄 발행

지 은 이 l 강요섭

펴 낸 이 l 강무신

편집담당 l 강무신

디 자 인 l 강요섭

교정담당 l 강무신

펴 낸 곳 l 도서출판 성령

신고번호 l 제22-3134호(2007.5.25)

등록번호 l 114-90-70539

주   소 l 서울 서초구 방배천로 4안길 20(방배동)

전   화 l 02)3474-0675/ 3472-0191

E-mail l kangms113@hanmail.net

유   통 l 하늘유통. 031)947-7777

ISBN l 978-89-97999-57-6 부가기호 l 03230

가   격 l 16,000원